High Language Learning

チョ・ヒチョル
Cho Hichoru

本気で学ぶ 上級 韓国語

さまざまな文体に慣れる
やさしいエッセイ・説明文で
読解力をつける

ベレ出版

はじめに

ようこそ！
韓国語の上級の世界へ！

この本を手にされた方は、間違いなく、韓国語の世界の高みを目指す方でしょう。

本書は2011年に出版された『本気で学ぶ韓国語』、2018年の『本気で学ぶ中級韓国語』に次ぐ上級者のための韓国語学習書です。

『本気で学ぶ韓国語』は多くの読者の支持を得て、2020年の春、すでに13刷を重ねてきました。読者を中心として上級編の出版を望む声が多数寄せられましたが、今回やっと出版の運びとなりました。

巷には韓国語の初級テキストは多く出版されていますが、上に行くほどその数は少なく、上級あたりになると良いテキストに巡り合うことはなかなか難しい状況かと思います。

本書はそれに応えて、韓国語上級学習者の総合力を高めるためにエッセー、昔話、小話、スピーチ大会の原稿など多様な文章を提供し、読解力・語彙力・文法力をトレーニングできるようにしました。初級、中級を含めた多くの文法項目と多様な例文で、難しい上級韓国語へより簡単に近づけるようになっているので、上級への挑戦をためらう方や伸び悩んでいる方も挑戦してもらいたいと思います。

本書は講読を中心に編集していますが、講読だけでなく会話・語彙・聞き取りなど、外国語学習の4技能「聞く（listening)」「読む（reading)」「話す(speaking)」「書く（writing)」の向上にもつながるように工夫しています。

読者のみなさんは下記の方法で挑戦してみましょう。

① 韓国語の本文を見ながら日本語に訳してみる。
②「日本語訳」を見ながら韓国語に訳してみる。
③ 音声をダウンロードして何回も聞き、何回も音読してみる。
④「語句と活用」では覚えた単語にチェックを入れて、学習の進み具合を確認する。

なお、本文に出てくる覚えておきたい語句と活用は日本語訳の後にまとめてある。

活用については本文の該当箇所に下線を引いてあるので、該当の番号のところを見ると用例や日本語訳の意味が確認できる。

⑤ 次に「★읽고 나서」で（1、2番は選択問題、3、4番は記述問題）、本文の全体像と要点を見抜く力をつける。

⑥「☆써 봅시다」では、本文の中でまとまりのいい文章を抜粋した。音読しながら書いてみることによって、言い回しにも慣れ、また、正確な表記も身につける。

⑦「★이야기해 봅시다」では、本文の内容を把握したうえで、それに因んだ質問に答えることによって、より上のレベルの会話力の増進に努めよう。

⑧ 各部の最後には韓国語の品詞、韓国語の対者敬語、韓国語の間接話法など、上級者が頭を悩ます文法事項をまとめてある。巻末には本書で取り上げたすべての活用形を活用形Ⅰ・Ⅱ・Ⅲに分類して載せてある。

最後に、転載に快く応じてくれた韓国のアン・チュンギさん、ソン・ミオクさん、イ・ジョンさん、日本の佐藤康予さん、宮本香央里さん、また、最初の読者になってくれた娘のウリン、いろんなアイデアを提案してくれたチョン・ソヒ先生、収録に協力してくれたイ・チュンギョンさんと校正の星文子さんにもこの場を借りてお礼を申し上げます。

また、本書に出会った読者のみなさんはますます韓国と韓国語を楽しまれることを心からお祈りします。

2020年 春　著者

目　次

第3部｜家族そしてお隣さん

音声ダウンロード方法

audiobook.jp

① PC・スマートフォンで音声ダウンロード用のサイトにアクセスします。QRコード読み取りアプリを起動し、下記QRコードを読み取ってください。QRコードが読み取れない方はブラウザから http://audiobook.jp/exchange/beret にアクセスしてください。

② 表示されたページから、audiobook.jpへの会員登録ページに進みます。
※音声のダウンロードには、audiobook.jpへの会員登録（無料）が必要です。
※既にアカウントをお持ちの方はログインしてください。

③ 会員登録後、シリアルコードの入力欄に Vyygwk3X を入力して「交換する」をクリックします。クリックすると、ライブラリに音源が追加されます。

④ スマートフォンの場合はアプリ「audiobook.jp」をインストールしてご利用ください。
PCの場合は、「ライブラリ」から音声ファイルをダウンロードしてご利用ください。

ご注意
・ダウンロードには、audiobook.jpへの会員登録（無料）が必要です。
・PCからでも、iPhoneやAndroidのスマートフォンからでも音声を再生いただけます。
・音声は何度でもダウンロード・再生いただくことができます。
・書籍に表示されているURL以外からアクセスされますと、音声をご利用いただけません。URLの入力間違いにご注意ください。

ダウンロードについてのお問い合わせ先：info@febe.jp
（受付時間：平日の10～20時）

ベレ出版ホームページからの音声ダウンロード方法

「ベレ出版」ホームページよりパソコンでダウンロードできます。（スマートフォン、タブレットの場合は上記のaudiobook.jpのサービスをお使いください）

① 「ベレ出版」ホームページ内、『本気で学ぶ上級韓国語』の詳細ページにある「音声ダウンロード」ボタンをクリック。
（URLは https://www.beret.co.jp/books/detail/758）

② ダウンロードコード Vyygwk3X を入力してダウンロード。

＊ダウンロードされた音声はMP3形式となります。
＊iPod等のMP3携帯プレイヤーへのファイル転送方法、パソコン、ソフトなどの操作方法については、メーカー等にお問い合わせいただくか、取扱説明書をご参照ください。

◎ 音源の利用についてはベレ出版ホームページ（beret.co.jp）［よくある質問］に案内がございます。

第 1 部

隣の国、韓国

第1課 김치, 한국의 솔푸드

キムチ、韓国のソウルフード

Track 01

1 김치는 한국의 대표적인 저장 발효식품으로 배추, 무, 오이 등의 채소가 주재료가 된다. 배추, 무 등의 주재료를 굵은 소금에 절여 씻은 다음① 고춧가루, 파, 마늘, 생강 등의 양념과 젓갈을 넣어 버무려 담근다.

김치의 종류는 많지만② 일반적으로 알려진 매운 김치의 경우, 대표적인 양념은 고춧가루와 젓갈 등이며, 한국에서는 지방마다 제조 과정이나 종류가 조금씩 다르다.

김치의 종류와 이름은 주재료에 따라 달라진다. 배추, 무, 오이는 물론 열무, 갓, 미나리, 파, 부추, 고들빼기 등 거의 모든 채소로 김치를 담글 수 있다. 일반적인 가정에서 담가 먹는 김치류는 모두 합쳐서 무려 300여 종이 넘는 것으로③ 알려져 있다. 또한 잘 알려지지 않은 김치와 새로운 김치의 탄생으로 그 종류는 현재 정확히 파악할 수 없는 상태이다.

김치는 항암 효과 및 면역력 증진, 소화 증진 및 대장 건강에도 좋은 건강식품이라고 한다. 또 각종 채소에 풍부한 식이섬유, 각종 비타민과 미네랄은 물론 발효 과정에서 생성

되는 유산균은 피부 미용에도 좋고 변비, 소화 불량 등 장 내 이상 증상을 개선해 체중 감량에도 도움이 된다고 한다.④

Track 02

2 흔히 '김치' 하면 배추김치나 깍두기, 총각김치, 오이 김치 정도를 떠올릴 것이다. 따라서 여기서는 가장 잘 알려진 몇 가지 김치에 대해 알아보기로 한다.

〈배추김치〉

배추김치는 소금에 절인 배추에 무채, 고춧가루, 다진 마늘, 파, 젓갈 등을 넣고 버무린 속을 넣어 담그는 김치다. 해외에서도 인기를 끌고 있는 대표적인 김치 중 하나이다.

배추김치에 사용되는 배추는 반으로 잘랐을 때⑤ 배춧잎의 켜가 많을수록⑥ 좋으며⑦, 소금은 간수가 충분히 빠진 천일염을 사용해야 김치의 쓴맛이 덜하고, 아삭하게 즐길 수 있다.

〈총각 김치〉

알타리무로 담근 것을 알타리김치, 또는 총각김치라고도 부른다. 알타리무는 초봄과 늦여름에 파종하여, 늦봄과 늦가을쯤에 수확하여 담가 초여름이나 초겨울에 먹는 맛깔스러운 김치이다.

총각 김치는 하얀 뿌리에 길게 늘어진 무청이 마치 옛날

장가 안 간 총각들이 상투를 틀지 못하고 머리를 길게 땋고 다니던 모습과 닮았다고 하여 이런 이름이 붙었다고 한다⑧.

〈파김치〉

파김치는 쪽파로 담그는 김치이다. 다른 김치와는 달리 파만 잘 다듬으면 소금에 절이는 과정도 없고 고춧가루와 젓갈 등으로 버무리기만 하면 되는⑨ 만들기 쉬운⑩ 김치이다. 단지 부드럽게 다가오는 뒷맛을 위해서 먼저 찹쌀풀을 쒀 두어야 한다. 파김치는 아주 푹 익어도 맛있고, 쪽파는 날것으로도 먹기 때문에⑪ 담그자마자⑫ 곧바로 먹어도 된다⑬. 매운맛이 싫다면⑭ 적당히 익혀서 먹어도 좋다⑮.

〈오이김치〉

오이김치는 오이소박이라고도 하는데 십자로 칼집을 내 절인 오이에 채를 썬 양파와 부추를 양념으로 버무린 속을 넣는다. 오이는 그 자체가 찬 성질로 더운 성질의 부추와 궁합이 좋다. 갑작스레 찾아온 초여름의 더위가 힘겹다면 오이김치로 시원하게 입맛을 돋워 보는 것도⑯ 좋을 것이다.

〈깍두기〉

깍두기는 무를 이용한 김치로, 찹쌀가루로 풀을 쑤어 국물을 걸쭉하게 만드는 것이 특징이고 풀을 쑤어 넣게 되면⑰ 김치의 단맛이 좋아진다. 마늘, 생강, 쪽파 등 많은 양념이 추가된다. 여기에 고춧가루를 조금만 더 추가하면 매콤하게 변한다.

제철 맞은 무로 만든 아삭아삭한 식감을 자랑하는 깍두기, 겨울철 국물 요리에 무척 잘 어울린다. 특히 설렁탕을 먹을 땐 깍두기를 빼곤⑱ 논할 수 없다. 설렁탕 전문점이 많지만 '설렁탕이야⑲ 그 맛이 그 맛, 설렁탕집은 깍두기로 승부한다'는 말까지 있을 정도이다⑳.

Track 03

3 김치의 다양성은 지역 및 계절별로 생산되는 채소가 다르고, 기후에 따라 양념의 종류, 배합 비율 및 숙성 방법이 매우 다양한 데서㉑ 기인한다. 또 같은 지역일지라도㉒ 각 가정마다 전승되는 독특한 방법으로 담그기 때문에 솜씨에 따라 각양각색이며 식생활 형태의 변화에 따라서도 달라진다. 요즘은 종래에는 잘 담그지 않던 토마토 같은 재료를 이용하여 담그는 퓨전 김치도 늘어나고 있다. 주거 형태와 생활 양식의 변화에도 불구하고 많은 사람들은 집에서 김치를 담가 먹는다.

한국은 봄, 여름, 가을, 겨울의 사계절이 뚜렷하기 때문에 사시사철 계절에 맞는 재료를 이용하여 김치를 담그는 음식

문화를 발전시켜 왔다. 봄에는 햇배추나 미나리, 얼갈이배추 등으로 김치를 담그고, 여름에는 더운 기후로 인해 수분이 부족하기 쉽기 때문에 열무나 오이를 주재료로 한 물김치 종류를, 가을에는 고추나 깻잎, 쪽파 등을 이용한 김치를, 그리고 겨울에는 양념을 많이 쓴 김장 김치와 무로 동치미를 담가 먹었다.

Track 04

4 김장은 한국 사람들이 춥고 긴 겨울을 나기 위해㉓ 입동을 전후해 많은 양의 김치를 담그는 것을 말한다. 한꺼번에 많은 양을 담그기 때문에 가족들과 이웃이 총동원되어 서로 도와 가며 공동 작업을 했다. 가족이나 이웃 간의 협력 및 결속을 다져 주는㉔ 김장 담그기는 한국인의 정체성을 재확인시켜 주는㉔ 일이기도 했다㉕.

현대사회의 핵가족화로 예전과 같이 많은 양을 담그지는 않지만 아직도 가족들과 이웃끼리 함께 담그며, 담근 김치로 함께 식사도 하며 정을 돈독히 한다. 이러한 공동체 문화가 인정되어 2013년엔 김장 문화가 유네스코 인류무형문화유산으로 등재되었다. 김장 문화에 대해 유네스코에서는 '김장을 통해 이웃끼리 나눔의 정신을 실천하며 연대감과 정체성, 소속감을 증대시켰다'고 평가했다고 한다.

5 그러나 일부에서는 김장 때문에 시댁이나 친정과 갈등을 겪거나 스트레스를 받는 여성도 늘어나고 있다고 한다㉖. 아래는 한 신문의 기사이다.

어떤 주부는 시댁에 김장하러 내려갈 생각을 하니 가슴이 답답해지고 명절 스트레스를 한 번 더 받는 것 같은 느낌이며, 하루 종일 김장을 담그다 보면㉗ 온몸이 '파김치'가 되는 기분이라고 했다. 또 시어머니께서 챙겨 주시는 김장 김치를 싫은 내색도 할 수 없어 받아 가지고는 오는데 입맛에 안 맞아 주변에 나눠 주기도 하고, 처치 곤란해 버리기도 한다며 말을 이었다.

김치는 필요한 만큼㉘ 얼마든지 슈퍼 등에서 사 먹을 수 있는 시절에 뭐 하러 힘들게 김장을 담그는지 모르겠다㉙며 불만을 쏟아냈다.

한편 매년 서울에 사는 딸과 아들네 집으로 김장 김치를 보낸다는㉚ 어느 어머니는 "김치는 내 품을 떠난 자식과의 끈 같은 거예요. 한국 엄마들에겐 어미와 자식을 잇는 빨간 탯줄 같기도 하고요. 내 몸의 영양을 탯줄을 통해 줬듯이㉛ 김치에 자식 사랑을 담아 보내는 거예요"라며 체력이 점점 떨어져 해마다 올해가 마지막이라는 생각으로 한다고 했다. 또 "자식 세대 등 젊은이들의 생활 방식과 인식이 달라져 앞으로 김장 하는 집이 거의 없어지지 않겠느냐㉜"라고 하며, "이런 책임감을 느끼는 게 우리들 세대가 마지막이 아닐까 싶다㉝"라며 아쉬워했다고 한다.

현대 한국 사회에서 김치와 김장이 시대의 흐름을 거스를 수 없는 운명을 맞이하는 것 같아㉞ 쓸쓸하고 아쉬운 느낌이 든다. 세계인이 사랑하는 김치로서 자리매김이 되었으며㉟ 김장 문화가 유네스코 문화유산으로도 지정되었으니㊱, 모두의 지혜를 모아 앞으로도 김치와 김장 문화의 명맥을 이어 갔으면 좋겠다㊲.

★日本語訳

1 キムチは韓国の代表的な保存発酵食品で白菜、大根、キュウリなどの野菜が主材料となる。白菜、大根などの主材料を粗塩で漬け、洗った後、粉唐辛子、ネギ、ニンニク、ショウガなどの薬味と塩辛を入れて混ぜ合わせて漬ける。

キムチの種類は多いが、一般的に知られている辛いキムチの場合、代表的な調味料は粉唐辛子や塩辛などであり、韓国では地方ごとに、製造過程や種類が少しずつ異なる。

キムチの種類と名前は主材料に応じて変わる。白菜、大根、キュウリはもちろん若大根、カラシナ、セリ、ネギ、ニラ、ヤクシソウなど、ほぼすべての野菜でキムチを漬けることができる。一般的な家庭で漬けて食べるキムチ類はすべて合わせてなんと300種類を超えると言われている。また、よく知られていないキムチと新しいキムチの誕生で、その種類は現在、正確に把握することができない状態である。

キムチは抗がん効果と免疫力の増進、消化促進や大腸の健康にも良い健康食品だそうだ。また、各種の野菜に豊富な食物繊維、各種ビタミンやミネラルはもちろん、発酵過程で生成される乳酸菌は、皮膚の美容にも良く、便秘、消化不良など腸内の異常症状を改善し、減量にも役立つという。

2 一般的に「キムチ」といえば白菜キムチやカクテギ、チョンガーキムチ、キュウリキムチ程度を思い浮かべるだろう。したがって、ここでは最もよく知られているいくつかのキムチについて調べてみることにする。

〈白菜キムチ〉

白菜キムチは塩漬けした白菜に大根の千切り、粉唐辛子、ニンニクのみじん切り、ネギ、塩辛などを入れて和えたものを入れて漬けるキムチだ。海外でも人気を集めている代表的なキムチのうちの一つである。

白菜キムチに使用される白菜は、半分に切ったとき、白菜の葉の重なりが多ければ多いほどよく、塩はニガリが十分抜けた天日塩を使用するとキムチの苦味が少なく、歯ごたえを楽しむことができる。

〈チョンガーキムチ〉

アルタリ大根で漬けたものをアルタリキムチ、またはチョンガーキムチとも呼ぶ。アルタリ大根は春先と夏の終わりに播種して、晩春と晩秋頃に収穫して漬けて、初夏や初冬に食べるおいしいキムチである。

チョンガーキムチは、白い根に長く垂れる大根の葉っぱが、まるで昔の独り者が丁髷を結うことができず、頭髪を長く編んでいた姿に似ているというので、このような名前がついたと言われる。

〈ネギキムチ〉

ネギキムチはワケギで漬けるキムチである。他のキムチとは違ってネギさえちゃんと手入れしておけば塩で漬ける過程もなく、粉唐辛子と塩辛などで和えさえすればできる作りやすいキムチである。ただし、柔らかく迫ってくる後味のために、先にもち米の糊を作っておかなければならない。ネギキムチは熟成してもおいしく、ワケギは生でも食べるので、漬けてすぐ食べてもいい。辛い味が好きでなかったら、適宜熟成してから食べてもいい。

〈キュウリキムチ〉

キュウリキムチはキュウリソバギとも呼ばれるが、十字に切り込みを入れて塩漬けしたキュウリに千切りした玉ねぎとニラを薬味で和えた中身を入れる。キュウリは、それ自体が冷たい性質で温かい性質のニラと相性がいい。突然訪れてきた初夏の暑さがいっぱいいっぱいならキュウリキムチでさっぱり味覚をそそってみるのもいいだろう。

〈カクテギ〉

カクテギは大根を利用したキムチで、もち米粉で糊を炊いて、汁をどろどろにするのが特徴であり、糊を炊いて入れるようになると、キムチの甘みがよくなる。ニンニク、ショウガ、ワケギなど多くの薬味が追加される。ここに粉唐辛子を少し追加するとやや辛くなる。

旬の大根で作ったシャキシャキした食感を誇るカクテギ、冬の季節のスープ料理にとてもよく合う。特にソルロンタンを食べるときはカクテギなしでは論じることができない。ソルロンタン専門店が多いが、「ソルロンタンというのは味は似たり寄ったり、ソルロンタンのお店はカクテギで勝負する」という言葉まであるくらいだ。

3 キムチの多様性は、地域や季節ごとに生産される野菜が異なり、天候によって薬味の種類、配合の割合、および熟成方法が非常に多様なことに起因する。また、同じ地域でも、各家庭ごとに伝承されているユニークな方法で漬けるので、腕前によって様々であり、食生活の形態の変化によっても違ってくる。最近は、従来はあまり漬けることがなかったトマトのような材料を用いて漬けるフュージョンキムチも増えている。住居形態と生活様式の変化にもかかわらず、多くの人々は家でキムチを漬けて食べる。

韓国は、春、夏、秋、冬の四季がはっきりしているため、季節ごとに季節に合った材料を用いて、キムチを漬ける食文化を発展させてきた。春は初物の白菜やセリ、オルガリ白菜などでキムチを漬け、夏は暑い気候のため、水分が不足しがちなので幼い大根やキュウリを主材料とした水キムチの種類を、秋は唐辛子やゴマの葉、ワケギなどを利用したキムチを、そして冬は薬味を多く使ったキムジャンキムチと大根でトンチミを漬けて食べた。

4 キムジャンとは韓国人が寒くて長い冬を過ごすために立冬を前後して、大量のキムチを漬けることをいう。一度に多くの量を漬けるため家族や隣近所の人が総動員され、助け合いながら共同作業をした。家族や近所の人との協力と結束を固めてくれるキムジャン作りは韓国人のアイデンティティを再確認させてくれることでもあった。

現代社会の核家族化で昔ほど多くの量を漬けないが、まだ、家族や隣近所の人同士で漬けて、漬けたキムチで一緒に食事もし、情を深めている。このような共同体文化が認められ、2013年にキムジャン文化がユネスコの人類無形文化遺産に登録された。キムジャン文化についてユネスコでは「キムジャンを通じて隣近所同士で分かち合いの精神を実践し、連帯感とアイデンティティ、帰属意識を高めた」と評価したという。

5 しかし、一部ではキムジャンのために婚家や実家と葛藤を経験したり、ストレスを受ける女性も増えているという。以下はある新聞の記事である。

> ある主婦は夫の実家にキムジャン作りに向かうことを考えると、胸が苦しくなって、名節ストレスをもう一度受けるような感じで、一日中キムジャンを漬けていると全身がくたくたになる気分だと言った。また、姑が取りまとめてくれるキムジャンキムチをいやな顔をすることもできず、もらって帰りはするけど、口に合わなくて周りに分けてあげたり、処置に困って捨てたりもすると言いながら話を続けた。
>
> キムチは必要な分、いくらでもスーパーなどで買って食べることができる時代に、何で苦労してキムジャンキムチを漬けるのかわからないと不満を吐き出した。
>
> 一方、毎年、ソウルに住んでいる娘と息子の家にキムジャンキムチを送るというある母親は「キムチは私の懐を離れた子との紐のようなものです。韓国のお母さんたちにとっては母と子をつなぐ赤い臍帯のようなものです。私の体の栄養を臍帯を通じてあげたように、キムチに子への愛情を込めて送るのよ」と、どんどん体力が落ちているので、毎年、今年が最後だろうという気持ちでやっていると言った。また、「子ども世代などの若者たちの生活方式と認識が変わってきて、これからキムジャンキムチを漬ける家がほとんど無くなるのではないか」と言いながら、「こんな責任感を感じるのは、私たちの世代が最後ではないかと思う」と残念がっていたという。

現代の韓国社会で、キムチとキムジャンが時代の流れに逆らうことができない運命を迎えているようで、寂しくて残念な気がする。世界の人々が愛するキムチとして位置づけられており、キムジャン文化がユネスコの文化遺産にも指定されたので、皆の知恵を集めて、これからもキムチとキムジャン文化の命脈を続けて行ってほしいと思う。

★語句と活用〈1-1〉

＊覚えた単語には✓を入れよう！

1

☐ 대표적〈代表的〉。
☐ 저장〈貯蔵〉。
☐ 발효식품〈発酵食品〉。
☐ 채소〈菜蔬〉：野菜。
☐ 주재료〈主材料〉。
☐ 굵은 소금：（太い塩→）粗塩。
☐ 절이다：漬ける。
☐ 씻다：洗う。

① **活用形Ⅱ＋ㄴ 다음：〜したあと。**「친구를 **만난 다음**에 백화점에 갔어요.（友だちに会ったあと、デパートに行きました。）／점심을 **먹은 다음**에 낮잠을 잤어요.（お昼を食べたあと、昼寝をしました。）」

☐ 고춧가루：粉唐辛子
＃小麦粉は밀가루。
☐ 파：ネギ。
☐ 마늘：ニンニク。
☐ 생강〈生姜〉：ショウガ。
☐ 양념：ヤンニョム
（合わせ調味料の総称）、薬味、合わせ調味料。
☐ 젓갈：塩辛。
☐ 버무리다：和える、混ぜる。
☐ 담그다：漬ける。

② **活用形Ⅰ＋지만：〜するが、〜であるが。**「**바쁘지만** 운동을 게을리하지 않아요.（忙しいですが、運動を怠けていません。）／많이 **먹지만** 살이 찌지 않아요.（たくさん食べますが太りません。）」

☐ 종류〈種類〉。
☐ 일반적〈一般的〉。
☐ 알려지다：知られる。
☐ 맵다：辛い。
☐ 경우〈境遇〉：場合。
☐ 대표적〈代表的〉。
☐ −등〈等〉：〜など。
☐ −(이) 며：〜であり。
☐ 지방〈地方〉。
☐ 제조〈製造〉。
☐ 과정〈過程〉。
☐ −(이) 나：〜や。

□ 조금씩：少しずつ。
□ 이름：名前、名称。
□ 달라지다：変わってくる。
□ 갓：カラシナ。
□ 부추：ニラ。
□ 거의：ほぼ、ほとんど。
□ 가정〈家庭〉。
□ 모두：全部。
□ 무려〈無慮〉：実に、なんと。
□ －종〈種〉：～種類。
□ 다르다：違う、異なる。
□ －에 따라：～によって。
□ 열무：若大根。
□ 미나리：セリ。
□ 고들빼기：ヤクシソウ。
□ 모든：あらゆる、すべての。
□ －류〈類〉：～類。
□ 합치다〈合―〉：合わせる。
□ －여〈余〉：～あまり。
□ 넘다：超える。

③ **活用形Ⅰ＋는 것으로／거로：～することで、～することと**。「토요일에도 회사에 **가는 거로** 알고 있어요.（土曜日にも会社に**行くことと**思います。）／매일 책을 **읽는 것으로** 알려져 있어요.（毎日、本を読むことで知られています。）」

□ 새로운：新しい。
□ 정확히〈正確―〉：正確に。
□ 상태〈状態〉。
□ 효과〈効果〉。
□ 면역력〈免疫力〉。
□ 소화〈消化〉。
□ 건강〈健康〉。
□ －이라고 한다：～と言う。
□ 풍부하다〈豊富―〉：豊富だ、豊かだ、いっぱいだ。
□ 탄생〈誕生〉。
□ 파악하다〈把握―〉：把握する。
□ 항암〈抗癌〉：抗がん。
□ 및：および。
□ 증진〈増進〉。
□ 대장〈大腸〉。
□ 식품〈食品〉。
□ 각종〈各種〉。
□ 식이섬유〈食餌繊維〉：食物繊維。

□ 비타민 :ビタミン。

□ 미네랄 :ミネラル。

□ 물론〈勿論〉:もちろん。

□ 발효〈発酵〉。

□ 생성되다〈生成—〉:生じる、できる。

□ 유산균〈乳酸菌〉。

□ 피부〈皮膚〉:肌。

□ 미용〈美容〉。

□ 변비〈便秘〉。

□ 소화 불량〈消化不良〉。

□ 장내〈腸内〉。

□ 이상〈異常〉。

□ 증상〈症状〉。

□ 개선하다〈改善—〉:改善する。

□ 체중〈体重〉。

□ 감량〈減量〉。

□ 도움이 되다 :役立つ。

④ **活用形Ⅰ+ㄴ다고/는다고 하다 :~すると言う、~するそうだ。**「내일은 눈이 **온다고 해요**.(明日は雪が**降るそうです**。)/한국 사람들은 거의 매일 김치를 **먹는다고 해요**.(韓国人はほぼ毎日、キムチを**食べるそうです**。)」

2

□ 흔히 :一般的に、よく。

□ ―하면 :~と言えば。

□ 배추김치 :白菜キムチ。

□ ―(이) 나 :~や。

□ 깍두기 :カクテギ。

□ 총각김치 :チョンガーキムチ。

□ 오이 :キュウリ。

□ 정도〈程度〉:くらい。

□ 떠올리다 :思い出す、思い浮かべる。

□ 따라서 :したがって。

□ 가장 :いちばん、もっとも。

□ 몇 가지 :何種類。

□ ―에 대해 :~について。

□ 알아보다 :(わかって見る→)調べてみる。

〈**배추김치**〉

☐ 무채：大根の千切り。

☐ 넣다：入れる。

☐ 속：ヤンニョム(薬味、素)、中身。

☐ 인기를 끌다：〈人気―〉(人気を引く→)人気を集める。

☐ 반〈半〉：半分。

☐ 다지다：みじん切りにする。

☐ 버무리다：和える。

☐ 해외〈海外〉。

☐ 사용되다〈使用―〉：使用される、使われる # 사용하다の受身表現。

☐ 자르다：切る。

⑤ **活用形Ⅲ＋ㅆ을 때：～したとき**。「이 구두는 지난번에 서울에 **갔을 때** 강남 지하상가에서 샀어요.(この靴はこの前、ソウルに**行ったとき**に江南の地下街で買いました。)／이 소설을 중학교 때 **읽었을 때**는 그 뜻을 잘 몰랐어요.(この小説を中学校のとき、**読んだとき**はその意味がよくわかりませんでした。)」

☐ 배춧잎：白菜の葉っぱ # 発音は[배춘닙]。

☐ 켜：層、重なり。

⑥ **活用形Ⅱ＋ㄹ수록：～するほど、～(な)ほど**。「날이 **갈수록** 실력이 많이 늘었어요.(日増しに(←日が**たつほど**)実力がだいぶ伸びました。)／이 음식은 **먹을수록** 더 먹고 싶어져요.(この料理は食べれば**食べるほど**もっと食べたくなります。)」

⑦ **活用形Ⅱ＋며：～しながら、～で、～であり**。「매일 아침 식사를 **하며** 신문을 봐요.(毎日、朝ご飯を**食べながら**新聞を読みます。)／이 방은 햇볕이 잘 들어 **밝으며** 조용합니다.(この部屋は日当たりがよくて**明るく**、静かです。)」

□ 간수〈一水〉：ニガリ。

□ 천일염〈天日塩〉。

□ 쓴맛：苦味。

□ 아삭하다：さくさくする。

□ 빠지다：抜ける。

□ 사용하다〈使用一〉：使用する、使う。

□ 덜하다：減る、弱くなる、より少ない。

□ 즐기다：楽しむ。

〈**총각 김치**〉

□ 알타리무：アルタリ大根。

□ 부르다：呼ぶ、言う。

□ 늦여름：晩夏。

□ 늦봄：晩春。

□ 一쯤：～頃。

□ 초여름〈初一〉：初夏。

□ 맛깔스럽다：おいしい、旨い、味加減がよい。

□ 뿌리：根、根っこ。

□ 무청：大根の葉っぱ。

□ 장가：妻をめとること、男性が結婚すること。

□ 상투를 틀다：髷を結う
＃結婚して一人前の男になったことを意味する。

□ 一(이)라고도：～とも。

□ 초봄〈初一〉：初春。

□ 파종하다〈播種一〉：播種する、種を播く。

□ 늦가을：晩秋。

□ 수확하다〈収穫一〉：収穫する。

□ 초겨울〈初一〉：初冬。

□ 하얗다：白い。

□ 늘어지다：伸びる。

□ 마치：まるで。

□ 총각〈總角〉：チョンガー、未婚の男性。

□ 땋다：(髪を)編む。

⑧ **活用形Ⅲ＋ㅆ다고 하다：～したそうだ、～かったそうだ、～だったそうだ。**

「한글로 메일을 써서 **보냈다고 했어요**.（ハングルでメールを書いて**送ったそうです。**）／이번 겨울에는 독감에 걸린 사람들이 **많았다고 했어요**.（今年の冬はインフルエンザにかかった人が**多かったそうです。**）」

□이런：こんな、このような。

□이름이 붙다：名前がつく、名前がつけられる。

〈파김치〉

□파김치：ネギキムチ。

□쪽파：ワケギ。

□달리：違って。

□－만：～だけ、～さえ。

□다듬다：手入れする。

⑨ **活用形Ｉ＋기만 하면 되다：～さえすればいい。**「얼음이 필요하면 이 버튼을 **누르기만 하면 돼요**.（氷がほしかったらこのボタンを**押すだけでいい**です。）／상차림 등 모든 준비를 마쳤으니 이제 **먹기만 하면 돼요**.（お膳立てなどすべての準備を終えたので、もう**食べさえすればいいです。**）」

⑩ **活用形Ｉ＋기 쉽다：～しやすい。**「**말하기는 쉽지**만 실제로 하는 것은 어려워요.（**言うはやすい**が、実際、やるのは難しいです。）／이 책은 **읽기 쉬워요**.（この本は**読みやすいです。**）」

□단지〈但只〉：ただ。

□부드럽다：柔らかい。

□다가오다：近づいてくる。

□뒷맛：後味 #発音は［뒨맏］。

□－을/를 위해서〈－為－〉：～のために。

□먼저：先に。

□찹쌀풀：もち米の糊。

□풀을 쑤다：糊を炊く。

□푹：じっくり、ゆっくり。

□익다：発酵する、熟する。

□날것：生もの。

□－(으)로도：～でも。

⑪ **活用形Ｉ＋기 때문에：～するために、～なために。**「내일 시골에서 동생이 **오기 때문에** 역에 마중 나갈 예정이에요.（明日、田舎から弟が**来るので**、駅に迎えに行くつもりです。）／오늘은 날씨가 **춥기 때문에** 옷을 따뜻하게 입었어요.（今日は、**寒いから**暖かく服を着ました。）」

⑫ **活用形Ｉ＋자마자：～するやいなや、～するとすぐ。**「그 친구는 나를 **만나자마자** 돈을 빌려 달라고 했어요.（あの人は私に**会うやいなや**お金を貸

してくれと言いました。）／일행은 날이 **밝자마자** 길을 떠났어요.（一行は日が**昇るとすぐ**、旅に出ました。）」

□ 곧바로：すぐ、たちまち。

⑬ **活用形Ⅲ＋도 되다：～してもいい。**「지금 화장실에 **가도 돼요**？（今、トイレに**行ってもいいですか**。）／큰소리로 노래를 **불러도 돼요**？（大きな声で**歌ってもいいですか**。）」

⑭ **形容詞・存在詞の活用形Ⅰ＋다면：～たら、～と。**「키가 **크다면** 농구를 시켜 보세요.（身長が**高かったら**、バスケットボールをやらせてみてください。）／돈이 **있다면** 뭘 사고 싶어요？（お金が**あれば**何が買いたいですか。）」

□ 적당히〈適当―〉：適当に。

□ 익히다：発酵させる、熟させる。

⑮ **活用形Ⅲ＋도 좋다：～してもいい、～でもいい。**「이번 영화는 **기대해도 좋을** 거예요.（今度の映画は**期待してもいい**と思います。）／아무도 내가 잠시나마 지구에서 살았다는 사실을 **몰라도 좋다**.（誰も私がしばらくの間、地球で生きていたという事実を**知らなくてもいい**。）」

〈오이김치〉

□ －(이)라고도 하다：～とも言う。

□ 십자〈十字〉。

□ 칼집을 내다：（切り目を出す→）切り込みを入れる。

□ 채를 썰다：千切りをする。

□ 양파〈洋―〉：玉ねぎ。

□ 자체〈自体〉。

□ 차다：冷たい。

□ 성질〈性質〉。

□ 덥다：暑い、温かい。

□ 궁합〈宮合〉：相性。

□ 갑작스레：急に。

□ 찾아오다：訪ねて来る、訪れる。

□ 더위：暑さ。

□ 힘겹다：力に余る、大変だ。

□ 시원하다：涼しい、さっぱりする。 □ 입맛：(口の味→)食欲。

□ 돋우다：増進する。

⑯ **活用形Ⅰ＋는 것도：～するのも。**「매일 **노는 것도** 쉽지 않아요.（毎日**休むのも**大変です。）／그 많은 빚을 다 **갚는 것도** 만만치 않을 거예요.（あんなに多い借金を全部**弁済するのも**大変でしょう。）」

〈깍두기〉

□ 찹쌀가루：もち米の粉。 □ 국물：汁、スープ。

□ 걸쭉하다：どろどろしている。 □ 특징〈特徴〉。

□ －(이)고：～であり。

⑰ **活用形Ⅰ＋게 되다：～（する）ようになる。**「이제 한국어도 **잘하게 되었어요.**（もう韓国語も**よくできるようになりました。**）／다음달에 특별 보너스를 **받게 될** 것 같아요.（来月、特別ボーナスが**もらえ**そうです。）」

□ 단맛：甘い味、甘味。 □ 좋아지다：よくなる。

□ 추가되다〈追加―〉：追加される。 □ 매콤하다：ぴりっとする。

□ 변하다〈変―〉：変わる。 □ 제철：(自分の季節→)旬。

□ 식감〈食感〉。 □ 자랑하다：自慢する、誇る。

□ 겨울철：冬の季節、冬季。 □ 무척：とても。

□ 어울리다：似合う。 □ 특히〈特―〉：特に。

□ 설렁탕：ソルロンタン＃牛の頭・足・内臓などを煮込んだスープ。

⑱ **活用形Ⅰ＋곤／고는：～しては、～してからは。**「요즘은 한국 드라마를 **빼곤** 이야기가 안 돼요.（最近、韓国ドラマ**抜きでは**、話が進みません。）／이번 주말에 만나자고 **해 놓곤** 아직 아무 연락이 없어요.（週末に会おうと**言っておいてから**、まだ、何の連絡もありません。）」

□ 논하다〈論―〉：論じる、語る。 □ 전문점〈専門店〉。

⑲ **指定詞の活用形Ⅰ＋야：～は、～だけは、～こそ。**＃限度・強調を表す。「**돈이야** 앞으로 열심히 일해서 벌면 되잖아.（**お金は**これから一生懸命働いて稼げばいいでしょ。）／**시간이야** 별로 없지만 열심히 해 보도록 해요.（あまり**時間こそ**ないが、一生懸命やってみてください。）」

□그 맛이 그 맛：（その味がその味→）味が似たり寄ったり。

□승부하다〈勝負―〉：勝負する。

⑳ **活用形Ⅱ＋ㄹ 정도이다：～するくらいだ、～なくらいだ。**「너무 빨리 걸어서 다리가 **아플 정도예요.**（あまりにも速く歩いて脚が**痛いくらいです。**）／이제는 매운 김치도 예사로 **먹을 정도예요**.（もう辛いキムチも平気で**食べられるくらいです。**）」

3

□다양성〈多様性〉。

□지역〈地域〉。

□계절별〈季節別〉。

□생산되다〈生産―〉：生産される、取れる。

□기후〈気候〉：天候。

□배합〈配合〉。

□비율〈比率〉。

□숙성〈熟成〉。

□방법〈方法〉。

㉑ **形容詞の活用形Ⅱ＋ㄴ 데서：～なことから。**「원래 부부 싸움이란 게 **작은 데서** 시작하는 법이다.（もともと夫婦喧嘩というものは**小さいことから**始まるものだ。）／좋은 사람을 **먼 데서** 찾지 말고 **가까운 데서** 찾아 보세요.（いい人を**遠くから**求めないで、**近くから**探してみなさい。）」

□기인하다〈起因―〉：起因する。

㉒ **活用形Ⅱ＋ㄹ지라도：～しても、～でも、～しようとも、～かろうとも、～だろうとも。**「비가 **올지라도** 꼭 갈 거예요.（雨が**降っても**必ず行きます。）／**바쁠지라도** 시간을 내서 한번 가 보세요.（**忙しくても**、時間を作って

ちょっと行ってみてください。)」

□ 전승되다〈伝承―〉:伝承される。
□ 솜씨:腕前。
□ 식생활〈食生活〉。
□ 변화〈変化〉。
□ 종래〈従来〉。
□ 재료〈材料〉。
□ 주거〈住居〉。
□ ―에도 불구하고:~にもかかわらず。
□ 뚜렷하다:はっきりしている。
□ 발전시키다〈発展―〉:発展させる。
□ 얼갈이배추:オルガリ白菜 #冬に植えた白菜。
□ 수분〈水分〉。
□ 깻잎:エゴマの葉っぱ。
□ 독특하다〈独特―〉:独特だ。
□ 각양각색〈各様各色〉:多種多様、いろいろ。
□ 형태〈形態〉。
□ ―에 따라서도:~によっても。
□ 퓨전:フュージョン。
□ 늘어나다:増えてくる、増える。
□ 양식〈様式〉。
□ 사계절〈四季節〉:四季。
□ 사시사철〈四時四―〉:四季。
□ 햇배추:初物の白菜。
□ 인하다〈因―〉:因る。
□ 부족하다〈不足―〉:不足する、足りない。
□ 김장:立冬前後に行われる越冬用キムチの漬け込み。また、そのキムチ。
□ 동치미:(←冬沈+이)トンチミ #冬場に大きく切った大根を塩水に漬けたキムチ。

4

□ 나다:過ごす。

㉓ **活用形Ⅰ+기 위해:~するために。**「**건강해지기 위해** 아침 저녁으로 부지런히 운동하고 있어요.(**健康になるため**、朝晩、せっせと運動しています。)

／좀 더 잘 **알기 위해** 열심히 공부했어요 .(もうちょっと詳しく**知るために**、一生懸命勉強しました。)」

□입동〈立冬〉。
□전후하다〈前後—〉：前後する。
□한꺼번에：一度に、一気に。
□이웃：近所、隣。
□총동원되다〈総動員—〉：総動員される。
□공동 작업〈共同作業〉。
□—간〈間〉：〜間。
□협력〈協力〉。
□결속〈結束〉。
□다지다：固める。

㉔ 活用形Ⅲ＋주다：①〜してくれる、②〜してあげる。「버튼을 좀 더 세게 **눌러 주세요.**（ボタンをもう少し強く**押してください**。）／조금만 더 **기다려 주세요** .(もう少しだけ**お待ちください**。)」

□정체성〈正体性〉：アイデンティティ。
□재확인〈再確認〉。

㉕ 活用形Ⅰ＋기도 하다：〜したりもする、〜でもある、とても〜だ。「더울 때는 민소매 티셔츠를 **입기도 해요** .(暑いときはタンクトップを**着たりもします**。)／이 컴퓨터는 참 **느리기도 하네요.**（このパソコンは**とても遅いですね**。)」

□현대사회〈現代社会〉。
□핵가족화〈核家族化〉。
□양〈量〉。
□—끼리：〜同士で。
□정〈情〉。
□돈독히〈敦篤—〉：厚く。
□공동체〈共同体〉。
□인정되다〈認定—〉：認定される。
□유네스코：ユネスコ
□인류무형문화유산〈人類無形文化遺産〉。
□등재되다〈登載—〉：登載される、載る。
□—에 대해〈対—〉：〜に対して、〜について。

□ 통하다〈通―〉：通じる。

□ 나눔：分かち合い。

□ 실천하다〈実践―〉：実践する。

□ 연대감〈連帯感〉。

□ 소속감〈所属感〉。

□ 증대시키다〈増大―〉：増大させる。

□ 평가하다〈評価―〉：評価する。

5

□ 일부〈一部〉。

□ 시댁〈媤宅〉：夫の実家、婚家。

□ 친정〈親庭〉：(既婚女性の)実家。

□ 갈등〈葛藤〉。

□ 겪다：経験する。

□ 스트레스：ストレス。

㉖ **存在詞・形容詞の活用形Ⅰ＋다고 하다：～（だ）と言う**。「비가 많이 올 때도 **있다고 했어요**.（雨がたくさん降るときも**あると言いました**。）／얼굴만 **예쁘다고 해서** 최고인가요? 사람은 마음이 고와야지요.（顔だけ**かわいいからと言って**最高ですか。人は気立てがよくなければなりません。）」

□ 기사〈記事〉。

□ 주부〈主婦〉。

□ 내려가다：下りていく、帰省する。

□ 답답해지다：苦しくなる。

□ 명절〈名節〉：お正月や旧盆などの民俗的な祝祭日。

□ 하루 종일〈―終日〉：(一日終日→)一日中。

㉗ **活用形Ⅰ＋다 보면：～してみたら、～だったら、～していたら、～しているうちに**。「같이 **일을 하다 보면** 정이 들 거예요.（いっしょに**働いていると**情が移ると思います。）／누구나 **바쁘다 보면** 실수할 수도 있다.(だれだって**忙しかったら**、失敗することもある。)」

□ 온몸：全身、体中。

□ 파김치가 되다：(ネギキムチになる→)くたくたになる。

□ 시어머니[媤―]：(夫の)お母さん、しゅうとめ。

□ 내색〈―色〉：感情を顔に出すこと。

□ 입맛에 안 맞다：(口の味に合わない→)口に合わない。
□ 처치〈処置〉：処分。
□ 곤란하다〈困難—〉：困る。

㉘ **形容詞の活用形Ⅱ＋ㄴ 만큼：～な(分)だけ。**「모범택시는 차량도 고급 세단이고, **친절한 만큼** 인기가 좋아요.(模範タクシーは車両も高級セダンであり、**親切なだけに**人気が高いです。)／먹고 **싶은 만큼** 주문하세요.(食べたい**分だけ**注文しなさい。)」

□ 얼마든지：いくらでも。
□ 슈퍼：スーパー（マーケット）。
□ 시절〈時節〉：時代、とき。
□ 뭐 하러：何で、何しに。

㉙ **活用形Ⅰ＋는지 모르다：～するのかわからない。**「요즘 정치인들은 도대체 뭘 **하는지 모르겠어요.**(最近、政治家たちは何を**しているのかよくわかりません。**)／회사에서 월급이나 제대로 **받는지** 잘 **모르겠구나.**(会社からちゃんと給料でも**もらっているのか、よくわからない。**)」

□ 불만〈不満〉。
□ 쏟아내다：吐き出す。
□ 한편：〈一便〉一方。
□ 매년〈毎年〉。
□ 아들네：息子(のところ)。
□ 보내다：送る。

㉚ **活用形Ⅰ＋ㄴ다는/는다는：～するという。**「내일은 눈이 많이 **온다는** 일기예보예요.(明日は雪がたくさん**降るという**天気予報です。)／사흘 간이나 파리에서 같은 호텔에 **묵는다는**데 어때요？(3日間もパリで同じホテルに**泊まるそう**ですが、いかがですか。)」

□ 품：懐。
□ 떠나다：離れる。
□ 끈：紐、絆。
□ 어미：母、母ちゃん、母親。
□ 자식〈子息〉：子ども。
□ 잇다：つなぐ、続ける。
□ 빨갛다：赤い。
□ 탯줄：へその緒。
□ 영양〈営養〉：栄養。

㉛ **活用形Ⅲ＋ㅆ듯이：～したように、～だったように。**「유비가 제갈량을 **만났듯이**, 예수가 바울을 **만났듯이**, 부처가 가섭을 **만났듯이** 위대한 위인은 위대한 동지를 만나게 된다.(劉備が諸葛亮に**会ったように**、イエスがパウロに**会ったように**、釈迦が迦葉に**会ったように**偉大な偉人は偉大な同志に恵まれる。)／시어머니가 자기가 참고 **살았듯이** 나한테도 그렇게 살라고 했어요.(姑は自分が我慢して**生きてきたように**、私にもそのように生きなさいと言いました。)」

- [ ] 담다：盛る、盛り込む。
- [ ] 체력〈体力〉。
- [ ] 떨어지다：落ちる、なくなる。
- [ ] 해마다：年ごとに。
- [ ] 올해：今年。
- [ ] 마지막：最後、終わり。
- [ ] 세대〈世代〉。
- [ ] 젊은이：若者。
- [ ] 생활 방식〈生活方式〉：ライフスタイル。
- [ ] 인식〈認識〉。
- [ ] 거의：ほとんど。
- [ ] 없어지다：なくなる。

㉜ **活用形Ⅰ＋겠느냐：～するか、～したいか、～だろうか。**「뭘 **먹겠느냐**, 어느 쪽으로 **가겠느냐**, 다음엔 무얼 **하겠느냐**고 일일이 물었어요.(何を**食べたいのか**、どこに**行きたいか**、次は何を**したいか**といちいち聞きました。)／외국에서 혼자서 얼마나 **외로웠겠느냐**.(外国で、一人でどんなに**寂しかっただろう**。)」

- [ ] 책임감〈責任感〉。

㉝ **活用形Ⅱ＋ㄹ까 싶다：～しようかと思う、～したいと思う、～ではないかと思う。**「이제 회사도 그만두고 **결혼할까 싶어요**.(もう会社もやめて**結婚しようかと思います**。)／속이 더부룩할 때는 소화제를 **먹을까 싶어요**.(胃がもたれるときは、**消化剤を飲みたいと思います**。)」

- [ ] 아쉬워하다：残念がる。
- [ ] 사회〈社会〉。
- [ ] 시대〈時代〉。
- [ ] 흐름：流れ。

□ 거스르다：逆らう。　□ 운명〈運命〉。

□ 맞이하다：迎える。

㉞ **活用形Ⅰ＋는 것 같다：～するようだ。**「우리 오빠는 요즘 영어 공부 때문에 매일 미국 드라마를 **보는 것 같아요**.（うちの兄は最近、英語の勉強のために毎日アメリカのドラマを**見ているようです**。）／건강을 위해 매일 많이 **걷는 것 같았어요**.（健康のために毎日、たくさん**歩いているようでした**。）」

□ 쓸쓸하다：寂しい、悲しい。　□ 아쉽다：残念だ。

□ 느낌이 들다：気がする、感じがする。　□ 세계인〈世界人〉。

□ －(으)로서：～として。　□ 자리매김：位置づけ。

㉟ **活用形Ⅲ＋ㅆ으며：～したし、～かったし、～だったし。**「그 시인은 좋은 시를 많이 **남겼으며** 모든 사람들로부터 존경을 받았다고 해요.（あの詩人はいい詩をたくさん**残し**、みなから尊敬されたそうです。）／그 온천은 시내와 떨어져 있어 조용한데다가 경치도 **좋았으며** 노천탕이 너무 좋았습니다.（その温泉は都心と離れていて、静かな上に景色も**よかったし**、露天風呂がとてもよかったです。）」

□ 지정되다〈指定―〉：指定される。

㊱ **活用形Ⅲ＋ㅆ으니：～したから、～かったから、～だったから。**「약속을 **못 지켰으니** 할 말도 없겠네요.（約束が**守れなかったから**返すことばもないでしょう。）／제대로 잠도 안 자고 **일만 했으니** 병이 날 만도 해요.（ちゃんと睡眠も取れずに**働いてばかりいたから**、病気になってもおかしくありません。）」

□ 지혜〈知恵〉。　□ 앞으로도：これからも。

□ 명맥〈命脈〉。

㊲ **活用形Ⅲ＋ㅆ으면 좋겠다：～したらいい、～かったらいい、～だったらいい。**「빨리 동창회에서 옛날 친구들을 **만났으면 좋겠어요**.（早く同窓会で、

昔の友だちに会えたらいいでしょうね。）／식당의 주방이 좀 더 깨끗했으면 좋겠는데요.（食堂の厨房がもう少しきれいだったらいいですが。）」

★읽고 나서

1 Q : **김치가 건강에 좋은 이유는 무엇인가 ?**

① 김치에는 식이섬유, 비타민, 미네랄, 유산균 등이 함유되어 있어 장내 환경을 좋게 하여 면역력을 높이기 때문이다.

② 매운 맛이 소화를 촉진시키기 때문이다.

2 Q : **본문과 내용이 같은 것에는 ○표, 틀린 것에는 ×표 하세요.**

① 같은 지역의 김치라면 재료가 같으므로 같은 맛을 낸다. (　)

② 김치는 매운 음식으로 장(腸)에는 좋지 않다. (　)

③ 김장이란 춥고 긴 겨울을 나기 위해 많은 양의 김치를 담가 저장하는 것을 말한다. (　)

3 Q : **김치의 종류와 맛이 다양한 이유는 무엇인가 ?**

A :

4 Q : **김장문화가 유네스코 인류무형문화유산으로 등재된 이유는 무엇인가 ?**

A :

★이야기해 봅시다 !

지금까지 먹어 본 김치 중에서 가장 입에 맞는 김치는 어떤 김치였어요 ?

☆써 봅시다 !　　　　●書き写しトレーニング

1. 김치는 한국의 대표적인 저장 발효식품으로 배추, 무 등의 주재료를 굵은 소금에 절여 씻은 다음 고춧가루, 파, 마늘, 생강 등의 양념과 젓갈을 넣어 버무려 담근다.

....

....

....

2. 파김치는 아주 푹 익어도 맛있고, 쪽파는 날것으로도 먹기 때문에 담그자마자 곧바로 먹어도 된다 매운맛이 싫다면 적당히 익혀서 먹어도 좋다.

....

....

....

3. 한국은 봄, 여름, 가을, 겨울의 사계절이 뚜렷하기 때문에 사시사철 계절에 맞는 재료를 이용하여 김치를 담그는 음식문화를 발전시켜 왔다.

....

....

....

4. 현대사회의 핵가족화로 예전과 같이 많은 양을 담그지는 않지만 아직도 가족들과 이웃끼리 함께 담그며 담근 김치로 함께 식사도 하며 정을 돈독히 한다.

....

....

....

5. 김치는 내 품을 떠난 자식과의 끈 같은 거예요.
한국 엄마들에겐 어미와 자식을 잇는 빨간 탯줄 같기도 하고요.

....

....

....

〈解答〉

☆읽고 나서

1. ①

2. (1)×　(2)×　(3)○

3. 김치의 맛이 다양한 이유는 지역 및 계절별로 생산되는 채소가 다르고, 기후에 따라 양념의 종류, 배합 비율 및 숙성 방법이 매우 다양하고, 각 가정마다 독특한 방법으로 담그기 때문에 솜씨에 따라 각양각색이다.

4. 김장을 통해 이웃끼리 나눔의 정신을 실천하며 연대감과 정체성, 소속감을 증대시켰기 때문에.

第2課 따끈따끈 온돌 이야기

ポカポカのオンドル物語

Track 06

1 온돌은 한국의 전통적인 난방 형식이다. 온돌이란 아궁이에 불을 지펴 밥을 짓고 남은 열을 가지고 방구들을 통해 굴뚝으로 빠져나가게 한다. 열이 빠져나가는 사이에 뜨거운 공기가 방바닥 전체를 따뜻하게 하는① 것이다. 그리고 화재의 위험을 피하고자② 방바닥에는 구들장이라는 얇고 넓은 돌을 까는데 그 위에 흙을 발라 평평한 방바닥을 만든다. 그 바닥 윗면에는 장판이라는 기름 먹인 두꺼운 종이를 바른다.

구들 아래의 흙은 장마철에는 습기를 흡수했다가 날이 건조해지면 이를 방출하는 방식으로 방 안의 습도를 조절한다. 또 밑으로 불기운과 연기가 들어와 빠져나가는 길인 구들장 밑의 방고래는 여름철에는 땅에서 올라오는 습기를 차단하고, 겨울철에는 지열을 저장해 준다. 온돌은 방바닥을 골고루 데워 줄 뿐만 아니라③ 연료나 시설 면에서 경제적이고 고장이 별로 없다.

Track 07

2 전통적인 구들의 재료인 돌은 열 손실이 적어 요즘 대부분의 가정에서 쓰고 있는 온수 파이프 형식의 난방 시스템보다도 훨씬 적은 에너지를 소비한다. 게다가 자연 광물질인 돌은 물리·화학적으로도 안전하며 마모되어 못 쓰게 되는 법도 거의 없어 반영구적이다.

구들은 불을 지피지 않을 때도 방바닥에 축적된 열이 방 안을 데우는 방식이어서 열효율이 높다. 또한 실내 온도를 낮게 유지해도 바닥이 따뜻하기 때문에 공기 난방보다 오랫동안 온기를 느낄 수 있다. 에어컨, 스토브, 팬히터 등과 같은 난방 방식은 실내 온도가 높아도 따뜻한 공기가 모두 위로 올라가 버려④ 따뜻함을 별로 느끼지 못하며 방 안이 건조해져서 건강에도 별로 좋지 않다.

Track 08

3 온돌은 난로 등과 같이 방 공기를 데우는 난방 방식이 아니라 방바닥을 따뜻하게 함으로써⑤ 방 안 전체의 공기를 훈훈하게 데워 주는 방식이다.

따라서 머리는 차게 하고 발은 따뜻하게 한다는 '두한족열(頭寒足熱)'을 지켜 주는 가장 이상적인 난방 방법이라고 할 수 있다. '두한족열'을 일상생활에서 실천하면, 기혈 순환이 잘 이루어지고 면역력이 높아져서 잠도 푹 잘 수 있고, 몸도 건강해진다고 한다⑥.

더구나 전통 방식의 온돌은 누워 잘 때도 아랫목은 윗목보다 더욱더 따뜻해 '두한족열'을 이상적으로 지켜 준다. 또한 따뜻한 바닥은 실내에서 신발을 벗도록⑦ 유도해 먼지 등 외부 오염물질 유입을 차단하는 효과도 얻을 수 있다.

Track 09

4 한편 밥을 짓거나⑧ 하지 않을 때도 추운 날에는 아궁이에 늘 불을 지폈다. 또한 난방할 필요가 없는 여름철에는 마당 등에 여름용 취사 시설을 만들거나, 구들의 습기 제거와 해충을 구제하기 위해 한 달에 한두 번쯤 아궁이에 불을 지피고는 했다⑨.

전통적인 온돌의 연료는 장작이나 짚이었고, 1960년대 이후부터 1980년대까지는 연탄,90년대 이후엔 가스와 등유 등을 주 연료로 삼고 있다. 예전에 연탄을 땔 때는 여름 한 철 동안 쓰지 않던 아궁이에 연탄을 때면 그동안 갈라지기도 한⑩ 방바닥 틈새로 연탄 가스가 새어 나와 일산화탄소 중독을 일으켜 사망에 이르는 경우도 있었다. 그러나 1980년대 이후부터는 직접 공기를 흘려보내는 방식이 아니라 보일러로 물을 데워 바닥에 순환시키는 방식을 취해 더 이상 연탄가스의 피해는 없게 되었다⑪.

5 20세기에 들어와 의식주 생활면에서 모든 게 급격하게 바뀌었으나⑫ 온돌만은 그 자리를 굳건하게 지키고 있다. 70 년대 초까지만 해도 많은 사람들이 대부분 단독주택에서 생활해 왔으나 지금은 6 할이 넘는 사람들이 고층 아파트에 살고 있다. 한국의 전통 생활방식이 대부분 바뀌었음에도 불구하고 어느 아파트나 다 온돌이 설치되어 있다.

한편, 공기를 통하게 하는 전통 방식은 아궁이 쪽에 가까운 아랫목은 뜨겁고 아궁이에서 먼 윗목은 따뜻한 이상적인 난방이었으나 요즘의 난방법은 아랫목도 윗목도 구별 없이 전체적으로 따뜻하여 오래간만에 온돌방에서 자면 당황할 때도 있다.

옛날에는 몸이 찌뿌둥할 때 아랫목에서 몸을 지지면 감기 몸살 등이 뚝 떨어졌으나 현대식 온돌에서는 그런 것이 불가능해져 버려 좀 아쉽다.

그러나 난방의 재료와 방식이 바뀌어도⑬ 거기에서 삶을 영위하는 모습은 별로 바뀌지 않은 것 같다⑭. 방바닥의 따뜻한 기운이 온몸에 전해지도록 요와 방석은 얇게 만들어 사용해 왔다⑮. 침대와 의자가 아닌 방바닥에서의 좌식 생활이 일반적이었던 것도 온돌과 밀접한 관련이 있었을 것이다⑯.

Track 11

6 **또** 추운 겨울에도 따뜻한 방에 앉아 있으면⑰ 일본에서와는 달리 따끈한 차를 마시고 싶다는 생각이 별로 들지 않는다⑱. 오히려 한겨울에도 시원한 물을 마시고 싶은 생각이 들 때가 있다⑲. 그래서 수정과나 식혜 등은 겨울철 음료로 밖에 두고 살짝 얼려 마신다.

또한 한국에서 사용하는 인기 있는 냉장고 중에는 일일이 냉장고 문을 열지 않아도⑳ 문짝 바깥에 달린 버튼만 살짝 누르기만 하면 얼음이 금방 우르르 쏟아져 나오는 제품도 있다.

일본에서는 겨울에 자기 전에㉑ 따끈한 욕조에 몸을 푹 담가 몸을 따뜻하게 한 후에㉒ 잠자리에 들지만 온돌방에서는 전연 그럴 필요성을 못 느끼게 된다. 온돌방에 앉아 있으면㉓ 몸이 따뜻해져서 어느새 눕고 싶은 마음이 들고, 누워 있으면 자기도 모르게 스르르 잠이 드는 경우도 많았다. 그래서 '서 있으면 앉고 싶고, 앉으면 눕고 싶고, 누우면 자고 싶다' 라는 속담까지 생긴 것이다.

★日本語訳

1 オンドルは韓国の伝統的な暖房形式である。オンドルとはかまどに火を焚いてご飯を炊き、残りの熱でもって部屋のクドゥルを通り煙突へ抜けるようにするものである。熱が抜けていく間に熱い空気が部屋の床全体を暖めるのである。そして、火災の危険性を回避すべく、部屋の床にはクドゥルチャンという薄くて幅の広い石を敷くが、その上に土を塗って平らな床を作る。その床の上面には、チャンパンという油をひいた厚紙を貼る。

クドゥルの下の土は梅雨時には湿気を吸収し、天候が乾燥すれば、これを放出する方式で部屋の中の湿度を調節する。また、下へ火気と煙が入ってきて抜けていく道であるクドゥルチャンの下のパンゴレは、夏は地面から上って来る湿気を遮断し、冬は地熱を保ってくれる。オンドルは床をまんべんなく暖めてくれるだけでなく、燃料や設備の面で経済的で、あまり故障がない。

2 伝統的なクドゥルの材料である石は熱の損失が少なく、最近ほとんどの家庭で使われている温水パイプ型の暖房システムよりもはるかに少ないエネルギーを消費する。さらに、自然の鉱物質の石は物理・化学的にも安全で、摩耗して使えなくなることもほとんどなく、半永久的である。

クドゥルは火を焚かないときも床に蓄積された熱が室内を暖める方式なので熱効率が高い。また、室内の温度を低く維持しても床が暖かいので、空気暖房より長い間、暖かさを感じることができる。エアコン、ストーブ、ファンヒーターなどのような暖房方式は、室内の温度が高くても暖かい空気がすべて上に上がってしまうので暖かさをあまり感じず、部屋の中が乾燥するので健康にもあまりよくない。

3 オンドルはストーブなどのように部屋の空気を暖める暖房方式ではなく、部屋の床を暖めることにより、部屋全体の空気をぽかぽか暖めてくれる方式だ。

したがって頭は冷やし、足は暖かくする「頭寒足熱」を守ってくれる最も理想的な暖房方法だと言える。「頭寒足熱」を日常生活の中で実践すれば、気血の循環がよく行われて、免疫力が高まるので、ぐっすり眠ることができ、体も健康になると言われる。

しかも伝統的な方式のオンドルは横になって寝るときも、アレンモクはウィンモクより一層暖かく「頭寒足熱」を理想的に守ってくれる。また、暖かい床は室内で靴を脱ぐように誘導して、ほこりなどの外部の汚染物質の流入を遮断する効果も得られる。

4 一方、ご飯を炊いたりしていないときでも、寒い日には、いつもかまどに火を焚いた。また、暖房の必要がない夏は、庭などに夏用の炊事設備を作ったり、オンドルの湿気の除去や害虫を駆除するために月に 1 、2 回くらいかまどに火を焚いたりした。

伝統的なオンドルの燃料は薪や藁だったが、1960 年代以降から 1980 年代までは練炭、90 年代以降はガスや灯油などを主燃料としている。以前に練炭を焚くときは、夏の間、使わなかったかまどに練炭を焚くと、それまでにひびが入ったりした部屋の床の隙間から練炭ガスが漏れ出し、一酸化炭素中毒を起こし死に至ることもあった。しかし 1980 年代以降は、直接空気を流す方式ではなく、ボイラーで水を暖め、床に循環させる方式を取り入れ、もはや練炭ガスの被害はなくなった。

5 20 世紀に入り、衣食住の生活面ですべてが急激に変わったが、オンドルだけはその座を頑なに守っている。70 年代の初めまで、多くの人がほとんど一戸建て住宅で生活してきたが、今では 6 割以上の人が高層マンションに住んでいる。韓国の伝統的な生活様式がほとんど変わったにもかかわらず、どのマンションも全部、オンドルが設置されている。

一方、空気を通す伝統的な方法では、かまどの方に近いアレンモクは程よいくらいに熱く、かまどから遠いウィンモクは暖かい理想的な暖房だったが、最近の暖房方式はアレンモクもウィンモクも区別なく、全体的に暖かいので、久しぶりにオンドル部屋で寝ると戸惑うときもある。

昔は体がだるいとき、アレンモクで体を温めると風邪やモムサルなどがきれいに治ったが、現代風のオンドルではそんなことは不可能になってしまい、ちょっと残念だ。

しかし、暖房の材料と方法が変わっても、そこで生活を営む姿はあまり変わっていないようだ。部屋の床の温気が全身に伝わるように敷布団や座布団は薄く作って使ってきた。ベッドと椅子ではなく、床での座式の生活が一般的であったこともオンドルと密接な関連があっただろう。

6 また、寒い冬でも暖かい部屋に座っていると、日本とは異なり、あまり温かいお茶を飲みたいという気がしない。むしろ真冬でも冷たい水が飲みたいという気分になるときがある。それでスジョングヮやシッケなどは冬場の飲み物として、外に出しておいて、薄氷が張ったものを飲む。

また、韓国で使用されている人気のある冷蔵庫の中には、いちいち冷蔵庫のドアを開けなくても、ドアの外に付いているボタンを軽く押しさえすれば氷がすぐにどっと出てくる製品もある。

日本では、冬に寝る前に温かい浴槽にすっぽり漬かり、体を温めてから寝床に入るが、オンドルの部屋では、全くそういった必要性を感じられなくなる。オンドル部屋に座っていると、体が温まり、いつの間にか横になりたいという気分になり、横になっていると、自分でも知らないうちにすっと眠りにつく場合も多かった。そこで、「立っていれば座りたくなり、座れば横になりたくなり、横になれば寝たくなる」ということわざまでできたのである。

★語句と活用〈1-2〉　＊覚えた単語には✓を入れよう！

1

□ 온돌〈温突〉：オンドル。
□ 난방〈暖房〉。
□ 아궁이：かまど。
□ 밥을 짓다：ご飯を炊く。
□ 방구들〈房―〉：オンドルの煙道。
□ 빠져나가다：抜け出る。
□ 공기〈空気〉。
□ 전체〈全体〉。
□ 전통적〈伝統的〉。
□ 형식〈形式〉。
□ 지피다：燃やす、燃す、焚く。
□ 남다：残る。
□ 굴뚝：煙突。
□ 뜨겁다：熱い。
□ 방바닥〈房―〉：部屋の床。

① **活用形Ⅰ＋게 하다：～するようにする、～させる、～くする。**「큰 지진이 나서 학생들을 일찍 **돌아가게 했어요**.（大きな地震が起きたので学生たちを早く帰**らせました**。）／매일 소설을 조금씩 **읽게 하면** 어때요？（毎日、少しずつ小説を読**ませたら**いかがでしょうか。）」

□ 화재〈火災〉：火事。
□ 피하다〈避―〉：避ける。
□ 위험〈危険〉。

② **活用形Ⅰ＋고자：～しようと。**「여행을 **가고자** 했지만 시간을 낼 수 없었어요.（旅行に**行こうと**しましたが、時間を作ることができませんでした。）／옛날에 산 신발을 **신고자** 했지만 작아서 신을 수 없었어요.（昔、買った靴を履**こうと**しましたが、小さくて履けませんでした。）」

□ 얇다：薄い。
□ 깔다：敷く。
□ 바르다：塗る。
□ 윗면〈―面〉：上の面。
□ 넓다：幅が広い。
□ 흙：土。
□ 평평하다〈平平―〉：平らだ。
□ 장판〈壮版〉：油紙＃オンドルの部屋の床に貼る紙。

□ 기름：油。

□ 두껍다：厚い。

□ 장마철：梅雨の時期。

□ 흡수하다〈吸収—〉：吸収する。

□ 건조해지다〈乾燥—〉：乾く、乾燥する。

□ 방식〈方式〉。

□ 조절하다〈調節—〉：調節する。

□ 불기운：火気。

□ 구들장：オンドルの煙道の上に敷く板状の石。

□ 여름철：夏の季節、夏季。

□ 올라오다：上がってくる。

□ 차단하다〈遮断—〉：遮断する。

□ 지열〈地熱〉。

□ 골고루：まんべんなく。

□ 먹이다：(食わせる→)吸い込ませる＃먹다の使役形。

□ 종이：紙。

□ 습기〈湿気〉。

□ 날：天候、天気。

□ 방출하다〈放出—〉：放出する。

□ 습도〈湿度〉。

□ 밑：下。

□ 연기〈煙気〉：煙。

□ 방고래〈房—〉：オンドルの煙道。

□ 땅：地面。

□ 습기〈湿気〉。

□ 겨울철：冬の季節、冬季。

□ 저장하다〈貯蔵—〉：貯蔵する、貯める。

□ 데우다：暖める。

③ **活用形Ⅱ＋ㄹ 뿐만 아니라**：～（する、な）ばかりでなく。「얼굴도 **예쁠 뿐만 아니라** 마음씨도 고와요.（顔もかわいいばかりでなく、気立てもやさしいです。）／돈도 **없을 뿐만 아니라** 시간도 없어요.（お金もないばかりでなく時間もありません。）」

□ 연료〈燃料〉。

□ −면〈面〉：～面。

□ 고장〈故障〉。

□ 시설〈施設〉：設備。

□ 경제적〈経済的〉。

□ 별로〈別—〉：あまり。

2

- □ 재료〈材料〉。
- □ 손실〈損失〉。
- □ 온수〈温水〉。
- □ 형식〈形式〉。
- □ 훨씬 :ずっと。
- □ 소비하다〈消費—〉:消費する、使う。
- □ 자연〈自然〉。
- □ 물리〈物理〉。
- □ 안전하다〈安全—〉:安全だ。
- □ 법〈法〉:こと。
- □ 반영구적〈半永久的〉。
- □ 실내〈室内〉。
- □ 낮다 :低い。
- □ 오랫동안 :長い間。
- □ 에어컨 :エアコン。
- □ 팬히터 :ファンヒーター。
- □ 돌 :石。
- □ 대부분〈大部分〉:大半、ほとんど。
- □ 파이프 :パイプ。
- □ 시스템 :システム。
- □ 에너지 :エネルギー。
- □ 게다가 :さらに。
- □ 광물질〈鉱物質〉。
- □ 화학적〈化学的〉。
- □ 마모되다〈摩耗—〉:摩耗する。
- □ 거의 :ほとんど、ほぼ。
- □ 축적되다〈蓄積—〉:蓄積される。
- □ 온도〈温度〉。
- □ 유지하다〈維持—〉:維持する。
- □ 온기〈温気〉:ぬくもり。
- □ 스토브 :ストーブ。

④ **活用形Ⅲ+버리다**:~してしまう。「남은 술도 다 **마셔 버렸어요**.(残っていたお酒も全部飲んでしまいました。)/약속을 깜박 **잊어버렸어요**.(約束をうっかり忘れてしまいました。)」

- □ 따뜻함 :暖かさ。

3

□ 난로〈暖炉〉：ストーブ。

□ —이/ 가 아니라：～ではなく。

⑤ **活用形Ⅰ＋게 함으로써：～するようにすることによって、～くすることによって。**「아이들에게 매일 운동을 **하게 함으로써** 건강을 증진시킵니다.（子どもたちに毎日、運動をさせることによって健康を増進させます。）／미국에서 **살게 함으로써** 영어 실력을 늘게 했어요.（アメリカで暮らすようにすることによって英語力を伸ばせました。）」

□ 전체〈全体〉。

□ 훈훈하다〈薫薫—〉：ほどよく暖かい。

□ 따라서：従って。

□ 차다：冷たい。

□ 두한족열〈頭寒足熱〉：頭を冷やし、足を暖めること ＃よく眠れ、健康によいという。＃発音は[두한종녈]。

□ 지키다：守る。

□ 이상적〈理想的〉。

□ 일상생활〈日常生活〉。

□ 실천하다〈実践—〉：実践する。

□ 기혈〈気血〉＃気と血は密接な関係にあり、相互に影響を及ぼしあっているとされる。

□ 순환〈循環〉。

□ 이루어지다：なされる。

□ 면역력〈免疫力〉。

□ 높아지다：高まる。

□ 잠：睡眠。

□ 푹：ぐっすり。

□ 건강해지다〈健康—〉：健康になる。

⑥ **活用形Ⅰ＋ㄴ다고／는다고 하다：～するという。**

□ 먼저：先に。

□ 더구나：さらに、しかも。

□ 눕다：横になる。

□ 아랫목：アレンモク＃オンドル部屋の中で焚口に近いところ、上座。＃発音は[아랫목]。

☐ 윗목：ウィンモク＃オンドル部屋の中で焚口から遠いところ、下座。＃発音は［윈목］。

☐ 더욱더：もっと。

☐ 또한：また。

☐ 실내〈室内〉。

☐ 신발：靴。

☐ 벗다：脱ぐ。

⑦ **活用形Ⅰ＋도록：～するように。**「내일까지 **기다리도록** 해요.（明日まで**待つようにしましょう。**）／조금 더 **참도록** 해요.（もう少し**我慢するようにしましょう。**）」

☐ 유도하다〈誘導―〉：誘導する。

☐ 먼지：ほこり。

☐ 외부〈外部〉。

☐ 오염물질〈汚染物質〉。

☐ 유입〈流入〉。

☐ 효과〈効果〉。

☐ 얻다〈得る〉。

4

☐ 한편〈―便〉：一方。

⑧ **活用形Ⅰ＋거나：～したり、～かったり、～だったり。**「연필이나 지우개가 없을 땐 친구한테 **빌리거나** 했어요.（鉛筆や消しゴムがないときは、友だちに**借りたり**しました。）／날에 따라 바지를 **입거나** 치마를 **입거나** 해요.（日によって、ズボンを**はいたり**、スカートを**はいたり**します。）」

☐ 마당：庭。

☐ 여름용〈―用〉：夏用。

☐ 취사〈炊事〉。

☐ 시설〈施設〉。

☐ 제거〈除去〉。

☐ 해충〈害虫〉。

☐ 구제하다〈駆除―〉：駆除する。

☐ 한두 번〈―番〉：1、2 回。

⑨ **活用形Ⅰ＋고는 하다：〜したりする。**「바쁠 때는 제대로 잠을 **못 자고는 했어요**.（忙しいときはちゃんと寝られなかったりしました。）／약속을 깜박 **잊고는 했어요**.（うっかり約束を忘れたりしました。）」

□ 연료〈燃料〉。
□ 짚：わら。
□ 연탄〈練炭〉。
□ 주〈主〉：主な。
□ 때다：（燃料などを）焚く、くべる。
□ 갈라지다：割れる、ひびが入る。
□ 장작：薪。
□ 이후〈以後〉：以降。
□ 등유〈灯油〉。
□ －로 삼다：〜とする、〜として使う。
□ 한 철：ひとつの季節、一季。

⑩ **活用形Ⅰ＋기도 하다：〜したりもする。とても〜だ。**

□ 틈새：割れ目、隙間。
□ 일산화탄소〈一酸化炭素〉。
□ 일으키다：起こす。
□ 이르다：至る。
□ 직접〈直接〉。
□ －이/가 아니라：〜ではなく。
□ 순환시키다〈循環―〉：循環させる。
□ 더 이상：（もっと以上→）これ以上。
□ 새다：漏れる。
□ 중독〈中毒〉。
□ 사망〈死亡〉。
□ 경우〈境遇〉：場合。
□ 흘려보내다：（流して送る→）流す。
□ 보일러：ボイラー。
□ 취하다〈取―〉：取る。
□ 피해〈被害〉。

⑪ **活用形Ⅰ＋게 되다：〜するようになる、〜くなる。**

5

□ 세기〈世紀〉。
□ 생활면〈生活面〉。
□ 바뀌다：変わる。
□ 의식주〈衣食住〉。
□ 급격하다〈急激―〉急激だ。

⑫ **活用形Ⅲ＋ㅆ으나：～したが、～かったが、～だったが。**「어제 삼촌을 만나러 **갔으나** 못 만났어요.（昨日、叔父に会いに**行きましたが**、会えませんでした。）／용돈을 **받았으나** 다 써 버렸어요.（お小遣いを**もらいましたが**、全部使ってしまいました。）」

□ 자리：席、座、位置。
□ 초〈初〉：初め⇔말〈末〉。
□ 단독주택〈単独住宅〉：一戸建て。
□ 넘다：超える。
□ 아파트：マンション。
□ 난방법〈暖房法〉。
□ 전체적〈全体的〉。
□ 찌뿌둥하다：体がだるい。
□ 몸살：モムサル＃体がだるい症状。
□ 떨어지다：（風邪などが）治る。
□ 불가능해지다〈不可能―〉：不可能になる。
□ 굳건하다：たくましい、ゆるぎない、しっかりしている。
□ －까지만 해도：～までだけでも。
□ －할〈割〉：～割。
□ 고층〈高層〉。
□ 전통〈伝統〉。
□ 구별〈区別〉。
□ 당황하다〈唐慌―〉：慌てる。
□ 지지다：焼く＃熱いオンドルの上に体を当てる。
□ 뚝：ぴたっと＃急にとだえるようす。
□ 현대식〈現代式〉。

⑬ **活用形Ⅲ＋도：～しても、～くても。**「이 영화는 몇 번이나 **봐도** 싫증이 안 나요.（この映画は何回も**見ても**あきません。）／아무리 **바빠도** 아침밥은 제대로 챙겨 먹는 게 좋아요.（いくら**忙しくても**朝ご飯はちゃんとしっかり食べたほうがいいです。）」

□ 삶：生活、人生、生き方。
□ 영위하다〈営為―〉：営む。

⑭ **動詞の活用形Ⅰ＋지 않은 것 같다：～しなかったようだ。**＃過去の出来事。：「약속을 **지키지 않은 것 같아요.**（約束を**守らなかったようです。**）／그 책은 아직 **읽지 않은 것 같아요.**（その本は、まだ**読んでいなかったようです。**）」

□ 기운 : 気配、空気。　□ 온몸 : 全身。

□ 요〈褥〉: 敷布団。　□ 방석〈方席〉: 座布団。

⑮ **活用形Ⅲ＋오다 : ～してくる。**「평소에 **봐 오던** 풍경이 비가 온 뒤라 달라 보여요. (ふだん、**見てきた**風景が雨が降った後なので、違って見えます。) ／늘 **만들어 오던** 김밥이라 간단해요. (いつも**作ってきた**海苔巻きなので、簡単です。)」

□ 의자〈椅子〉。　□ 좌식〈座式〉。

□ 밀접하다〈密接—〉: 密接だ。　□ 관련〈関連〉。

⑯ **活用形Ⅲ＋ㅆ을 것이다 : ～しただろう、～かっただろう、～だっただろう。**「작년 겨울도 서울은 **추웠을 거예요.** (昨年の冬もソウルは**寒かったでしょう。**) ／아마도 어젯밤에 술을 많이 **마셨을 거야.** (多分、昨晩、お酒をたくさん**飲んだだろう。**)」

6

⑰ **活用形Ⅲ＋있다 : ～している。**「정원에 국화꽃이 많이 **피어 있어요.** (庭に菊の花がいっぱい**咲いています。**) ／이 책에도 같은 내용이 **실려 있어요.** (この本にも同じ内容が**載っています。**)」

□ -와/과는 달리 : ～とは違って。　□ 따끈하다 : ほどよく温かい、暖かい。

□ 생각이 들다 : (考えが入る→) 気がする。

⑱ **活用形Ⅰ＋지 않다 : ～しない、～(で)ない。**「오늘은 별로 **춥지 않아요.** (今日はあまり**寒くありません。**) ／아직 이 책을 **읽지 않았어요.** (まだ、この本を**読んでいません。**)」

□ 오히려 : かえって。　□ 한겨울 : 真冬。

⑲ **活用形Ⅱ＋ㄹ 때가 있다：～するときがある。**「들어도 그 뜻을 잘 **모를 때가 있어요**.（聞いてもその意味がよく**わからないときがあります**。）／꿈속에서 간혹 한국말로 **이야기할 때가 있어요**.（夢の中で、たまに韓国語で**しゃべるときがあります**。）」

□ 수정과〈水正菓〉：スジョングヮ ＃煎じたショウガ汁に蜂蜜や砂糖を入れ、干し柿・松の実・シナモンを加えた飲み物。

□ 식혜〈食醯〉：麦芽の溶液に固めのご飯を入れて発酵させた甘酒の一種。

□ 음료〈飲料〉。

□ －(으)로서：～として。

□ 살짝：そっと、ちょっと。

□ 얼리다：凍らせる＃얼다の使役形。

□ 일일이〈一一一〉：一々。

⑳ **活用形Ⅰ＋지 않아도：～しなくても、～（で）なくても。**「이 다육이는 물을 거의 **주지 않아도** 돼요.（この多肉植物はほとんど水を**やらなくても**いいですよ。）＃다육이〈多肉―〉：多肉植物を親しみを込めて言う言葉／묵을 방은 그렇게 **넓지 않아도** 괜찮아요.（泊まる部屋はそんなに**広くなくても**いいですよ。）」

□ 문짝〈門―〉：扉。

□ 바깥：外側。

□ 달리다：付けられる＃달다の受身形。

□ 버튼：ボタン。

□ 누르다：押す。

□ 얼음：氷。

□ 금방〈今方〉：すぐ。

□ 우르르：わっと。

□ 쏟아지다：こぼれる。

□ 제품〈製品〉。

㉑ **活用形Ⅰ＋기 전에：～する前に。**「**도착하기 전에** 전화 주세요.（**到着する前に**お電話ください。）／모르는 단어가 있어도 사전을 **찾기 전에** 일단 문장을 그냥 한 번 쑥 훑어 보세요.（わからない単語があっても、辞書を**引く前に**一応、1回さっと目を通してください。）」

□ 욕조〈浴槽〉。　□ 푹：すっぽり、ゆったり。

㉒ **活用形Ⅰ＋게 한 후에：～するようにしたあとで、～くしたあとで。**「약을 **먹게 한 후에** 푹 쉬게 하세요.（薬を飲ませたあと、ゆっくり休ませてください。）／늘 식탁을 깨끗이 **닦게 한 후에** 같이 밥을 먹어요.（いつも食卓をきれいに拭かせたあとで、いっしょにご飯を食べます。）」

□ 잠자리에 들다：寝床に入る。
　#「잠자리」の発音は［잠짜리］。

□ 전연〈全然〉。

□ 그럴：そのような、そんな。　□ 필요성〈必要性〉。

㉓ **活用形Ⅲ＋있으면：～していると、～していれば。**「방이 **비어 있으면** 빌려 드릴게요.（部屋が空いていれば貸してあげます。）／시간이 **남아 있으면** 한 번 가 보세요.（時間が余っていれば一度行ってみてください。）」

□ 따뜻해지다：温かくなる。　□ 어느새：いつの間にか。

□ 마음이 들다：（心が入る→）気がする。　□ 자기도 모르게〈自己―〉：自分も知らないうちに。

□ 스르르：すっと。　□ 잠이 들다：（睡眠が入る→）眠りに入る、寝る。

□ 속담〈俗談〉：ことわざ。　□ 생기다：できる。

★읽고 나서

●練習問題〈1-2〉

1 **Q : 온돌은 어떠한 방식의 난방인가?**

① 에어컨, 팬히터 등과 같이 방의 공기를 데우는 방식이다.

② 방 바닥을 먼저 데우고 방안 전체를 따뜻하게 하는 방식이다.

2 **Q : 본문과 내용이 같은 것에는 ○표, 틀린 것에는 ×표 하세요.**

① 난방의 재료와 방식이 바뀌어서 20세기에 들어 온돌이 사라지고 있다. (　)

② 열이 통과하는 방고래는 여름철에는 습기를 차단하고, 겨울철에는 지열을 저장해 준다.(　)

③ 온돌방에서는 앉아 있으면 어느 새 눕고 싶어진다. (　)

3 **Q : 예전에 한국 사람들은 몸이 찌뿌둥할 때 어떻게 했나?**

A :

4 **Q : 한국에서 요와 방석을 얇게 만들어 사용한 이유는 무엇인가?**

A :

★이야기해 봅시다!

일본에서는 추운 겨울에 어떠한 방식으로 방을 따뜻하게 하고 있습니까?

☆써 봅시다 !

●書き写しトレーニング

1. 온돌이란 아궁이에 불을 지펴 밥을 짓고 남은 열을 가지고 방구들을 통해 굴뚝으로 빠져나가게 한다. 열이 빠져나가는 사이에 뜨거운 공기가 방바닥 전체를 따뜻하게 하는 것이다.

2. 스토브, 팬히터 등과 같은 난방 방식은 실내 온도가 높아도 따뜻한 공기가 모두 위로 올라가 버려 따뜻함을 별로 느끼지 못하며 방 안이 건조해져서 건강에도 별로 좋지 않다.

3. 온돌은 '두한족열(頭寒足熱)'을 지켜 주는 가장 이상적인 난방 방법이라고 할 수 있다. 더구나 누워 잘 때도 아랫목은 윗목보다 더욱더 따뜻해 '두한족열'을 이상적으로 지켜 준다.

4. 1980 년대 이후부터는 직접 공기를 흘려보내는 방식이 아니라 보일러로 물을 데워 바닥에 순환시키는 방식을 취해 더 이상 연탄가스의 피해는 없게 되었다.

....

....

....

5. 또한 한국에서 사용하는 인기 있는 냉장고 중에는 일일이 냉장고 문을 열지 않아도 문짝 바깥에 달린 버튼만 살짝 누르기만 하면 얼음이 금방 우르르 쏟아져 나오는 제품도 있다.

....

....

....

〈解答〉

☆읽고 나서

1. ②

2. (1)× (2)○ (3)○

3. 아랫목에서 몸을 지졌다.

4. 방바닥의 따뜻한 기운이 온몸에 전해지도록 얇게 만들어 사용해 왔다.

第3課 '시작이 반이다!' 한국의 속담

「始めが半分!」韓国のことわざ

Track 12

1 속담은 조상으로부터 물려받은 지식적·도덕적 유산으로 한두 마디의 짧은 말로 깊은 뜻과 강한 느낌을 주는 것이 특징이다. 따라서 속담은 같은 문화에 속한 사람들에게 알게 모르게 많은 영향을 끼치고 있다. 짤막한 속담 몇 마디 속에 담긴 무궁무진한 지혜와 진리는 수천수만 마디의 미사여구(美辞麗句)에 비할 바가 아니다①. 그야말로 촌철살인(寸鉄殺人)이다. 다른 나라와 마찬가지로 한국의 속담들도 '시작이 반이다', '작은 고추가 더 맵다' 등처럼 주로 서민 생활 속에서 만들어진 것이 많다. 따라서 '속담(俗談)'인 것이다.

이러한 속담들이 생겨서 전해진다는 것은 같은 문화권에서 공감대가 형성되었기 때문일② 것이다. 간결한 한두 마디의 속담은 장황한 설명보다도 훨씬 효과적으로 상대방으로부터 공감을 얻을 수 있③으며, 가정이나 사회에서 어른들이나 젊은이들에게 주는 중요한 교훈이 된다.

많은 사람들이 무슨 일을 시작하기를 주저하다가 "시작이 반이다"라는 속담에 용기를 얻어 뛰어들었던 경험이 한두 번은 있을 것이다. 이처럼 속담은 우리들이 살아가는 데 많은 힘과 지혜를 주고 있다. 속담은 우리 조상들의 오랜 생활 경험에서 갈고 다듬어져 온 지혜이므로 어려운 일이나 힘든 일이 있을 때 되새겨 보면 많은 도움이 될 것이다.

④ ⑤ ⑥ ⑦

Track 13

2 한편 문화가 서로 다른 나라끼리도 같은 뜻을 가진 속담이 있다. 예를 들면 아무리 크게 퍼진 소문도 시간이 지나면 흐지부지 없어진다는 뜻의 '남의 말도 석 달'이라는 속담은 영어권에서는 'A wonder lasts but 9 days' (驚きは9日しか続かない), 일본에서는 '人のうわさも75日' 라고 한다. 여기서 재미있는 것은 오래가지 못한다는 것을 석 달, 9일,75일로 표현하지만 모두 다 오래지 않은 시간을 뜻한다는 것이다. 여러 외국들의 속담을 더 조사해 보면 재미있는 표현이 많을 것 같다.

⑧ ⑨ ⑩

또 한국과 일본의 속담 중에는 같은 뜻을 나타내지만 표현이 다른 것을 볼 수 있다. 예를 들면 '남의 밥에 든 콩이 굵어 보인다'는 '隣の芝生は青い', '썩어도 준치'는 '腐ってもタイ', '모르는 것이 약이다'는 '知らぬが仏', '작은 고추가 맵다'는 '山椒は小粒でもぴりりと辛い'와 같은 것이 있다. 내용은 다를 바 없지만 소재로 삼은 것이 한국에서는 준치와 고

⑪ ⑫

추, 또 일본에서는 돔과 산초로 모두 친근한 식재료이기 때문일 것이다.

Track 14

3 또

또 기원은 알기 어렵⑬지만, 속담 중에는 한국과 일본이 거의 같은 표현을 쓰는 것도 많다. 이것은 많은 교류를 통해 얻어진 양국 문화의 유사성을 알려 주는⑭ 것이다. 예를 들면 '사공이 많으면 배가 산으로 올라간다', '등잔 밑이 어둡다', '그림의 떡이다', '세 살 적 버릇 여든까지 간다', '우물 안 개구리' 등을 들 수 있다.

다음은 한국에서 많이 사용하는 속담 50 개를 골라 봤⑮다. 특히 한국에서는 일상생활에서 속담을 사용하는 경우가 일본보다 훨씬 더 많으며⑯ 드라마나 영화 등에서도 속담이 자주 사용된다. 여러분들도 기회가 있으면 사용해 보길 바란다⑰. 시작이 반이다!

Track 15

4 자

자주 쓰이는 한국 속담 50

1. 가는 말이 고와야⑱ 오는 말이 곱다.

자기가 남에게 말이나 행동을 좋게 하여야⑲ 남도 자기에게 좋게 한다는 말.

2. 개구리 올챙이 적 생각 못 한다.

성공한 뒤에 자신이 어려웠을 때⑳의 일은 다 잊어버리고 잘난 체한다는 뜻.

3. 개천에서 용 난다.

보잘것없는 집안에서 훌륭한 인물이 난다는 뜻.

4. 고래 싸움에 새우 등 터진다.

아무 관계 없는 힘이 약한 사람이 공연히 힘이 강한 자들의 싸움에 말려들어 해를 입는다는 뜻.

5. 구슬이 서 말이라도 꿰어야 보배.

아무리 좋은 것이라도 쓸모 있는 것으로 해㉑ 놓아야만㉒ 비로소 그 가치가 있다는 뜻.

6. 귀에 걸면 귀고리, 코에 걸면 코걸이.

자기에게 이로운 대로㉓ 이렇게도, 저렇게도 상황에 맞게 둘러맞춘다는 말.

7. 긁어 부스럼을 만든다.

그냥 두면 잘될 일도 필요 없는 짓을 하여 자기 스스로 화를 불러들인다는 뜻.

8. 금강산도 식후경.

아무리 좋은 일, 즐거운 일이 있더라도㉔ 배가 부른 뒤에라야㉕ 비로소 좋은㉖ 줄 알게 된다㉗는 뜻.

9. 까마귀 날자㉘ 배 떨어진다.

아무 관계 없이 한 일이 다른 어떤 일과 공교롭게 때를 같이하여 일어나서 둘 사이에 무슨 관계가 있는 듯이㉙ 오해를 받게 된다는 뜻.

10. 꼬리가 길면 밟힌다.

나쁜 일을 너무 오래 하다 보면 끝내 들키고야 만다㉚는 뜻.

11. 꿈보다 해몽이 좋다.

어떤 일이든지 풀이하기에 달렸다㉛는 뜻.

12. 꿩 먹고 알 먹는다.

한 번에 여러 이득을 얻는다는 뜻.

13. 낫 놓고 기역자도 모른다.

기역자 모양으로 생긴 낫을 보면서도㉜ 기역을 모른다는 뜻으로, 아주 무식한 사람을 가리키는 말.

14. 낮말은 새가 듣고 밤말은 쥐가 듣는다.

아무도 안 듣는 데서라도 말조심해야 한다는 뜻으로, 아무리 비밀스럽게 한다 해도 반드시 남의 귀에 들어가게 되어 있다는 말.

15. 둘이 먹다가 하나가 죽어도 모른다

음식이 아주 맛있다는 뜻.

16. 등잔 밑이 어둡다.

제게 너무 가까이 있는 것을 오히려 더 잘 모른다는 뜻.

17. 떡 줄 사람은 생각도 않는데 김칫국부터 마신다.

해 줄 사람은 생각지도 않는데㉝ 미리부터 일이 다 잘 될 것처럼㉞ 기대를 한다는 말.

18. 모르는 게㉟ 약.

아무것도 아는 것이 없으면 오히려 걱정이 없다는 말

19. 믿는 도끼에 발등 찍힌다.

아무 염려 없이 믿고 있던 일이 실패했을 때나 믿었던 사람에게 배신당했을 때 쓰는 말.

20. 발 없는 말이 천 리 간다.

무슨 말이든 빨리 퍼지게 마련이㊱니, 항상 말을 조심해서 하라는㊲ 뜻.

21. 배보다 배꼽이 더 크다.

주가 되는 것보다 딸린 것이 더 크거나 많을 때, 또는 마땅히 작아야 할㊳ 것이 크거나 적어야 할 것이 많음을 뜻함.

22. 백지장도 맞들면 낫다.

무슨 일이든 서로 도와서 하면 쉽게 이루어진다는 말.

23. 뱁새가 황새걸음을 걸으면 가랑이가 찢어진다.

남이 한다고 해서 제 힘에 겨운 일을 억지로 따라 하면 큰 화를 당하게 되니, 자기 분수를 알라는 뜻.

24. 부부 싸움은 칼로 물 베기.

부부는 서로 다투다가도㊴ 보통 시간이 조금 흐르면 이내 마음이 풀려 다시 사이가 좋아진다는 뜻.

25. 빈 수레가 더 요란하다.

실속 없는 사람일수록㊵ 시끄럽고 야단스러움을 비유한 말.

26. 서당 개 삼 년에 풍월을 읊는다.

무슨 일이든 오래 하다 보면 익숙하게 된다는 말.

27. 세 살 적 버릇 여든까지 간다.

어릴 때 몸에 배어 버린 버릇은 늙어서도㊶ 고치기 힘들다㊷는 뜻.

28. 소 잃고 외양간 고친다.

미리 손을 쓰지 않다가 일을 그르친 뒤에 뒤늦게 손을 써도 소용없다는 뜻.

29. 쇠귀에 경 읽기.

아무리 좋은 말을 하면서 가르치려고㊸ 하여도 그 뜻을 제대로 헤아리지 못하는 사람을 두고 하는 말.

30. 쇠뿔은 단김에 빼라.

무슨 일을 하려고 했으면 주저 없이 바로 해야 좋다는 뜻.

31. 시작이 반이다.

무슨 일이든지 시작하기가 어렵지㊹ 일단 시작하면 일을 끝마치기는 그리 어렵지 아니함을 비유적으로 이르는 말.

32. 십 년이면 강산도 변한다.

세월이 흐르면 변하지 않는 것이 없다는㊺ 뜻으로, 많은 변화가 있음을 일컫는 말.

33. 싼 게 비지떡.

값이 싼 물건은 품질도 그만큼 나쁘기 마련㊻이라는 말.

34. 아니 땐 굴뚝에 연기 날까㊼.

무슨 일이든지 원인이 없으면 결과도 있을 수 없다㊽는 말.

35. 열 번 찍어 안 넘어가는 나무 없다.

계속해서 노력하면 반드시 뜻대로 일을 이룬다는 뜻.

36. 열 손가락 깨물어 안 아픈 손가락 없다.

아무리 자식이 많다고 해도㊾ 부모에게는 모두 다 하나같이 소중하고 귀엽다는 뜻.

37. 옷이 날개.

옷이 좋으면 사람이 돋보인다는 말.

38. 윗물이 맑아야 아랫물도 맑다.

윗사람이 모범을 보여야 자연히 아랫사람도 따라 한다는 뜻.

39. 자라 보고 놀란 가슴, 솥뚜껑 보고도 놀란다.

어떤 것에 한번 크게 놀란 사람은 그와 비슷한 것만 보아도 놀라고 겁을 낸다는 뜻.

40. 작은 고추가 더 맵다.

몸집이 작은 사람이 오히려 큰 사람보다 다부지고 재주가 뛰어나며 야무질 때 쓰는 말.

41. 쥐구멍에도 볕 들 날 있다.

고생만 해 온 사람에게도 언젠가는 좋은 때가 온다는 뜻.

42. 지렁이도 밟으면 꿈틀한다.

아무리 약하고 미천한 사람일지라도 지나치게 업신여기거나 무시하면 화를 낸다는 말.

43. 짚신도 짝이 있다.

아무리 보잘것없는 사람에게도 자기한테 맞는 짝이 있다는 말.

44. 천 리 길도 한 걸음부터.

아무리 큰 일이라도 작은 것에서부터 시작해야 한다는 뜻.

45. 친구 따라 강남 간다.

어떤 일을 특별히 본인이 하고 싶은 마음이 있는 것은 아니지만[50] 남에게 이끌려서 덩달아 함을 이르는 말.

46. 콩 심은 데 콩 나고 팥 심은 데 팥 난다.

모든 일은 원인에 따라 거기에 맞는 결과가 나타난다는 말.

47. 티끌 모아 태산.

아무리 작은 것이라도 모으면 큰 것이 된다는 뜻.

48. 하늘의 별 따기.

무엇을 얻거나 성취하기가 매우 어려운 경우를 비유적으로 이르는 말.

49. 하룻강아지 범 무서운 줄 모른다.
㉛

힘도 없는 자가 제 분수를 모르고 아무에게나 함부로 덤비는 것을 뜻함.

50. 호랑이도 제 말 하면 온다.

본인이 그 자리에 없다고 하여 함부로 남의 욕을 하지 말라는 뜻.
㉜

★日本語訳

1 ことわざは先祖から受け継いだ知識的・道徳的遺産で、一言二言の短い言葉で深い意味と強い印象を与えるのが特徴である。したがって、ことわざは、同じ文化に属する人々に知らず知らずのうちに多くの影響を及ぼしている。短いことわざ数語の中に込められた底知れない知恵と真理は、数千数万語の美辞麗句と比べものにならない。それこそ寸鉄人を刺すである。他の国と同様に、韓国のことわざも「始めが半分である」、「小さな唐辛子がもっと辛い」などのように、主に庶民の生活の中で作られたものが多い。したがって、「ことわざ(俗談)」なのである。

このようなことわざが生まれ伝えられるということは、同じ文化圏で共感が得られたからであろう。簡潔な一言二言のことわざは、長たらしい説明よりもずっと効果的に相手から共感を得ることができ、家庭や社会で大人や若者たちに与える重要な教訓になる。

多くの人々が、何か始めることに躊躇していて、「始めが半分である」ということわざに勇気をもらい、飛び込んだ経験が一度や二度はあるだろう。このようにことわざは、私たちが生きていくうえで、多くの力と知恵を与えている。ことわざは、私たちの先祖の長い生活経験の中で磨かれ、整えられてきた知恵であるため、難しいことや大変なことがあるとき、噛みしめてみると、大いに役立つだろう。

2 一方、文化が異なる国同士でも同じ意味を持つことわざがある。例えば、いくら大きく広がった噂も、時間が経過するとうやむやになるという意味の「人のうわさも三か月」ということわざは、英語圏では「A wonder lasts but 9 days（驚きは9日しか続かない)」、日本では「人のうわさも75日」と言う。ここで興味深いのは、長く続かないということを三か月、9日、75日と表現するが、みんな長くない時間を意味するということである。諸外国のことわざをもっと調べてみると、面白い表現がたくさんあるかも知れない。

また、韓国と日本のことわざの中には同じ意味を表すが、表現が異なるものが見られる。例えば、「他人のご飯に入った豆が太く見える」は「隣の芝生は青い」、「腐ってもヒラ」は「腐ってもタイ」、「知らないことが薬である」は「知らぬが仏」、「小さな唐辛子が辛い」は「山椒は小粒でもぴりりと辛い」のようなものがある。内容は変わらないが、素材にしたのが、韓国ではヒラと唐辛子、また日本ではタイと山椒なのはいずれも身近な食材であるからだろう。

3 また、起源は分かりにくいが、ことわざの中には、韓国と日本でほぼ同じ表現を使うものも多い。これは多くの交流を通じて得られた両国の文化の類似性を示すものである。例えば、「船頭が多ければ船が山に上る」、「灯台の下が暗い」、「絵の餅である」、「3 歳のときの癖 80 まで続く」、「井の中の蛙 」などを挙げることができる。

以下では、韓国でよく使用されることわざ 50 個を選んでみた。特に、韓国では日常生活でことわざを使用する場合が日本よりもはるかに多く、ドラマや映画などでもことわざがよく使用されている。皆さんも機会があれば使ってみてほしい。始めが半分である！

4 よく使われる韓国のことわざ 50

1. 行く言葉が美しければ、来る言葉が美しい。《売り言葉に買い言葉》
   自分が他人に言葉や行動を良くしてこそ、人も自分に良くするということ。
2. カエルがオタマジャクシのときのことを思い出せない。
   成功した後、自分が大変だったときのことは全部忘れてしまって、偉そうに振舞うという意味。
3. 小川から龍が生まれてくる。《鳶が鷹を産む》
   取るに足らない家から優れた人物が出るという意味。
4. クジラの争いでエビの背中が裂ける。《側杖を食う》
   何の関係もない力の弱い人が、無駄に力の強い他人の喧嘩に巻き込まれて災難をこうむるという意味。
5. 玉が 3 斗あっても、糸を通してこそ宝物。《玉磨かざれば光なし》
   どんなに良いものでも使い道のあるものにしておいてこそ、初めてその価値があるということ。

6. 耳にかけると耳飾り、鼻にかけると鼻飾り。
自分に都合のいいように、あの手この手で、状況に合わせてこじつけるという意味。
7. 掻いてできものを作る。《触らぬ神に祟りなし》
ただ放っておけばうまくいくことも、余計なことをして自ら災いを招き入れるという意味。
8. 金剛山も食後の景色。《花より団子》
いくら良いこと、楽しいことがあっても、お腹がいっぱいになって初めて良さがわかるという意味。
9. カラスが飛ぶと梨が落ちる。《瓜田に履を納れず》
何の関係もなくやったことが、ある他のことと偶然同時に起きて、両者の間に何らかの関係があるのではないかと誤解を受けるようになるという意味。
10. 尻尾が長いと踏まれる。《尻尾をつかまれる》
悪いことをあまりにも長い間続けていると、やがてはばれてしまうという意味。
11. 夢より夢占いがいい。
どんなことも解釈次第だという意味。
12. キジを食べて、卵も食べる。《一石二鳥》
一度に複数の利益を得るという意味。
13. 鎌を置いてキヨクという字も知らない。《目に一丁字なし》
キヨク(ㄱ)の字の形の鎌を見ても、キヨクの字がわからないという意味で、非常に無知な人を指す言葉。
14. 昼のことばは鳥が聞き、夜のことばはネズミが聞く。《壁に耳あり障子に目あり》
誰も聞いていないところでも、言葉には気をつけなければならないという意味で、いくら秘かに話しても必ず人の耳に入るようになっているという意味。
15. 2人が食べていて1人が死んでもわからない。《ほっぺたが落ちそう》
食べ物が非常においしいという意味。
16. 灯台の下が暗い。《灯台下暗し》

あまりにも近くにあるものは、かえってより知らないということ。

17. 餅をくれる人は考えもしないのに、キムチの汁から飲む。《捕らぬ狸の皮算用》

やってくれる人はまったく考えもしないのに、早いうちから事がうまくいくかのように期待をするという意味。

18. 知らないのが薬。《知らぬが仏》

何も知っていることがなければ、むしろ心配がないということ。

19. 信じる斧に足の甲を切られる。《飼い犬に手を噛まれる》

何の心配もせず信じていたことが失敗したり、信じていた人に裏切られたときに使う言葉。

20. 足のない言葉が千里を行く。《悪事千里を走る》

どんなうわさであれすぐ広まるに決まっているから、常に言葉には注意するようにという意味。

21. お腹よりへそがもっと大きい。《本末転倒》

メインのものより、付属しているものがもっと大きかったり、多かったりするとき、または、当然、小さいはずのものが大きかったり、少ないはずのものが多かったりすることを意味する。

22. 白い紙もいっしょに持つとよい。

どんなことでも、お互いに助け合うと簡単にできるということ。

23. ダルマエナガがコウノトリの歩き方をすると股が裂ける。《鵜の真似をする烏》

人がやっているからといって、身に余ることを無理やり真似すると、大きな災難をこうむることになるので、身の程をわきまえるようにということ。

24. 夫婦喧嘩は包丁で水を切ること。《夫婦喧嘩は犬も食わぬ》

夫婦はお互いに喧嘩しても、ふつう少し時間が経つと、すぐ気持ちが収まって再び仲がよくなるという意味。

25. 空の荷車がもっと騒がしい。《空き樽は音が高い》

中身がない人ほど、騒々しく、騒がしいことを比喩した言葉

26. 書堂の犬が３年で詩を詠む。《門前の小僧習わぬ経を読む》

どんなことでも長くしていると、慣れるということ。

27. 3歳のときの癖、80まで続く。《3つ子の魂百まで》
子どものとき、身についてしまった習慣は年老いても直しにくいという意味。
28. 牛を失って牛舎を直す。《泥棒を見て縄をなう》
事前に手入れをせず、損をしたあと、遅れて手を回しても無駄だという意味。
29. 牛の耳に経を読む。《馬の耳に念仏》
いくら良い言葉で教えようとしても、その意味を正しく理解できない人のことを指すことば。
30. 牛の角は一気に抜け。《鉄は熱いうちに打て》
何かをしようとしたら、躊躇なく直ちにしなければならないという意味。
31. 始めが半分である。《案ずるより産むがやすし》
何事でも始めるのが難しく、いったん始めれば、事を終えるのはそんなに難しくないことを比喩的に言う言葉。
32. 十年もすれば山川も変わる。《十年ひと昔》
年月が経つと変わらないものはないという意味で、多くの変化があることを喩える言葉。
33. 安いのがおからの餅。《安物買いの銭失い》
値段の安いものは、品質もそのぶん悪いに決まっているという言葉。
34. 焚いていない煙突に煙が出るだろうか。《火のない所に煙は立たぬ》
何事も原因がなければ、結果もあり得ないということ。
35. 十回斧入れて倒れない木はない。
ずっと努力すれば、必ず思いどおりに事を成し遂げられるという意味。
36. 十本の指を噛んで痛くない指はない。
いくら子どもがたくさんいたとしても、親にはみながみな同じように大事でかわいいという意味。
37. 服が翼。《馬子にも衣装》
服が良ければ人が引き立つということ。
38. 上の水がきれいでこそ、下の水もきれいだ。《上清ければ下濁らず》
目上の人が模範を示してこそ、自然と下の人も見倣うという意味。
39. スッポンを見て驚いた胸、釜の蓋を見ても驚く。《羹(あつもの)に懲りてなます

を吹く》
あることに一度ひどくびっくりした人は、それに似たものを見ただけでも、驚いて恐れるという意味。

40. 小さな唐辛子がもっと辛い。《山椒は小粒でもぴりりと辛い》
小柄な人が、かえって大柄な人よりも頑丈で、才能が優れ、しっかりしているときに使う言葉。

41. ネズミの穴にも光が差す日がある。《待てば海路の日和あり》
苦労ばかりしてきた人にも、いつかは良い時が来るという意味。

42. ミミズも踏むとびくっとする。《一寸の虫にも五分の魂》
いくら弱く、賤しい人であっても、過度に見下されたり、無視されたりすれば怒るということ。

43. 草鞋にも相棒がある。《破れ鍋に綴蓋》
どんなにしがない人でも、自分に見合った相方がいるということ。

44. 千里の道も一歩から。《千里の道も一歩から》
いくら大変でも、小さなことから始めなければならないという意味。

45. 友だちについて江南に行く。《牛に引かれて善光寺参り》
あることをやりたいという気持ちが特にあるわけではないが、人につられて便乗してやることをいう言葉。

46. 豆を植えたところに豆が生え、小豆を植えたところには小豆が生える。《瓜の蔓に茄子はならぬ》
すべてのことは原因によって、それに見合った結果が現れるという言葉。

47. ちりを集めて泰山。《塵も積もれば山となる》
いくら小さなものでも、集めれば大きなものになるという意味。

48. 空の星取り。《夢のまた夢》
何かを得たり、成し遂げるのがとても難しいことを比喩的に言う言葉。

49. 生まれて間もない小犬、虎の恐ろしさがわからない。《怖いもの知らず》
力もない者が、身の程を知らず、誰にでもむやみに食ってかかることを意味する。

50. 虎も自分の話をすれば来る。《噂をすれば影が差す》
本人がその場にいないからといって、むやみに他人の悪口を言うなという意味。

★語句と活用〈1-3〉

＊覚えた単語には✓を入れよう！

1

□ 속담〈俗談〉：ことわざ。

□ −(으)로부터：〜から。

□ 지식적〈知識的〉。

□ 유산〈遺産〉。

□ 한두 마디：一言二言。

□ 깊다：深い。

□ 강하다〈強—〉：強い。

□ 특징〈特徴〉。

□ 알게 모르게：(わかるようにわからないように→)知らないうちに。

□ 끼치다：及ぼす。

□ 담기다：盛られる # 담다の受身形。

□ 지혜〈知恵〉。

□ 미사여구〈美辞麗句〉。

□ 조상〈祖上〉：祖先。

□ 물려받다：(譲ってもらう→)受け継ぐ。

□ 도덕적〈道徳的〉。

□ −(으)로：〜で。

□ 짧다：短い。

□ 뜻：意味。

□ 느낌：感じ。

□ 속하다〈属—〉：属する。

□ 영향〈影響〉。

□ 짤막하다：ちょっと短い。

□ 무궁무진하다〈無窮無尽—〉：無尽蔵だ。

□ 진리〈真理〉。

□ 비하다〈比—〉：比べる。

① **活用形Ⅱ＋ㄹ 바가 아니다：〜するところではない。**「그건 네가 **걱정할 바가 아니야**.(それは君が心配することでない。)／물론 내가 **알 바가 아니지만** 그래도 조금은 알고 싶어요.(もちろん私が心配することではありませんが、それでも少しは知りたいです。)」

□ 그야말로：それこそ。

□ 마찬가지로：同じく。

□ 촌철살인〈寸鉄殺人〉：寸鉄人を刺す。

□ 시작〈始作〉：始まり。

□ 반〈半〉：半分。

□ 고추：唐辛子。

□ 맵다：辛い。

□ 주로〈主―〉：主に。

□ 서민〈庶民〉。

□ 만들어지다：作られる。

□ 전해지다〈伝―〉：伝えられる。

□ 문화권〈文化圏〉。

□ 공감대〈共感帯〉。

□ 형성되다〈形成―〉：形成される、作られる。

② **活用形Ⅲ＋ㅆ기 때문이다：〜したためである、〜かったためである、〜だったためである。**「많이 못 먹은 것은 좀 **매웠기 때문이었어요**.（いっぱい食べられなかったのはちょっと**辛かったためです**。）／어제 모임에 못 간 건 갑자기 손님이 **왔기 때문이었어요**.（昨日、会に出られなかったのは急にお客さんが**来たからです**。）」

□ 간결하다〈簡潔―〉：簡潔だ。

□ 장황하다〈張皇―〉：長たらしい、冗長だ。

□ 설명〈説明〉。

□ 효과적〈効果的〉。

□ 상대방〈相対方〉：相手方。

③ **活用形Ⅱ＋ㄹ 수 있다：〜することができる。**「언제쯤 전화를 **받을 수 있어요**？（いつ頃電話に**出られますか**。）／한국 음식을 **만들 수 있어요**.（韓国料理が**作れます**。）」

□ 어른：大人。

□ 젊은이：若者。

□ 교훈〈教訓〉。

□ 시작하다〈始作―〉：始める。

□ 주저하다〈躊躇―〉：ためらう。

□ 용기〈勇気〉。

□ 뛰어들다：（走って入る→）飛び込む。

④ **活用形Ⅲ＋ㅆ던：〜した、〜かった、〜だった。**「어렸을 때 **읽었던** 동화책이 지금도 생각나요.（子どものとき、**読んでいた**童話の本が今も思い出されます。）／어릴 때 키가 **작았던** 동생이 지금은 몰라볼 정도로 키가 컸어요.（小さいとき、背が**低かった**弟が今は見違えるほど背が伸びました。）」

☐ 한두 번〈―番〉：1、2 回。

⑤ **活用形Ⅱ＋ㄹ 것이다：～するだろう、～するつもりだ。**「이번 시험은 꼭 **붙을 거예요**.（今度の試験は必ず**受かるでしょう**。）／이 약을 먹으면 금방 **나을 거야**.（この薬を飲むとすぐ**治るよ**。）」

☐ 이처럼：このように。

☐ 살아가다：生きていく。

⑥ **活用形Ⅰ＋는 데：～すること、～するのに。**「이 책은 **공부하는 데** 많이 도움이 될 거예요.（この本は、**勉強するのに**、大いに役立つと思います。）／아무리 부처님 같은 사람이라도 **참는 데** 한계가 있다.（いくら仏様のような人でも、**我慢するのに**限界がある。）」

☐ 갈다：磨く。

☐ 다듬어지다：整えられる。

☐ 되새기다：反芻する、振り返る。

⑦ **活用形Ⅲ＋보면：～してみると。**「골프를 **쳐 보면** 그 재미를 알 수 있을 거예요.（ゴルフを**やってみたら**その楽しさがわかるでしょう。）／이 칡뿌리는 **씹어 보면** 단맛을 느낄 거예요.（このクズの根は**噛んでみたら**甘い味を感じるでしょう。）」

☐ 도움이 되다：（役が立つ→）役に立つ。

2

☐ 한편〈―便〉：一方、他方。

☐ 예를 들면〈例―〉：
例を挙げると、たとえば。

☐ 퍼지다：広まる。

☐ 소문〈所聞〉：噂。

☐ 흐지부지：うやむやに。

☐ 없어지다：なくなる。

⑧ **活用形Ⅰ＋ㄴ다는／는다는：～するという。**

☐ 남：人、他人。

☐ 석 달：三か月
＃세 달という表現も使う。

☐ 영어권〈英語圏〉。

⑨ **活用形Ⅰ＋지 못하다：〜することができない。**「아직까지 중학교 때 친구들을 **잊지 못해요**.（まだ、中学のときの友だちが**忘れられません**。）／오늘은 다른 짐이 너무 많아 트렁크에 **싣지 못해요**.（今日は、他の荷物が多すぎてトランクに**載せられません**。）」

☐ 표현하다〈表現―〉：表現する、表す。

☐ 오래지 않다：長くない。

☐ 뜻하다：意味する、表す。

⑩ **活用形Ⅱ＋ㄹ 것 같다：〜するようだ、〜（な）ようだ。**「이번 여름 방학에는 친구들과 같이 배낭 여행을 **갈 것 같아요**.（この夏休みには友だちといっしょにバックパックに**出かけるようです**。）／이 김치는 **안 매울 것 같아요**.（このキムチは**辛くなさそうです**。）」

☐ 나타내다：表す。

☐ 표현〈表現〉。

☐ 들다：入る。

☐ 콩：豆。

☐ 굵다：太い、大きい。

⑪ **形容詞の活用形Ⅲ＋보이다：〜く見える。**「오늘 따라 아주 **행복해 보여요**.（今日に限ってとても**幸せそうに見えます**。）／오늘은 어제보다 훨씬 얼굴이 **좋아 보여요**.（今日は昨日よりずっと顔色が**よさそうに見えます**。）」

☐ 썩다：腐る。

⑫ **活用形Ⅲ＋도：〜しても、〜くても。**

☐ 준치：ヒラ。

☐ 소재〈素材〉。

☐ 삼다：扱う、取り上げる。

☐ 돔：タイ。

☐ 산초〈山椒〉。

☐ 친근하다〈親近―〉：親しい、身近だ。

☐ 식재료〈食材料〉。

3

□ 기원〈起源〉。

⑬ **活用形Ⅰ＋기 어렵다：～しにくい。**

□ 교류〈交流〉。
□ 얻어지다：得られる。
□ 양국〈両国〉。
□ 유사성〈類似性〉。
□ 알리다：知らせる＃알다の使役形。

⑭ **活用形Ⅲ＋주다：①～してくれる、②～してあげる。**「조금만 더 친절히 **가르쳐 주면** 좋을 텐데.（もう少し親切に教えてくれたらいいだろうに。）／아기는 많이 **안아 주면** 좋대요.（赤ちゃんはたくさん抱いてあげたらいいそうです。）」

□ 사공〈沙工〉：船頭、船乗り。
□ 배：船。
□ 올라가다：登っていく。
□ 등잔〈灯盞〉：灯台。
□ 어둡다：暗い。
□ 그림：絵。
□ 떡：餅。
□ —적：～のとき。
□ 버릇：癖、習慣。
□ 여든：80 歳。
□ 우물：井戸。
□ 개구리：カエル。
□ 사용하다〈使用—〉：使う、使用する。
□ 고르다：選ぶ。

⑮ **活用形Ⅲ＋보다：～してみる。**「액셀을 천천히 **밟아 보세요**.（アクセルをゆっくり踏んでみてください。）／브레이크에서 발을 **떼 보세요**.（ブレーキから足を外してみてください。）」

□ 특히〈特—〉：特に。

⑯ **活用形Ⅱ＋며：～しながら、～で、～であり。**

⑰ **活用形Ⅰ＋기를／길 바라다：～してほしい。**「푹 **쉬시길 바랍니다**.（ゆっくり休んでほしいです。）／나쁜 기억들은 다 **잊으시길 바랍니다**.（悪い記憶は全部忘れてほしいです。）」

4

☐ 쓰이다：使われる＃쓰다の受身形。

1.

⑱ **活用形Ⅲ＋야：～してこそ、～でこそ。**「푹 **자야** 다음날 제대로 일할 수 있어요.（ぐっすり寝なければ翌日ちゃんと働けません。）／내일은 날씨가 **좋아야** 이 고추를 말릴 수 있어요.（明日は天気がよくて初めて、この唐辛子を干すことができます。）」

☐ 자기〈自己〉：自分。

⑲ **活用形Ⅰ＋게 해야／하여야：～するようにしなければ、～するようにしてこそ。**「자기 방 청소는 스스로 **하게 해야** 돼요.（自分の部屋の掃除は自らするようにしなければなりません。）／대걸레로 바닥을 깨끗하게 **닦게 해야** 돼.（モップで床をきれいに拭かせなければならない。）」

2.

☐ 올챙이：オタマジャクシ。

☐ 성공하다〈成功—〉：成功する。

☐ 뒤에：後で。

☐ 어렵다：大変だ、厳しい。

⑳ **活用形Ⅲ＋ㅆ을 때：～したとき、～だったとき。**

☐ 잊어버리다：忘れてしまう。

☐ 잘난 체하다：偉ぶる。

3.

☐ 개천〈—川〉：小川。

☐ 용〈龍〉。

☐ 보잘것없다：取るに足りない、大したことがない。

☐ 집안：家門、家柄。

☐ 훌륭하다：りっぱだ。

☐ 인물〈人物〉。

4.

☐ 고래：クジラ。

☐ 싸움：喧嘩、戦い。

☐ 새우：エビ。
☐ 터지다：破ける。
☐ 약하다〈弱―〉：弱い。
☐ 강하다〈強―〉：強い。
☐ 해〈害〉。
☐ 등：背中。
☐ 힘：力。
☐ 공연히〈空然―〉：無駄に。
☐ 말려들다：巻き込まれる。
☐ 입다：被る。

5.

☐ 구슬：玉。
☐ -(이)라도：～でも。
☐ 보배：宝、宝物、財宝。
☐ 서 말：3斗。
☐ 꿰다：糸を通す。
☐ 쓸모：使い道、用。

㉑ **活用形Ⅲ＋놓다：～しておく。**「밥을 **지어 놓았어요**.（ご飯を炊いておきました。）／반찬도 **만들어 놓았어요**.（おかずも作っておきました。）」

㉒ **活用形Ⅲ＋야만：～してこそ、～でこそ。**「돈이 **있어야만** 살아갈 수 있어요.（お金があってこそ、生きられます。）／고추는 날이 **좋아야만** 말릴 수 있어요.（唐辛子は天気がよくなければ干せません。）」

☐ 비로소：やっと。
☐ 가치〈価値〉。

6.

☐ 걸다：かける、つける。
☐ 코걸이：鼻飾り。
☐ 귀고리：耳飾り。
☐ 이롭다〈利―〉：有利だ、得だ、都合がいい。

㉓ **形容詞の活用形Ⅱ＋ㄴ 대로：～なりに、～（な）ままに。**「이 비빔밥은 **그런 대로** 먹을 만해요.（このビビンバはそれなりにおいしいです。）／돈이 많으면 **많은 대로** 쓸 데가 많이 생겨요.（お金が多ければ多いなりに、使い道がたくさんできます。）」

☐ 이렇게도 저렇게도：（こうにもああにも→）好きなように。
☐ 상황〈状況〉。

□ 맞다：合う。

□ 둘러맞추다：つなぎ合わせる、つじつまを合わせる。

7.

□ 긁다：掻く、引っ掻く。

□ 부스럼：できもの、吹き出物。

□ 그냥：ただ。

□ 잘되다：(よくなる→)うまくいく。

□ 필요 없는 짓을 하다〈必要―〉：(必要のないことをやる→)余計なことをやる。

□ 스스로：自ら。

□ 화〈禍〉：災い。

□ 불러들이다：(呼んで入れる→)呼び込む、招き入れる。

8.

□ 금강산〈金剛山〉。

□ 식후경〈食後景〉：いくらいい景色でもお腹が減っては景色が楽しめないということ。

㉔ **活用形Ⅰ＋더라도：～するとしても、～（だ）としても。**「노래를 잘 **못 부르더라도** 용서해 주세요.（うまく**歌えなくても**、許してください。）／실수가 **있더라도** 잘 봐 주세요.（失敗が**あっても**大目に見てください。）」

□ 배가 부르다：お腹がいっぱいだ。

㉕ **活用形Ⅱ＋ㄴ 뒤에라야：～したあとで（やっと）。**「불효자들은 부모가 **돌아가신 뒤에라야** 비로소 부모님 은혜를 알아요.（親不孝者は親が**亡くなったあとになって初めて**親の恩がわかります。）／머리를 **깎은 뒤에라야** 수술을 할 수 있어요.（髪の毛を**剃ったあとで**、手術ができます。）」

□ 비로소：やっと。

㉖ **形容詞の活用形Ⅱ＋ㄴ 줄 알다：～（な）ことがわかる、～と思う。**「**바쁜 줄 알았는데** 오늘은 괜찮대요.（**忙しいと思いました**が、今日は大丈夫だそうです。）／그 집은 맛이 **괜찮은 줄 알았는데** 별로였어요.（あのお店は

おいしいと思いましたが、いまいちでした。)」

㉗ **活用形Ⅰ+게 되다**:~するようになる。

9.

□ 까마귀 :カラス。

□ 날다 :飛ぶ。

㉘ **活用形Ⅰ+자**:~するや(いなや)。「아기가 고양이를 **보자** 막 울었어요.(赤ちゃんが猫を**見るや**泣き出しました。)/약을 **먹자** 감기가 금방 나았어요.(薬を飲むとすぐ風邪が治りました。)」

□ 배 :梨。

□ 떨어지다 :落ちる。

□ 공교롭게〈工巧―〉:意外に、偶然に。

□ 때를 같이하다 :時を同じくする。

㉙ **活用形Ⅰ+는 듯이**:~するかのように。「눈물이 비가 **오는 듯이** 쏟아졌어요.(涙が、雨のように(←雨が**降るように**)あふれました。)/모르는 것이 **없는 듯이** 다 대답했어요.(知らないことが**ないかのように**、全部答えました。)」

□ 오해를 받다〈誤解―〉:(誤解をもらう→)誤解を受ける、誤解される。

10.

□ 꼬리 :尻尾。

□ 길다 :長い。

□ 밟히다 :踏まれる
#밟다の受身形。

□ 끝내 :最後は、やがては。

□ 들키다 :見つかる、ばれる。

㉚ **活用形Ⅰ+고야 말다**:(完了・決意)~してしまう、~してみせる。「꾸준히 공부하여 꼭 의사가 **되고야 말** 거예요.(着実に勉強して必ず医師になります。)/이번에야말로 그 기회를 꼭 **잡고야 말** 생각이에요.(今度こそその機会を必ず**掴んでみせます**。)」

11.

□ 해몽〈解夢〉:夢占い。

□ ―(이)든지 :~であれ。

□ 풀이하다：解釈する。

㉛ **活用形Ⅰ＋기에 달리다：～し方次第だ。**「모든 일은 자기가 **하기에 달렸어요.**（すべてのことは**自分次第です。**）／세상 만사는 **생각하기에 달렸어요.**（世の中の出来事は**考え方次第です。**）」

12.

□ 꿩：キジ。

□ 알：卵。

□ 이득〈利得〉：利益。

13.

□ 낫：鎌。

□ 기역자〈一字〉：ハングルのㄱの文字。

□ 생기다：できる、形をしている。

㉜ **活用形Ⅱ＋면서도：～しながらも、～するのにも、～（な）のにも。**「요가에 대해 잘 **모르면서도** 아는 척했어요.（ヨガについてよく**わからないながらも、**知ったかぶりをしました。）／잘 **알면서도** 모르는 체했어요.（よく**知っているのに、**知らんぷりをしました。）」

□ 무식하다〈無識―〉：無知だ。

□ 가리키다：指す。

14.

□ 낮말：昼のことば
#発音は［난말］。

□ 말조심〈―操心〉：言葉使いに注意すること。

□ 비밀스럽다〈秘密―〉：秘かだ。

□ 반드시：必ず。

15.

□ 둘：2つ、2人。

16.

□ 등잔〈灯盞〉：灯台。

□ 오히려：かえって。

17.

□ 김칫국：キムチの漬け汁 # 韓国では餅を食べるとき喉に詰まらないようによく飲んでいた。

□ 생각지도（←생각하지도）않는데：思いも寄らないのに。

㉝ **活用形Ⅰ＋지도 않는데：～もしないのに。**「아무도 **오지도 않는데** 가게 문을 일찍 열었어요.（だれも**来もしないのに**、早く開店しました。）／디자인이 마음에 **들지도 않는데** 값이 싸서 사 버렸어요.（デザインが**気に入りもしないのに**、値段が安くて買ってしまいました。）」

□ 미리부터：あらかじめ。

㉞ **活用形Ⅱ＋ㄹ 것처럼：～するかのように。**「내일 **올 것처럼** 얘기했어요.（明日、**来るかのように**話しました。）／마음이 **변치 않을 것처럼** 얘기했어요.（気持ちが**変わらないかのように**話しました。）」

□ 기대〈期待〉。

18.

㉟ **動詞の活用形Ⅰ＋는 게：～するのが。**「건강을 **지키는 게** 쉽지 않아요.（健康を**守るのが**簡単ではありません。）／사람은 **먹는 게** 부실하면 몸에 이상이 온다.（人は**食べるのが**ちゃんとしていなければ、体がおかしくなる。）」

19.

□ 믿다：信じる、信用する。

□ 발등：足の甲
足の裏は발바닥。

□ 염려〈念慮〉：心配。

□ 도끼：斧。

□ 찍히다：（斧などで）切られる
찍다の受身形。

□ 실패하다〈失敗—〉：失敗する。

□ 배신당하다〈背信当—〉：裏切られる。

20.

□ 천 리〈千里〉：一千里
　＃遠く離れたところ。

□ －(이)든：～であれ。

□ 퍼지다：広まる。

㊱ 活用形Ⅰ＋게 마련이다：～するものだ、～するに決まっている＝㊻～기 마련이다。「모든 것에는 끝이 **있게 마련이에요.**（何事も終わりが**あるもの**です。）／고인물은 **썩게 마련이야.**（水たまりの水は**腐るに決まっている。**）」

□ 항상〈恒常〉：いつも。

㊲ 活用形Ⅱ＋라는：～しろという、～してほしいという。「집에 빨리 **오라는** 연락이 있었어요.（家に早く**帰ってほしいという**連絡がありました。）／그 짐은 트렁크에 **실으라는** 부탁을 했어요.（その荷物をトランクに**載せるように**と頼まれました。）」

21.

□ 배꼽：へそ。

□ 주〈主〉：中心、主なもの。

□ 딸리다：ついている。

□ 마땅히：当然。

㊳ 活用形Ⅲ＋야 할：～（す、である)べき。～（し、く)なければならない。「다음달엔 **만나야 할** 사람들이 많아요.（来月には**会わなければならない**人が多いです。）／아무리 바빠도 **쉬어야 할** 때는 쉬어야 해요.（いくら忙しくても**休むべき**ときは休まなければいけません。）」

22.

□ 백지장〈白紙張〉：白い一枚の紙。

□ 맞들다：物を両方から持つ。

□ 낫다：ましだ。

□ 이루어지다：なされる、できる。

23.

□ 뱁새：ダルマエナガ。

□ 황새걸음：(コウノトリの歩き→)大股歩き。

□ 가랑이：股。

□ 제 힘：自分の力。

□ 억지로：無理やりに。

□ 찢어지다：裂ける。

□ 겹다：手に余る、手に負えない。

□ 따라 하다：ついてやる、まねる。

□ 당하다〈当―〉：やられる、被害をこうむる、遭う。

□ 분수〈分数〉：身の程。

24.

□ 베기：切ること #베다の名詞形。

□ 다투다：争う、戦う。

㊴ **活用形Ⅰ＋다가도：～していても。**「**자다가도** 그녀 생각에 벌떡 일어나요.（**寝ていても**彼女のことを思い出し、ぱっと起きます。）／참 **알다가도** 모르겠어요.（ほんとうに**わかるようで**わかりません。）」

□ 흐르다：流れる。

□ 풀리다：解ける #풀다の受身形。

□ 이내：すぐ、間もなく。

□ 좋아지다：よくなる。

25.

□ 비다：空く。

□ 요란하다〈擾乱―〉：うるさい、騒がしい。

□ 수레：荷車。

□ 실속〈実―〉：中身。

㊵ **活用形Ⅱ＋ㄹ수록：～するほど、～（な）ほど。**

□ 야단스러움〈惹端―〉：야단스럽다（たいへん騒がしい）の名詞形。

□ 비유하다〈比喩―〉：喩える。

26.

□ 서당〈書堂〉：韓国式寺小屋 #漢字や漢文などを教えた私塾。

□ 풍월〈風月〉：詩を詠むこと。

□ 읊다：(詩を)詠む。　　□ 익숙하다：慣れている。

27.

□ 여든：80歳。　　□ 몸에 배다：身につく。

㊶ **活用形Ⅲ＋서도：～してからも。**「**커서도** 어릴 적 버릇을 못 버려요.（**大人になっても**子どものときの習慣から抜け出せません。）／물고기를 직접 **잡아서도** 먹었어요.（川魚を自ら**獲ってからも**食べました。）」

㊷ **活用形Ⅰ＋기 힘들다：～しにくい。**「사장님은 너무 바빠서 **만나기 힘들어요**.（社長は忙しすぎて、**会いにくいです**。）／물가가 많이 올라 **살기 힘들어요**.（物価が上がりすぎて、**暮らしが大変です**。）」

28.

□ 외양간〈－間〉：牛小屋
　＃馬小屋は마구간。　　□ 그르치다：誤る、しそこなう。

□ 뒤늦게：遅ればせながら。　　□ 손을 쓰다：(手を使う→)手を打つ。

□ 소용없다〈所用―〉：無駄だ。

29.

□ 쇠귀：牛の耳。　　□ 경〈経〉お経。

㊸ **活用形Ⅱ＋려고：～しようと。**「이 옷을 다른 옷으로 **바꾸려고** 해요.（この服を他の服に**変えようと**思います。）／매일 즐겁게 **살려고** 노력했어요.（毎日楽しく**暮らそうと**努力しました。）」

□ 제대로：しっかり、ちゃんと。　　□ 헤아리다：推し量る。

□ 두다：めぐる。

30.

□ 쇠뿔：牛の角。　　□ 단김에：一気に。

□ 빼다：抜く。　　□ 주저〈躊躇〉：ためらい。

31.

㊹ **活用形Ⅰ＋지：～するのであって、～（な）のであって。**「말하기가 **어렵지**, 읽기는 별로 안 어려워요.（スピーキングが難しくて、リーディングはあまり難しくありません。）／친구가 **가지** 나는 안 간다.（友だちが行くのであって、僕は行かない。）」

□ 일단〈一旦〉：ひとたび。 □ 끝마치다：終える。

□ 그리：そんなに。 □ 비유적〈比喩的〉。

□ 이르다：言う、話す。

32.

□ －(이)면：～なら。 □ 강산〈江山〉：山河。

□ 변하다〈変―〉：変わる。 □ 세월〈歳月〉：年月。

㊺ **形容詞・存在詞の活用形Ⅰ＋다는：～（だ）という。**「금강산은 경치가 아주 **좋다는** 것 같았어요.（金剛山は景色がとてもいいというようでした。）／어떤 면에선 고민이 **있다는** 것은 좋은 일이에요.（ある面では悩みがあるということはいいことです。）」

□ 변화〈変化〉。 □ 일컫다：称する、表す。

33.

□ 비지떡：おから入りお焼き。 □ 품질〈品質〉。

□ 그만큼：それくらい。

㊻ **活用形Ⅰ＋기 마련이다：～するものだ、～するに決まっている＝㊱～게 마련이다。**「앉으면 눕고 싶고 누우면 자고 **싶기 마련이다**.（座れば横になりたくて、横になれば寝たくなるに決まっている。）／누구나 오랜만에 친구들을 만나면 수다를 떨고 **싶기 마련이지**.（だれでも久しぶりに友だちに会えばおしゃべりしたくなるものだ。）」

34.

□ 아니：～ない＃用言の前で否定を表す。 □ 때다：焚く、燃す。

□ 굴뚝：煙突。 □ 연기〈煙気〉：煙。

㊼ **活用形Ⅱ＋ㄹ까：～（する）だろうか。**「일요일에도 그 헌책방은 문을 **열까요？**（日曜日にもあの古本屋は**開くでしょうか。**）／내일도 날씨가 오늘처럼 **좋을까** 모르겠네．（明日も天気が今日のように**いいのか**わからない。）」

□ 원인〈原因〉。 □ 결과〈結果〉。

㊽ **形容詞・存在詞の活用形Ⅱ＋ㄹ 수 없다：～はずがない、～でありえない。**「이보다 더 **좋을 순 없다．**（これよりもっと**いいはずがない。**）／너를 사랑하는 것은 **있을 수 없는** 일이었다．（あなたを愛することは**ありえない**ことだった。）」

35.

□ 찍다：斧を入れる。 □ 넘어가다：倒れる。

□ 계속해서〈継続―〉：引き続き。 □ 반드시：必ず。

□ 뜻대로：思ったとおりに。

36.

□ 깨물다：噛む。

㊾ **形容詞の活用形Ⅰ＋다고 해도：～（だ）と言っても。**〈이 초콜릿은 **달다고 해도** 그렇게 달지는 않아요.（このチョコレートは**甘いといっても、**そこまで甘くはありません。）／이 김치는 **시다고 해도** 못 먹을 정도가 아니에요．（このキムチは**すっぱいといっても**食べられないくらいではありません。）」

□ 하나같이：（一つのように→）同じく。 □ 소중하다〈所重―〉：大事だ。

□ 귀엽다：かわいい。

37.

□ 날개 : 翼、羽。
□ 돋보이다 : 目立つ、見栄えがする。

38.

□ 윗물 : 上流の水。
□ 맑다 : きれいだ。
□ 아랫물 : 下流の水。
□ 윗사람 : 目上の人。
□ 모범〈模範〉 : 見本。
□ 자연히〈自然—〉 : 自然に。
□ 아랫사람 : 目下の人。

39.

□ 자라 : スッポン。
□ 놀라다 : 驚く。
□ 솥뚜껑 : 釜の蓋。
□ 비슷하다 : 似ている。
□ 겁을 내다〈怯—〉 : 怖がる。

40.

□ 맵다 : 辛い。
□ 몸집 : 体格、体つき。
□ 다부지다 : がっしりしている。
□ 재주〈才—〉 : 才能。
□ 뛰어나다 : 優れている。
□ 야무지다 : ちゃっかりして抜け目がない。

41.

□ 쥐구멍 : ネズミの穴。
□ 볕 들다 : 光が差し込む。

42.

□ 지렁이 : ミミズ。
□ 밟다 : 踏む。
□ 꿈틀하다 : びくっとする。

43.

□ 짚신 : 草鞋。
□ 짝 : 相手、相棒、パートナー。

□ 보잘것없다：さえない、取るに足りない。

□ 맞다：合う。

44.

□ 천 리 길〈千里―〉：（千里の道→）遠い道のり。

□ 한 걸음：一歩。

45.

□ 강남〈江南〉：遠い南の国。

□ 특별히〈特別―〉：特別に。

□ 본인〈本人〉。

㊿活用形Ⅰ＋지만：～するが、～であるが。

□ 이끌리다：引かれる。

□ 덩달아：つられて。

46.

□ 콩：豆。

□ 심다：植える。

□ ―데：～ところ、場所。

□ 팥：小豆。

47.

□ 티끌：ちり。

□ 모으다：集める。

□ 태산〈泰山〉：世の中でいちばん高いとされてきた中国の山。

48.

□ 따다：取る。

□ 성취하다〈成就―〉：成し遂げる。

49.

□ 하룻강아지：（生まれて間もない子犬→）青二才。

□ 범：虎＝호랑이
#いちばん強くて怖い存在。鬼教師は호랑이 선생님。

□ 무섭다：怖い。

⑤①形容詞の活用形Ⅱ＋ㄴ 줄 모르다:～（な）ことを知らない、～とは思わない。「그 외제 시계가 이렇게 **비싼 줄 몰랐어요**.（その外国の時計がこんなに高いとは知りませんでした。）／이 스파게티가 이렇게 **매운 줄 몰랐어요**.（このスパゲッティがこんなに辛いとは思いませんでした。）」

□ 함부로：やたらと、むやみに。 □ 덤비다：はむかう、くってかかる。

50.

□ 제 말 하다：自分の話をする。 □ 그 자리에：その場に。

⑤②存在詞の活用形Ⅰ＋다고 하여：～と言って。「**맛있다고 하여** 너무 많이 먹으면 안 돼요.（おいしいからと言って食べすぎるといけません。）／그 영화는 다들 **재미없다고 하여** 안 봤어요.（あの映画はみんな面白くないと言うので見ていません。）」

□ 욕〈辱〉：悪口、陰口。

★읽고 나서

● 練習問題〈1-3〉

1 Q : **속담의 특징은 무엇인가 ?**

① 속담은 주로 서민 생활 속에서 만들어져 같은 문화권의 사람들에게 많은 영향을 끼치고 있다 .

② 속담은 미사여구 (美辞麗句) 에 지나지 않는다 .

2 Q : **본문과 내용이 같은 것에는 ○표 , 틀린 것에는 ×표 하세요 .**

① 살다가 힘든 일이나 어려운 일이 있을 때 속담을 되새겨 보면 많은 도움이 된다 . (　)

② 다른 문화권 간에는 같은 뜻을 가진 속담이 있을 수 없다 . (　)

③ 한국과 일본이 유사한 표현을 쓰는 경우가 있다 . 이는 교류를 통해 얻어진 양국 문화의 유사성을 말해 준다 . (　)

3 Q : **'호랑이도 제 말하면 온다.' 란 무슨 의미로 사용되는가 ?**

A :

4 Q : **사람들은 왜 속담을 사용하게 되는가 ?**

A :

★이야기해 봅시다 !

평소에 자주 사용하는 속담은 무엇입니까 ? 소개해 주세요 .

☆써 봅시다 !

●書き写しトレーニング

1. 속담은 우리 조상들의 오랜 생활 경험에서 갈고 다듬어져 온 지혜이므로 어려운 일이나 힘든 일이 있을 때 되새겨 보면 많은 도움이 될 것이다.

2. 여기서 재미있는 것은 오래가지 못한다는 것을 석 달, 9 일 ,75 일로 표현하지만 모두 다 오래지 않은 시간을 뜻한다는 것이다.

3. '고래 싸움에 새우 등 터진다' 라는 속담은 아무 관계 없는 힘이 약한 사람이 공연히 힘이 강한 자들의 싸움에 말려 들어 해를 입는다는 뜻이다.

4. '열 손가락 깨물어 안 아픈 손가락 없다' 라는 속담은 아무리 자식이 많다고 해도 부모에게는 모두 다 하나같이 소중하고 귀엽다는 뜻이다.

....

....

....

5. '친구 따라 강남 간다' 라는 속담은 어떤 일을 특별히 본인이 하고 싶은 마음이 있는 것은 아니지만 남에게 이끌려서 덩달아 함을 이르는 말이다.

....

....

....

〈解答〉

☆읽고 나서

1. ①

2. (1)○ (2)× (3)○

3. 본인이 그 자리에 없다고 하여 함부로 남의 욕을 하지 말라는 뜻.

4. 간결한 한두 마디의 속담은 장황한 설명보다도 훨씬 효과적으로 상대방으로부터 공감을 얻을 수 있으며, 가정이나 사회에서 어른들이나 젊은이들에게 주는 중요한 교훈이 되기 때문에.

第4課 영원히 사랑 받는 시인 윤동주

永遠に愛されている詩人、ユン・ドンジュ

Track 16

1 한국 사람들은 시를 좋아한다. 요즘도 시집이 베스트셀러가 되는 일이 흔하며 시를 외우는 것도 좋아한다. 문단에서는 "시집은 불패" 라는 말까지 있다. 소설은 초판을 1,000 ~ 3,000 부쯤 찍어 다 팔지 못하는①일도 흔하지만, 시집 초판은 여전히 대부분 다 팔린다는 것②이다. 그것은 시집은 고정 독자층이 탄탄해서다③. 외국 서점과는 달리, 한국 서점에서의 명당은 여전히 시집이 차지하고 있으며 사람들이 즐겨 찾는다. 흔히들 인구 대비 시인이 가장 많은 나라는 한국일 거라고④ 농담처럼 말하지만, 마냥 농담처럼 들리지 않는다.

한국 사람들이 가장 사랑하는 시인은 아마도 고(故) 윤동주 시인일 거다. 특히 그의 시 중에서 '서시' 와 '별 헤는 밤' 은 고등학교 국어 교과서에도 실려 있어 모르는 사람이 없을 터이다⑤.

Track 17

2 시인 윤동주는 1917 년 북간도(현 중국 지린성 연변 조선족자치주)에서 태어났다. 용정이란 곳에서 중학교를 졸업한 후 서울에 있는 연희전문학교(현 연세대학교)를 다니다가 1942 년 일본으로 건너가 도쿄의 릿쿄대학(立教大学)을 거쳐 교토에 있는 도시샤대학 (同志社大学) 영문과에서 공부했다.

그런데 그는 재학 중이던 1943 년 여름방학을 맞아 귀국하려다가⑥ 조선문화와 민족의식 고양을 도모해 독립운동을 했다는⑦ 혐의로 사촌 형인 송몽규와 함께 일본 경찰에 체포되었다.

그 후 1944 년 6 월 치안유지법 위반으로 2 년형을 선고받고, 복역 중이던 이듬해 해방을 몇 달 앞둔 1945 년 2 월 16 일에 후쿠오카 형무소에서 옥사하였다. 매년 이날에는 한국은 물론 일본에서도 추도식이 열리고 있다.

윤동주는 도일하기 전에 틈틈이 써 둔 시를 묶어 시집을 발간하려 했으나⑧ 일제의 검열로 뜻을 이루지 못하였고, 그의 시를 소중히 간직해 온 주위 사람들이『하늘과 바람과 별과 시』란 이름의 유고 시집을 그가 세상을 떠난 지⑨ 3 년이 지난 1948 년에 발간하였다.

이 시집에는 윤동주의 친구인 강처중이 쓴 발문이 실려 있다. 좀 길지만 윤동주의 사람됨을 알 수 있는⑩ 글이라 인용해 본다⑪.

3 동주는 별로 말주변도 사귐성도 없었건만⑫ 그의 방에는 언제나 친구들이 가득 차 있었다. 아무리 바쁜 일이 있더라도⑬ "동주 있나⑭" 하고 찾으면 하던⑮ 일을 모두 내던지고 빙그레 웃으며 반가이 마주앉아 주는 것이었다.

"동주 좀 걸어 보자구⑯" 이렇게 산책을 청하면 싫다는 적이⑰ 없었다.

겨울이든 여름이든 밤이든 새벽이든 산이든 들이든 강가이든 아무런 때 아무데를 끌어도 선뜻 따라 나서는 것이었다. 그는 말이 없이 묵묵히 걸었고 항시 그의 얼굴은 침울하였다. 가끔 그러다가 나오는 외마디 비참한 고함을 잘 질렀다.

"아…" 하고 나오는 외마디 소리! 그것은 언제나 친구들의 마음에 알지 못할 울분을 주었다.

4 "동주 돈 좀 있나?" 옹색한 친구들은 곧잘 그의 넉넉지 못한 주머니를 노리었다. 그는 있고서⑱ 안 주는 법이 없었고⑲ 없으면 대신 외투든 시계든 내 주고야⑳ 마음을 놓았다. 그래서 그의 외투나 시계는 친구들의 손을 거쳐 전당포 나들기를 부지런히 하였다.

이런 동주도 친구들에게 굳이 사양하는 일이 두 가지 있었다. 하나는 "동주 자네 시 여기를 좀 고치면 어떤가" 하는

데 대하여㉑ 그는 응하여 주는 법이 없었다. 조용히 열흘이고 한 달이고 두 달이고 곰곰이 생각하여 한 편 시를 탄생시킨다. 그때까지는 누구에게도 그 시를 보이지 않는다. 이미 보여 주는 때는 하나의 옥이다. 지나치게 그는 겸허 온순하였건만㉒ 자기의 시만은 양보하지를 않았다.

Track 20

5 그리고 또 하나 그는 한 여성을 사랑하였다. 그러나 이 사랑을 그 여성에게도 친구들에게도 끝내 고백하지 아니하였다㉓. 그 여성도 모르는 친구들도 모르는 사랑을 회답도 없고 돌아오지도 않㉔는 사랑을 제 홀로 간직한 채㉕ 고민도 하면서 희망도 하면서…

쑥스럽다 할까㉖, 어리석다 할까㉖? 그러나 이제 와 고쳐 생각하니 이것은 한 여성에 대한 사랑이 아니라 이루어지지 않을 "또 다른 고향"에 관한 꿈이 아니었던가㉗. 어쨌든 친구들에게 이것만은 힘써 감추었다.

그는 간도에서 나고 일본 복강에서 죽었다. 이역에서 나고 갔건만 무던히 조국을 사랑하고 우리말을 좋아하더니… 그는 나의 친구기도 하려니와㉘ 그의 아잇적 동무 송몽규와 함께 독립운동의 죄명으로 이 년형을 받아 감옥에 들어간 채 마침내 모진 악형에 쓰러지고 말았다㉙. 그것은 몽규와 동주가 연전을 마치고 경도에 가서 대학생 노릇 하던 중도의 일이었다.

Track 21

6 "무슨 뜻인지 모르나㉚ 마지막 외마디 소리를 지르고 운명했지요. 짐작건대 그 소리가 마치 조선독립만세를 부르는 듯㉛ 느껴지더군요."

이 말은 동주의 최후를 감시하던 일본인 간수가 그의 시체를 찾으러 복강에 갔던 그 유족에게 전하여 준 말이다. 그 비통한 외마디 소리! 일본 간수야 그 뜻을 알리만두 저도 그 소리에 느낀 바㉜ 있었나 보다㉝.

동주 감옥에서 외마디 소리로서 아주 가 버리니㉞ 그 나이 스물아홉, 바로 해방되던 해다. 몽규도 그 며칠 뒤 따라 옥사하니 그도 재사였느니라㉟. 그들의 유골은 지금 간도에서 길이 잠들었고 이제 그 친구들의 손을 빌려 동주의 시는 한 책이 되어 길이 세상에 전해지려 한다㊱.

불러도 대답 없을 동주 몽규건만 헛되나마㊲ 다시 부르고 싶은 동주! 몽규!

Track 22

7 윤동주는 아주 맑은 영혼을 가진 사람이었던 것 같다㊳. 그의 시를 읽다 보면㊴ 마음이 맑아지는 느낌이 든다. 또한 그는 남달리 순수한 마음과 고결한 정신의 소유자였던 것 같다. 그의 시에는 식민지 시대를 살아가는 청년

의 삶에 대한 고민과 고독과 자신을 깊이 성찰하는 모습이 짙게 드리워져 있다.

다음은 『하늘과 바람과 별과 시』에 실린 그의 대표시 "별 헤는 밤"이다.

별 헤는 밤

계절이 지나가는 하늘에는
가을로 가득 차 있습니다.

나는 아무 걱정도 없이
가을 속의 별들을 다 헬 듯합니다.
㊵

가슴 속에 하나 둘 새겨지는 별을
이제 다 못 헤는 것은
쉬이 아침이 오는 까닭이요,
내일 밤이 남은 까닭이요,
아직 나의 청춘이 다하지 않은 까닭입니다.

별 하나에 추억과
별 하나에 사랑과

별 하나에 쓸쓸함과
별 하나에 동경(憧憬)과
별 하나에 시와
별 하나에 어머니, 어머니,

어머님, 나는 별 하나에 아름다운 말 한마디씩 불러 봅니다. 소학교 때 책상을 같이 했던 아이들의 이름과, 패(佩), 경(鏡), 옥(玉), 이런 이국 소녀들의 이름과, 벌써 아기 어머니 된 계집애들의 이름과, 가난한 이웃 사람들의 이름과, 비둘기, 강아지, 토끼, 노새, 노루, 프랑시스 잠, 라이너 마리아 릴케, 이런 시인의 이름을 불러 봅니다.

이네들은 너무나 멀리 있습니다.
별이 아스라이 멀듯이.㊶

어머님,
그리고 당신은 멀리 북간도에 계십니다.

나는 무엇인지 그리워
이 많은 별빛이 내린 언덕 위에
내 이름자를 써 보고

흙으로 덮어 버리었습니다.

딴은 밤을 새워 우는 벌레는
부끄러운 이름을 슬퍼하는 까닭입니다.

그러나 겨울이 지나고 나의 별에도 봄이 오면
무덤 위에 파란 잔디가 피어나듯이㊶
내 이름자 묻힌 언덕 위에도
자랑처럼 풀이 무성할 거외다.㊷

(1941. 11. 5)

Track23

8 이 시는 고향을 떠나 밤하늘에 있는 별들을 보며 북간도에서 보낸 어린 시절의 여러 추억과 고향에 계신 어머니를 떠올린다는㊸ 내용이다. 자신의 이름을 '별'이 내려다보는 '언덕' 위에 써 보고 흙으로 덮어 버리는 행위는 고통스러운 식민지 시대를 살아가는 자기 자신의 외롭고 부끄러운 모습을 확인하고, 또 그것을 이겨 내려는㊹ 갈등을 암시하는 것으로 볼 수 있을 것이다.

시대적 아픔과 갈등의 어두운 세계 속에서 고뇌를 거듭했던 시인은 시대의 아픔에서 달아나지 않고, 자기 성찰을 통해 스스로 부끄럽지 않은 삶의 태도와 새로운 미래에 대한 희망과 의지를 다짐하는 모습을 보여 주고 있다.

윤동주는 많은 일본인들로부터도 사랑을 받고 있고 요즘도 각 지역에서 그를 추모하는 모임들이 열리고 있으며 도시샤대학에는 그의 시비가 세워져 있다.

또 윤동주가 마지막 소풍 때 친구들과 사진을 찍은 우지내 기슭에는 주부·회사원 등 지역의 뜻있는 사람들이 중심이 되어 윤동주 탄생 100 주년을 기념하여「시인 윤동주 기억과 화해의 비」라는 기념비를 2017 년 10 월에 세웠다. 거기에는 시인의「새로운 길」이라는 시가 한국어와 일본어로 새겨져 있다. 나도 언젠가 도시샤대학의 시비와 우지내 기념비를 꼭 한번 보러 가야겠다㊺.

★日本語訳

1 韓国の人々は詩が好きだ。最近も詩集がベストセラーになることがよくあり、詩を覚えるのも好きだ。文壇では、「詩集は不敗」という言葉まである。小説は初版を 1000 ～ 3000 部くらい刷って、売れ残ることもよくあるが、詩集の初版は依然としてほとんど全部売れるという。それは、詩集は固定読者層がしっかりしているからだ。外国の書店とは違って、韓国の書店での一等地は依然として詩集が占めており、人々がよく訪れる。しばしば、人口比で詩人が最も多い国は韓国だろうと冗談のように言われるが、まんざら冗談のように聞こえない。

韓国人が最も愛する詩人は、おそらく故尹東柱詩人だろう。特に彼の詩の中で「序詩」と「星を数える夜」は、高校の国語の教科書にも載っており、知らない人がいないはずだ。

2 詩人の尹東柱は 1917 年、北間島(現、中国吉林省延辺朝鮮族自治州)で生まれた。龍井というところで中学校を卒業した後、ソウルにあるヨンヒ専門学校(現延世大学校)に通い、1942 年に日本に渡って、東京の立教大学を経て、京都の同志社大学英文科で勉強した。

ところが、彼は在学中の 1943 年夏休みを迎え帰国しようとしたが、朝鮮文化と民族意識の高揚を図り、独立運動をしたという容疑で従兄のソン・モンギュと共に日本の警察に逮捕された。

その後 1944 年 6 月、治安維持法違反で 2 年の刑を宣告され、服役中だった翌年、解放を数か月後に控えた 1945 年 2 月 16 日、福岡刑務所で獄死した。毎年この日には、韓国はもちろん日本でも追悼式が開かれている。

尹東柱は渡日する前、暇を見つけて書いておいた詩をまとめて詩集を出版しようとしたが、日帝の検閲で願いがかなえられず、彼の詩を大切に守ってきた周りの人々が『空と風と星と詩』という名前の遺稿詩集を、彼が世を去ってから 3 年が過ぎた 1948 年に発刊した。

この詩集には、尹東柱の友人であるカン・チョジュンが書いたあとがきが載っている。少し長いが尹東柱の人となりを知ることができる文章なので引用してみる。

3 トンジュはあまり話術も人付き合いも上手じゃなかったが、彼の部屋にはいつも友人がいっぱいいた。いくら忙しいことがあっても、「トンジュいるか？」と訪ねるとやっていたことを全部やめて、にっこり笑いながら喜んで向き合ってくれるのだった。

「トンジュ、ちょっと歩いてみようよ」こんなふうに散歩に誘うと嫌がることがなかった。

冬でも、夏でも、夜でも、早朝でも、山でも、野原でも、川辺でも、いつでもどこでも誘われたら、快くついて行くのだった。彼は無言で黙々と歩き、いつも彼の顔は憂鬱だった。そうしているうちに、時々出てくる一言の悲惨な叫び声をあげた。「あー」と出てくる一言の叫び声！それは、いつも友人の心になんともいえない鬱憤を与えた。

4 「トンジュ、ちょっとお金ある？」懐具合が厳しい友人はよく彼の余裕のない懐を狙った。彼はお金があったら、決してあげないことはなく、なければその代わりにコートでも時計でも渡してやっと安心した。それで彼のコートや時計は、友人の手を経て、頻繁に質屋に出入りした。

このようなトンジュも友人に決して譲らないことが2つあった。1つは、「トンジュ、お前、詩のこのあたりをちょっと直したらどうだ」と言われることに対して、彼が応じることはなかった。静かに、10日でも、一か月でも二か月でも、熟考して、1編の詩を誕生させる。その時までは誰にもその詩を見せない。見せてくれるときはすでに一つの宝物である。彼は非常に謙虚でおとなしかったが、自分の詩だけは譲歩しなかった。

5 そしてもう1つ、彼はある女性を愛していた。しかし、この恋を、その女性にも友人にも最後まで告白することはなかった。その女性も、友人も知らない恋を、答えもなく、返ってくることもない恋心を一人で抱き、悩みもしながら希望も持ちながら -

照れくさいと言うべきか、愚かだと言うべきか。しかし、今となって振り返ってみると、これは一人の女性への愛ではなく、かなえられない「もう一つの故郷」への夢ではなかっただろうか。とにかくこれだけは友人に必死で隠していた。

彼は間島で生まれ、日本の福岡で死んだ。異郷で生まれて、また、死んだが、とても祖国を愛し、韓国語が好きだったけど…彼は私の友人でもあり、彼の子どものときの友だちのソン・モンギュといっしょに独立運動の罪名で２年の刑を言い渡され、刑務所に入ったまま、遂には酷い悪刑に倒れてしまった。それはモンギュとトンジュがヨンヒ専門学校を終えて京都に行って大学の生活をやっていた途中のことだった。

6 「何の意味かわからないが、最後に一言叫んでから亡くなりました。考えてみるにその声は、まるで朝鮮独立万歳を叫んでいるかのような気がしました」

この言葉は、トンジュの最期を監視していた日本人の看守が、彼の遺体を引き取りに福岡に行った遺族に伝えてくれた言葉だ。あの悲痛な叫び声！日本の看守はその意味がわかるはずがないが、自分もその声に感じるものがあったようだ。

トンジュは刑務所で一言の叫び声を上げあの世に行ってしまったが、その歳 29、他ならぬ解放の年だ。モンギュもその数日後、後を追って獄死したが、彼も才子だった。

彼らの遺骨は今、間島で長い眠りについており、今やその友人たちの手によって、トンジュの詩は 1 冊の本になって末長く世の中に伝わろうとしている。

呼んでも返事のないトンジュ、モンギュだが、無駄だろうが、また呼びたいトンジュ！モンギュ！

7 尹東柱は非常に澄んだ魂を持った人であったようだ。彼の詩を読んでいると心が洗われる感じがする。また、彼は人一倍純粋な心と高潔な精神の持ち主であったようだ。彼の詩には、植民地時代を生きていく青年の人生に対する悩みと孤独と自分を深く省みる姿が色濃く残されている。

次は「空と風と星と詩」に載っている彼の代表詩の「星を数える夜」である。

「星を数える夜」

（伊吹 郷 訳）

季節の移りゆく空は
いま　秋たけなわです。

わたしはなんの憂愁（うれい）もなく
秋の星々をひとつ残らずかぞえられそうです。

胸に　ひとつ　ふたつと　刻まれる星を
今すべてかぞえきれないのは
すぐに朝がくるからで、
明日の夜が残っているからで、
まだわたしの青春が終わっていないからです。

星ひとつに　追憶と
星ひとつに　愛と
星ひとつに　寂しさと
星ひとつに　憧れと
星ひとつに　詩と
星ひとつに　母さん、母さん、

　母さん、わたしは星ひとつに美しい言葉をひとつずつ唱えてみます。小学校のとき机を並べた児らの名と、ペエ、キョン、オク、こんな異国の少女（おとめ）たちの名と、すでにみどり児の母となった少女たちの名と、貧しい隣人たちの名と、鳩、子犬，兎、ラバ、鹿、フランシス・ジャム、ライナー・マリア・リルケ、こういう詩人の名を呼んでみます。

これらの人たちはあまりにも遠くにいます。
星がはるか遠いように、

母さん、
そしてあなたは遠い北間島におられます。
わたしはなにやら恋しくて
この夥しい星明りがそそぐ丘の上に
わたしの名を書いてみて、
土でおおってしまいました。

夜を明かして鳴く虫は、
恥ずかしい名を悲しんでいるのです。

しかし冬が過ぎわたしの星にも春がくれば
墓の上に緑の芝草が萌えでるように
わたしの名がうずめられた丘の上にも
誇らしく草が生い繁るでしょう。

（１９４１・１１・５）

8 この詩は、故郷を離れて、夜空の星を眺めながら、北間島で過ごした幼年時代の色々な思い出と故郷にいる母を思い浮かべる内容だ。自分の名前を「星」が見下ろす「丘」の上に書き、土で覆ってしまう行為は、苦しい植民地時代を生きていく自分自身の孤独で恥ずかしい姿を確認し、また、それに克ち抜こうとする葛藤を暗示していると見ることができるだろう。

時代的な痛みと葛藤の暗い世界の中で、苦悩を重ねていた詩人は、時代の痛みから逃げず、自己省察を通じて、自ら恥ずかしくない生き方と新しい未来への希望と意志を誓う姿を見せている。

尹東柱は、多くの日本人からも愛されており、最近も各地域で彼を追悼する会が開かれており、同志社大学には、彼の詩碑が建てられている。

また、尹東柱が最後の遠足のとき、友人たちと写真を撮った宇治川のほとりには、主婦・会社員など地域の有志が中心となって尹東柱生誕 100 周年を記念して、「詩人尹東柱 記憶と和解の碑」という記念碑を 2017 年 10 月に建てた。そこには、詩人の「新しい道」という詩が韓国語と日本語で刻まれている。

私もいつか同志社大学の詩碑と宇治川の記念碑をぜひ一度見に行きたいと思っている。

★語句と活用〈1-4〉

＊覚えた単語には✓を入れよう！

1

- □ 시집〈詩集〉。
- □ 베스트셀러：ベストセラー。
- □ 흔하다：よくある。
- □ 외우다：覚える、暗唱する。
- □ 문단〈文壇〉。
- □ 불패〈不敗〉。
- □ 소설〈小説〉。
- □ 초판〈初版〉。
- □ －부〈部〉：～部。
- □ －쯤：～くらい。
- □ 찍다：刷る。

① 活用形Ⅰ＋지 못하다：～することができない。

- □ 여전히〈如前―〉：依然として。
- □ 팔리다：売れる。

② 活用形Ⅰ＋ㄴ다는／는다는 것：～するということ。「조금씩이라도 매일 공부한다는 것은 중요해요.（少しずつでも毎日勉強するということは大事です。）／소리 내어 책을 읽는다는 것은 도움이 될 거예요.（声を出して本を読むということは役立つでしょう。）」

- □ 고정〈固定〉。
- □ 독자층〈読者層〉。
- □ 탄탄하다：堅固だ、頑丈だ。

③ 活用形Ⅲ＋서다：～するからである。

- □ －와／과는 달리：～とは違って。
- □ 명당〈明堂〉：穴場、スポット、一等地。
- □ 차지하다：占める。
- □ 즐겨：好んで、好きで。
- □ 찾다：訪ねる。
- □ 흔히들：よく。
- □ 인구〈人口〉。
- □ 대비〈対比〉。

④ 活用形Ⅱ＋ㄹ 거라고：～（する、である）はずだと、～（する、である）だろうと。「내년에 영국으로 유학 갈 거라고 해요.（来年、イギリスに留

学に行くそうです。）／내일은 날씨가 **좋아질 거라고** 했어요.（明日は天気がよくなるはずだと言いました。）」

- ☐ 농담〈冗談〉。
- ☐ 아마도：おそらく、たぶん。
- ☐ 서시〈序詩〉：詩の題名。
- ☐ 교과서〈教科書〉。
- ☐ 마냥：まんざら。
- ☐ 특히〈特—〉：特に。
- ☐ 헤다：(＝세다)数える。
- ☐ 실리다：載せられる＃싣다の受身形。

⑤ **活用形Ⅱ＋ㄹ 터이다**：～（する、である）はずである。「우리나라가 축구에서 브라질을 이기는 건 **불가능할 터인데.**（我が国がサッカーでブラジルに勝つのは不可能であるはずなのに。）／종교를 믿으면 삶이 **덜 고통스러웠을 터이다.**（宗教を信仰すれば生きるのに苦痛を減らすことができたはずである。）」

2

- ☐ 태어나다：生まれる。
- ☐ 졸업하다〈卒業—〉：卒業する。
- ☐ 거치다：経る。
- ☐ 재학〈在学〉：在籍。
- ☐ 맞다：迎える。
- ☐ －(이)란：～という。
- ☐ 건너가다：渡っていく。
- ☐ 영문과〈英文科〉。
- ☐ 여름방학〈—放学〉：夏休み。
- ☐ 귀국하다〈帰国—〉：帰国する。

⑥ **活用形Ⅱ＋려다가**：～しようと思って、～しようとしたが。「어제 친구를 **만나려다가** 결국은 오늘 만나기로 했어요.（昨日、友だちに会おうと思いましたが、結局は今日、会うことにしました。）／그녀의 손을 **잡으려다가** 용기가 없어서 그만뒀어요.（彼女の手を握ろうとしましたが、勇気がなくてやめました。）」

- ☐ 조선문화〈朝鮮文化〉。
- ☐ 민족의식〈民族意識〉。

□ 고양〈高揚〉。

□ 도모하다〈図謀―〉：図る。

□ 독립운동〈独立運動〉。

⑦ **活用形Ⅲ＋ㅆ다는：～したという、～だったという。**「아주 비싼 명품 백을 **샀다는** 이야기를 들었어요.（とても高いブランドバッグを**買ったという**話を聞きました。）／실력이 많이 **늘었다는** 소문을 들었어요.（実力がだいぶ**伸びたという**噂を聞きました。）」

□ 혐의〈嫌疑〉：容疑。

□ 사촌 형〈四寸兄〉：従兄。

□ 체포되다〈逮捕―〉：逮捕される。

□ 치안유지법〈治安維持法〉。

□ 위반〈違反〉。

□ －년형〈年刑〉：～年の刑。

□ 선고받다〈宣告―〉：宣告される。

□ 복역〈服役〉。

□ 이듬해：翌年。

□ 해방〈解放〉：＃1945 年8 月15 日の日本の植民地からの解放と主権の回復。

□ 앞두다：控える。

□ 형무소〈刑務所〉：＃現在、「교도소(矯導所)」と言う。

□ 옥사하다〈獄死―〉：獄死する。

□ 추도식〈追悼式〉。

□ 열리다：開かれる＃열다の受身形。

□ 도일하다〈渡日―〉：渡日する、訪日する。

□ 틈틈이：ひまひまに、暇を見つけて、片手間に。

□ 묶다：まとめる、束ねる。

□ 발간하다〈発刊―〉：発刊する。

⑧ **活用形Ⅱ＋려 했으나：～しようとしたが。**「편지를 **보내려고 했으나** 우표가 없었어요.（手紙を**出そうとしましたが**切手がありませんでした。）／／회사측의 입장을 **물으려 했으나** 대답이 없었어요.（会社側の立場を**聞こうとしましたが**、返事がありませんでした。）」

□ 일제〈日帝〉：日本帝国。

□ 검열〈検閲〉。

□뜻을 이루다：志を果たす。
□간직하다：大事に守る。
□소중히〈所重―〉：大事に。
□주위〈周囲〉。
□유고〈遺稿〉。

⑨ **活用形Ⅱ＋ㄴ 지**：～してから。

□지나다：過ぎる。
□발문〈跋文〉：後書き。
□실리다：掲載される
＃싣다の受身形。
□사람됨：人となり。

⑩ **活用形Ⅱ＋ㄹ 수 있는**：～することができる。「누룩만 있으면 손쉽게 막걸리를 **만들 수 있는** 방법이 있어요.（麴さえあれば簡単にマッコリを**作ることができる**方法があります。）／기모노를 혼자서 **입을 수 있는** 건 대단해요.（着物を一人で**着られる**のはすごいです。）」

□－(이)라：～なので。
□인용하다〈引用―〉：引用する。

⑪ **活用形Ⅲ＋보다**：～してみる。「그 문제는 같이 **생각해 봐요**.（あの問題はいっしょに**考えてみましょう**。）／요즘 유행하는 이 노래를 한 번 **들어 보세요**.（最近、流行っているこの歌を一度**聞いてみてください**。）」

3

□별로〈別―〉：別に、大して、そんなに。
□말주변：話す才能、話術。
□사귐성〈―性〉：人付き合い、社交性。

⑫ **活用形Ⅲ＋ㅆ건만**：～したけれど、～だったけれど、～かったけれど。「사업에 **실패했건만** 별로 괘념치 않았어요.（事業に**失敗したけれど**、あまり気にとめていませんでした。）／몇 번이나 상사로부터 주의를 **받았건만** 전연 바뀌지 않았어요.（何回も上司から注意を**受けましたが**、全然変わっていません。）」

⑬ **活用形Ⅰ＋더라도**：～するとしても、～（だ）としても。

⑭ **活用形Ⅰ＋나?：～するのか？、～（な)のか？**「부산에는 언제 **가나?**（釜山にはいつ行くの？）／오늘 저녁에는 뭘 **먹나?**（今日の晩ご飯は何を食べる？）」

⑮ **活用形Ⅰ＋던：～した、～かった、～だった。**「늘 **만나던** 사람이었지만 그렇게 춤을 잘 추는지는 몰랐어요.（いつも**会っていた**人でしたが、あんなにダンスが上手とは知りませんでした。）／**착하던** 아이가 반항기가 됐는지 부모 속을 썩이곤 해요.（いい子だったのに(←**気立ての良かった**子が)、反抗期になったせいか親を困らせたりしています。)」

□ 내던지다：放り投げる。

□ 빙그레：にっこりと。

□ 반가이：喜んで、うれしく。

□ 마주앉다：向かい合う。

⑯ **活用形Ⅰ＋자구：～しようよ、～しようってば。**「내일 시험이니까 오늘은 늦게까지 **공부하자구.**（明日、試験なので今日は遅くまで**勉強しよう。**）／남들만 부러워하지 말고 우리끼리 행복하게 **살자구.**（他の人ばかりうらやましがらずに、わたしたち同士で幸せに**暮らそうってば。**)」

□ 청하다〈請―〉請う、誘う。

⑰ **形容詞の活用形Ⅰ＋다는 적이：～ということが。**「맛이 없어도 **싫다는 적이** 없었어요.（おいしくなくても**いやだということが**ありませんでした。）／우리 남편은 여태까지 양식이 **좋다는 적이** 한 번도 없었어요.（うちの旦那は今まで洋食が**いいと言ったことが**一度もありませんでした。)」

□ －(이)든：～であれ。

□ 새벽：明け方、未明。

□ 들：野原。

□ 강가〈江―〉：川沿い、川辺。

□ 아무런：どんな。

□ 아무데：どこ。

□ 끌다：引く、誘う。

□ 선뜻：さっと、快く。

□ 따라 나서다：ついて行く、ついて来る。

□ 묵묵히〈黙々―〉：黙々と。

□ 항시〈恒時〉：いつも。

□ 침울하다〈沈鬱―〉：憂鬱だ。

☐ 가끔：たまに。

☐ 그러다가：そのようにして、そうこうしているうちに。

☐ 외마디(소리를 지르다)：悲鳴(をあげる)。

☐ 비참하다〈悲惨—〉：悲惨だ、惨めだ。

☐ 고함을 잘 지르다：よく大声を出す。

☐ 울분〈鬱憤〉：怒り、憤り。

4

☐ 옹색하다〈壅塞—〉：懐事情が厳しい、困窮している。

☐ 곧잘：よく。

☐ 넉넉지 못하다：余裕がない #넉넉하다の否定表現。

☐ 주머니：懐、ポケット。

☐ 노리다：狙う。

⑱ **存在詞の活用形Ⅰ＋고서**：～ながら、～のに。「돈이 **있고서** 남을 안 도와주는 일은 없었어요.（お金があるのに人を助けないことはありませんでした。）／실력이 **없고서** 그런 말은 안 할 거예요.（実力がないのに、そんなことは言わないでしょう。）」

⑲ **活用形Ⅰ＋는 법이 없다**：～することがない。「학창 시절에는 수업에 **지각하는 법이 없었어요.**（学生時代には授業に遅れることはありませんでした。）／신세를 졌던 분들의 은혜를 **잊는 법이 없었어요.**（お世話になった方のご恩を忘れることはありませんでした。）」

☐ 대신〈代身〉：代わりに。

☐ 외투〈外套〉：コート。

☐ 내 주다：出してくれる、出してあげる。

⑳ **活用形Ⅰ＋고야**：～して(から)、～して初めて。「서울에 사는 아들을 **만나고야** 겨우 마음을 놓았어요.（ソウルに住んでいる息子に会って初めて、やっと安心しました。）／손을 깨끗이 **씻고야** 안심을 했어요.（手をきれい

に洗って初めて安心しました。)」

□ 마음을 놓다：(心を置く→)安心する。

□ 전당포〈典当舗〉：質屋。

□ 나들기：出入り＃近年は나들이と言う。

□ 부지런히：熱心に、頻繁に。

□ 굳이：あえて。

□ 사양하다〈辞譲—〉：辞退する、丁重に断る。

□ 자네：君、お前。

㉑ **活用形Ⅰ＋는 데 대하여：～することについて。**「기부를 해 **주는 데 대하여** 감사히 여기지 않을 수가 없었어요.(寄付をして**くれることについて**、ありがたく思わざるを得ませんでした。)／나는 그대가 이곳까지 **올 수 있었다는 데 대하여** 경하를 드리네.(私はあなたがここまで**来ることができたことについて**お祝い申し上げる。)」

□ 응하다〈応—〉：応じる。

□ 조용히：静かに。

□ 열흘：十日。

□ －(이)고：～であれ。

□ 곰곰이：じっくり、ゆっくり。

□ 한 편〈—編〉：一編。

□ 탄생시키다〈誕生—〉：誕生させる、作る。

□ 이미：すでに。

□ 옥〈玉〉：宝石、宝物。

□ 지나치게：とても。

□ 겸허〈謙虚〉。

□ 온순하다〈温順—〉：おとなしい。

㉒ **活用形Ⅰ＋건만：～するが、～であるが。**「결혼식 날이 **다가오건만** 별로 걱정도 안 해요.(結婚式が**近づいてきますが**、別に心配もしません。)／일이 너무 어려워 **힘들건만** 아무 불평도 안 해요.(仕事が難しすぎて**大変でしょうが**、何の愚痴もこぼしません。)」

□ 양보하다〈譲歩—〉：譲る。

5

□ 끝내：最後まで。 □ 고백하다〈告白―〉：告白する。

㉓ **活用形Ⅰ＋지 아니하다**：～しない、～（で）ない。「이 집은 별로 **크지 아니하고** 아담해요.（この家はそんなに大きくなく、こじんまりとしています。）／그 복숭아를 **씻지 아니하고** 먹으면 어떻게 해！（その桃を洗わないで食べてどうする。）」

□ 회답〈回答〉：返事。

㉔ **活用形Ⅰ＋지도 않다**：～もしない、～くもない、～でもない。「모르는 게 많은데도 **묻지도 않으면** 어떡해.（わからないのがいっぱいありながら、聞きもしないでどうする。）／어제는 **춥지도 덥지도 않았어요.**（昨日は寒くも暑くもありませんでした。）」

□ 제 홀로：自分一人で。

㉕ **活用形Ⅱ＋ㄴ 채**：～したまま。「창문이 **열린 채** 닫지 않았어요.（窓が開いたままで、閉めていません。）／그 미국 사람은 한국의 풍습을 잘 몰라 신을 **신은 채**로 실내로 들어갔어요.（そのアメリカ人は韓国の風習がよくわからなくて靴を履いたままで、室内に入りました。）」

□ 고민〈苦悶〉：悩み。 □ 희망〈希望〉。

□ 쑥스럽다：照れくさい、恥ずかしい。

㉖ **形容詞の活用形Ⅰ＋다(고) 할까**：～というか。「그 호텔은 **깨끗하다고 할까**, 지은 지 얼마 안 된 거 같았어요.（そのホテルはきれいだというか、建てられてからあまり経っていないようでした。）／그 배우는 **아름답다고 할까**, 아주 귀티가 났어요.（その俳優は美しいというか、とても上品な気がしました。）」

□ 어리석다：愚かだ、間抜けだ。 □ 이제 와：（今に来て→）今になって。

□ 고쳐 생각하다：(直して考える→)改めて考える＝다시 생각하다。

□ －이／가 아니라：～ではなく。

□ 이루어지지 않다：かなえられない。

㉗ **活用形Ⅲ＋ㅆ던가**：～したのか、～かったのか、～だったのか。「언제부터 꽃꽂이를 배우기 **시작했던가요**？(いつから生け花を習い始めましたか。)／작년에도 해운대에 해수욕을 **갔던가**？(昨年も海雲台に海水浴に行ったのか。)」

□ 어쨌든：とにかく。

□ 힘써：つとめて、一所懸命。

□ 감추다：隠す。

□ 나다：生まれる＝태어나다。

□ 복강〈福岡〉：現在は原音読みで후쿠오카と言う。

□ 이역〈異域〉：異郷、異国。

□ 무던히：とても。

㉘ **活用形Ⅱ＋려니와**：～するだろうが、～だが、～するだろうけど。「바쁘기도 **바쁘려니와** 돈이 없어서 그 모임에 참가 못 했어요.（忙しいのも忙しかったが、お金がなくてその会に出られませんでした。）／내가 어떤 타입의 사람을 싫어하는지 **알려니와** 개의치 않았어요.（私がどんなタイプの人を嫌っているのか知っているだろうが、気にとめていませんでした。）」

□ 아잇적：(←아이＋적)子どものとき。

□ 독립운동〈独立運動〉。

□ 죄명〈罪名〉。

□ 모질다：むごい、残忍だ。

□ 악형〈悪刑〉。

□ 쓰러지다：倒れる。

㉘ **活用形Ⅰ＋고 말다**：～してしまう、～してみせる。「오늘은 무슨 일이 있어도 이 리포트를 꼭 **제출하고 말겠어요**.（今日は何事があってもこのレポートを必ず出してしまいます。）／어떤 일이 있어도 장학금을 **받고 말 거야**.（どんなことがあっても奨学金をもらってみせるぞ。）」

□ 경도〈京都〉：＃現在は原音読みで교토と言う。

□ 대학생 노릇하다〈大学生―〉：（大学生の役割をする→）大学に通う。

□ 중도〈中途〉：途中。

6

㉚ **活用形Ⅱ＋나**：～（する）が、～（する）けれど。「오늘도 좀 **바쁘나** 한 번 가 볼 예정이에요.（今日もちょっと忙しいけれど、一度行ってみるつもりです。）／머리를 깨끗하게 **감으나** 비듬이 좀처럼 잘 없어지지 않아요.（髪をきれいに洗いましたが、なかなかふけがなくなりません。）」

□ 마지막：最後（の）。

□ 운명하다〈殞命―〉：亡くなる。

□ 짐작건대：（←짐작하건대）思うに。

□ 마치：まるで。

□ 조선독립만세〈朝鮮独立万歳〉。

㉛ **動詞の活用形Ⅰ＋는듯**：～するように、～するみたいに。「**아는 듯 모르는 듯** 미묘한 표정을 지었다.（わかるような、わからないような、微妙な表情をした。）／그 영화는 본 적이 **있는 듯** 줄거리를 잘 알고 있었어요.（その映画は見たことがあるかのようにあらすじをよく知っていました。）」

□ 느껴지다：感じられる。

□ 최후〈最後〉。

□ 감시하다〈監視―〉：監視する。

□ 간수〈看守〉。

□ 시체〈屍体〉：屍身、遺体。

□ 전하다〈伝―〉：伝える。

□ 비통하다〈悲痛―〉：悲痛だ。

□ －야：～（の立場として）は。

□ 알리만두：わかるはずがない。

□ 저도：自分も。

㉜ **活用形Ⅱ＋ㄴ 바**：～したところ。「그 드라마는 내가 **본 바**로는 재미없었어요.（あのドラマは私が見たところでは、つまらなかった。）／그 사람은 내가 **들은 바** 성격이 아주 좋은 사람인 것 같았어요.（あの人は私が聞いた

ところでは、性格がとてもいい人のようでした。)」

㉝ **活用形Ⅲ＋ㅆ나 보다**：～したようだ、～かったようだ、～だったようだ。「그저께 도서관에서 **만났나 봐요**.（一昨日、図書館で**会ったようです**。）／그 소설의 내용은 아주 **재미있었나 봐요**.（その小説の内容はとても**面白かったようです**。）」

□ 감옥〈監獄〉。　□ 아주：完全に、まったく。

㉞ **活用形Ⅲ＋버리니**：～してしまうので。「자식들이 다 커서 부모 곁을 **떠나버리니** 쓸쓸해요.（子どもたちが成長して、親元を**離れてしまったから**寂しいです。）／바로 며칠 전에 한 약속을 다 **잊어버리니** 골치가 아파요.（つい数日前にした約束を全部**忘れてしまうから**、頭が痛いです。）」

□ 해：年。　□ 뒤따라：後について。

□ 옥사하다〈獄死―〉：獄死する。　□ 재사〈才士〉：才子。

㉟ **活用形Ⅲ＋ㅆ느니라**：古風 ～（した、だった）のだ。「젊을 때는 누구나 다 그런 실수를 한 번쯤은 **했느니라**.（若いときは誰もがみなあのような失敗を、一度くらいは**したものだ**。）／먼 데서 오느라 **수고가 많았느니라**.（遠くから来るのに、**ご苦労様であった**。）」

□ 유골〈遺骨〉。　□ 길이：長く。

□ 잠들다：眠りにつく。　□ 이제：もう、いまや。

□ 빌리다：借りる。

㊱ **活用形Ⅱ＋려(고) 하다**：～しようとする。「**자려고 했으나** 잠이 잘 안 왔어요.（**寝ようとしましたが**、なかなか眠れませんでした。）／새로 집을 **지으려고 했으나** 돈이 모자랐어요.（新しく家を**建てようとしましたが**、お金が足りませんでした。）」

□ －(이)건만：～であるが。　□ 헛되다：無駄だ。

㊲ **形容詞の活用形Ⅱ＋나마**：～だけでも、～ながら。「**미력하나마** 도움이 되도록 노력하겠습니다.（**微力ながら**役立つように努力します。）／**짧으나**

마 이것으로 제 인사 말씀을 대신하겠습니다.（短いですが、これをもって私のごあいさつに代えさせていただきます。）」

7

□ 맑다：澄んでいる。

□ 영혼〈霊魂〉：魂。

㊳ 活用形Ⅲ＋ㅆ던 것 같다：～したようだ、～かったようだ、～だったようだ。「아들이 대학에 합격하여 기분이 **좋았던 것 같아요**.（息子が大学に合格して、気分がよかったようです。）／잘 몰라서 여러가지로 **물었던 것 같아요**.（よくわからなくて、いろいろと訊いたようです。）」

㊴ 活用形Ⅰ＋다 보면：～してみたら、～だったら、～していたら、～しているうちに。

□ 맑아지다：きれいになる。

□ 느낌이 들다：（感じが入る→）気がする。

□ 남달리：（人と違って→）ひときわ。

□ 순수하다〈純粋－〉：純粋だ、素直だ。

□ 고결하다〈高潔―〉：高潔だ。

□ 소유자〈所有者〉。

□ 식민지 시대〈植民地時代〉。

□ 청년〈青年〉：若者＝젊은이。

□ 고독〈孤独〉。

□ 성찰하다〈省察―〉：省みる。

□ 짙다：濃い。

□ 드리워지다：覆われる、垂れ下がる。

□ 계절〈季節〉。

□ 지나가다：通り過ぎる。

㊵ 活用形Ⅱ＋ㄹ 듯하다：～（する、である）ようだ。「내일은 좀 **바쁠 듯해요**.（明日はちょっと忙しそうです。）／오늘 저녁에도 비빔밥을 **먹을 듯해요**.（今晩もビビンバを食べるようです。）」

□ 새겨지다：刻まれる。

□ 쉬이：たやすく、簡単に＝쉽게。

□ 까닭：訳。

□ 다하다：（全部する→）つくす。

□ 추억〈追憶〉:思い出。
□ 동경〈憧憬〉:憧れ。
□ 소학교〈小学校〉。
□ 벌써 :もう、すでに。
□ 계집애 :女の子。
□ 비둘기 :鳩。
□ 토끼 :ウサギ。
□ 노루 :ノロジカ。
□ 너무나 :あまりにも。
□ 아스라이 :はるかに。
□ 쓸쓸함 :寂しさ。
□ 한마디씩 :一言ずつ。
□ 이국〈異国〉。
□ 아기 :赤ちゃん、子ども。
□ 가난하다 :貧しい。
□ 강아지 :子犬。
□ 노새 :ラバ。
□ 이네 :彼ら。
□ 멀리 :遠く。

㊶ **活用形Ⅰ+듯이**:~するかのように、~であるかのように。「눈물이 비 오듯이 흘러 내렸어요.(涙が雨が降るように流れ落ちました。)/그 사람은 거짓말을 **밥 먹듯이** 해요.(あの人は平気で(←ご飯を食べるように)嘘を言います。)」

□ 그립다 :恋しい、懐かしい。
□ 내리다 :降る。
□ 이름자〈-字〉:名前(の字)。
□ 덮다 :覆う。
□ 밤을 새우다 :夜を明かす。
□ 부끄럽다 :恥ずかしい。
□ 무덤 :(土饅頭の)お墓。
□ 피어나다 :咲き始める。
□ 자랑 :誇り、自慢。
□ 별빛 :星の光。
□ 언덕 :丘。
□ 흙 :土。
□ 딴은 :そういえば、いかにも。
□ 벌레 :虫。
□ 슬퍼하다 :悲しむ。
□ 잔디 :芝。
□ 묻히다 :覆われる、葬られる # 묻다の受身形。
□ 풀 :草。

□ 무성하다〈茂盛―〉：茂る。

㊷ **活用形Ⅱ＋ㄹ 거외다：**古風 ～するでしょう、～であるでしょう。「오늘내로 여기로 온다는 건 **불가능할 거외다**.（今日中にここに来るということはできないでしょう。）／이 험한 세상을 혼자서 살아가기란 **힘들 거외다**.（この厳しい世の中を一人で生きていくことは**大変でしょう**ね。）」

8

□ 어린 시절〈―時節〉：（幼い時節→）子どもの頃。

□ 떠올리다：思い浮かべる、思い出す。

㊸ **活用形Ⅰ＋ㄴ다는／는다는：**～するという。

□ 내용〈内容〉。

□ 내려다보다：見下ろす。

□ 행위〈行為〉：行い。

□ 고통스럽다〈苦痛―〉：苦しい、苦痛だ。

□ 자기 자신〈自己自身〉：自分自身。

□ 외롭다：寂しい。

□ 확인하다〈確認―〉：確認する。

□ 이겨 내다：克ち抜く。

㊹ **活用形Ⅱ＋려는：**～しようとする。「그 사람은 유명해져 **만나려는** 사람들이 많아요.（彼は有名になり、**会おうとする**人たちが多いです。）／오늘따라 역 앞에는 구두를 **닦으려는** 사람들이 많았어요.（今日に限って、駅前は靴を**磨いてもらおうとする**人たちが多かったです。）」

□ 갈등〈葛藤〉。

□ 암시하다〈暗示―〉：暗示する。

□ 시대적〈時代的〉。

□ 아픔：痛み。

□ 고뇌〈苦悩〉。

□ 거듭하다：重ねる、繰り返す。

□ 달아나다：逃げ出す。

□ 태도〈態度〉。

□ 새로운：新しい。

□ 미래〈未来〉。

□ 의지〈意志〉。

□ 다짐하다：誓う。

□ 지역〈地域〉。

□ 모임：集まり、集会。

□ 세워지다：建てられる。

□ 우지내：宇治川。

□ 뜻있는 사람：(志のある人→)有志。

□ 탄생〈誕生〉。

□ 기념하다〈記念―〉：記念する。

□ 기념비〈記念碑〉。

□ 새겨지다：刻まれる。

□ 추모하다〈追慕―〉：追慕する、追悼する。

□ 시비〈詩碑〉。

□ 소풍〈逍風・消風〉：遠足。

□ 기슭：麓、ほとり。

□ 중심〈中心〉。

□ ―주년〈周年〉：～周年。

□ 화해〈和解〉。

□ 세우다：建てる。

□ 언젠가：いつか。

㊺ **活用形Ⅲ＋야겠다：～しなければならない、～（で）なければならない。**「방을 좀 더 깨끗하게 **청소해야겠어요**.（部屋をもう少しきれいに**掃除しなければなりません**。）／맥주가 좀 더 **시원해야겠어요**.（ビールがもう少し**冷たくなければなりません**。）」

★읽고 나서

1 Q : **윤동주의 시 세계는 어떠한가 ?**

① 시대상황에 따른 고독과 좌절로 대부분의 시에서 어두운 일면이 보인다.

② 식민지 시대를 살아가는 자신의 삶에 대한 고민과 함께 자기 성찰을 통해 부끄럽지 않은 삶의 태도와 미래에 대한 희망과 의지를 다짐하는 모습이 보인다.

2 Q : **본문과 내용이 같은 것에는 ○표, 틀린 것에는 ×표 하세요.**

① 윤동주는 평소에 써 둔 시를 묶어 시집을 발간하였다.(　)

② 윤동주는 겸허하고 온순하여 양보를 잘했지만 자기의 시만은 양보하지를 않았다.(　)

③ 윤동주는 언변도 사교성도 별로 없었지만 그의 방에는 늘 친구들이 가득 차 있었다.(　)

3 Q : **「별 헤는 밤」이란 시에서 가슴 속에 하나 둘 새겨지는 별을 다 못 헤는 이유는 뭐라고 했나 ?**

A:

4 Q : **시집『하늘과 바람과 별과 시』는 어떻게 발간되었나 ?**

A:

★이야기해 봅시다 !

외우고 있거나 좋아하는 시가 있습니까 ? 어떤 시입니까 ? 소개해 봅시다 !

☆써 봅시다！　●書き写しトレーニング

1. 외국 서점과는 달리, 한국 서점에서의 명당은 여전히 시집이 차지하고 있으며 사람들이 즐겨 찾는다. 흔히들 인구 대비 시인이 가장 많은 나라는 한국일 거라고 농담처럼 말하지만, 마냥 농담처럼 들리지 않는다.

2. 아무리 바쁜 일이 있더라도 "동주 있나" 하고 찾으면 하던 일을 모두 내던지고 빙그레 웃으며 반가이 마주앉아 주는 것이었다.

3. 그리고 또 하나 그는 한 여성을 사랑하였다. 그러나 이 사랑을 그 여성에게도 친구들에게도 끝내 고백하지 아니하였다.

4. 윤동주는 아주 맑은 영혼을 가진 사람이었던 것 같다. 그의 시를 읽다 보면 마음이 맑아지는 느낌이 든다.

....

....

....

5. 윤동주는 많은 일본인들로부터도 사랑을 받고 있고 요즘도 각 지역에서 그를 추모하는 모임들이 열리고 있으며 도시샤대학에는 그의 시비가 세워져 있다.

....

....

....

〈解答〉

☆읽고 나서

1. ②

2. (1)× (2)○ (3)○

3. 금방 아침이 오기 때문에, 또 내일 밤이 남아 있기 때문에, 아직 자신의 청춘이 다하지 않았기 때문이라고 했다.

4. 윤동주는 도일하기 전에 틈틈이 써 둔 시를 묶어 시집을 발간하려 했으나 일제의 검열로 뜻을 이루지 못하였고, 그의 시를 소중히 간직해 온 주위 사람들이 그가 세상을 떠난 지 3년이 지난 1948 년에 발간하였다.

第5課 돌과 바람, 그리고 여자! 제주도 이야기

石と風、そして女! 済州島物語

Track 24

1 제주도의 또 다른 이름은 삼다도(三多島)라고 해요. 세 가지가 <u>많다는</u>① 섬인 삼다도! 그 세 가지는 다름 아닌 바로 돌과 바람 그리고 여자예요!

먼저 돌이 많다는 제주도! 제주도는 집의 담장과 벽체도 돌로 쌓아 올리고, 토지의 경계도 돌로 쌓아 구분하고 밭 주위에 바람막이로도 이용할 정도로 제주도의 삶은 돌과 연결되어 있어요.

이처럼 제주도는 자갈과 바위로 덮여 있는 화산섬이어서 곡식을 <u>심을 만한</u>② 땅이 귀하고, 한국에서 비가 가장 많이 <u>내린다고 하지만</u>③ 내린 비가 금방 땅속으로 스며들어 물 구하기도 힘들어 농지도 물도 귀한 섬이었어요.

Track 25

2 제주의 바람, 제주도에는 왜 유난히 바람이 많이 부는 걸까요? 대부분의 섬이 마찬가지이겠지만 사면이 바다로 둘러싸인 섬은 드넓은 바다보다 태양열에 쉽게 반응하지요. 즉 공기가 빨리 뜨거워지고 빨리 식어요. 뜨거운 공기는 위로 올라가고 그 빈자리를 바다의 찬 공기가 채

우게 되니까 바람이 세게 불게 되④는 원리인 거죠. 제주도는 또한 태풍과 저기압의 통로이기 때문에 연중 강한 바람이 불어 육지와의 교통이 두절되는 일도 적지 않아요.

머리끝부터 발끝까지 한껏 치장하고 '따뜻하고 이국적인 섬' 제주를 찾았던 사람들은 곱게 손질한 머리가 바람에 흐트러지는 경험을 하면서 제주도가 바람의 섬이라는 걸 다시금 실감하게 돼요.

제주도에는 귤밭이 많은데 북사면에 위치한 감귤원이 해안에서 멀리 떨어진 중산간 지역에 있는 것도 바람을 피하기 위한 것이지요. 또한 귤나무가 바람에 다치지 않도록⑤ 과수원 둘레에 방풍림으로 삼나무를 심은 곳도 많아요. 일본의 삼나무들은 재목으로 사용하기 위해⑥ 하늘을 향해 쭉쭉 뻗어 나가게 키우지만, 제주도의 삼나무는 어디까지나 바람을 막는 역할을 하므로⑦ 가지가 양옆으로 넉넉하게 뻗어 나가는 나무들이 많아요.

또 다른 지역과 달리 제주도의 전통적인 초가집은 지붕에 용마름을 하지 않고, 줄로 지붕을 그물처럼 엮어 그 아래에 돌을 달아 지붕이 바람에 날아가는 것을 막고 있어요. 이처럼 제주도는 늘 바람과의 전쟁이랍니다⑧.

Track 26

3 마

마지막으로 제주도의 여자! 그러나 제주도에 그렇게 특별히 여자가 남자보다 그 숫자가 많다고 할 수는 없을 것 같아요.⑨⑩ 물론 외세의 침탈로 남자들이 많이 희생되거나 고역을 치렀기 때문이라는⑪ 설도 있지만 그건 어느 곳이나 다를 바가 없을⑫ 거예요.

제주도에 여자가 많다는 이미지는 제주도는 자연 지리적으로 척박하고 열악한 환경이었기 때문에 여자들은 집안일뿐만 아니라 밭일, 물질 등의 집 밖에서의 일들도 많이 도맡아 하기도 했어요⑬. 해녀가 그 한 예이지요.

여자들이 물질을 하니 그런 이미지가 생긴 거로 보여요. 제주도 해녀 문화가 2016년에 유네스코 인류무형문화유산이 되었어요. 해녀 문화에는 물질뿐만 아니라 잠수굿, 노동요 등도 포함되어 있고, 자연 친화적인 방법으로 환경을 보호하며 제주지역의 독특한 문화적 정체성을 상징하기 때문이라고 해요.

Track 27

4 제

제주도는 또한 세 가지가 없는 섬이라고 해서 삼무도(三無島)라고도 불리고 있는데 그건 도둑이 없고, 거지도 없고, 대문도 없다는 뜻이에요.

제주도의 전통 가옥에는 대문 대신 '정낭'이 있어요. 정낭은 구멍이 세 개씩 뚫린 돌 기둥을 출입구의 양편에 세우고 거기에 정낭이라는 나무 기둥을 걸쳐 두⑭거나 내리거나 해⑮서 집에 사람이 있느냐⑯, 없느냐⑯를 나타냈어요.

세 개의 기둥 한쪽을 모두 내려 놓⑰으면 집 안에 사람이 있다는 뜻으로 누구나 집 안에 들어올 수 있도록 했고, 맨 아래 나무 기둥 하나만 걸쳐 놓⑰으면 잠시 외출했다는 뜻이었으며, 또 아래쪽 두 개의 나무 기둥을 걸쳐 놓⑰으면 현재 외출중이지만 오늘 중으로는 돌아온다는 뜻이고, 세 개의 나무 기둥을 모두 걸쳐 놓⑰으면 집에서 먼 곳으로 가서 며칠 있다가 되돌아온다는 뜻이었다고 해요. 이처럼 정낭은 이웃 사람들과의 의사소통 수단이 되며 척박한 환경 속에서 서로 도우며 살아가는 제주도 사람들의 삶의 지혜에서 생겨난 제주만의 주거 문화 중 하나라고 할 수 있을 거예요.

Track 28

5 제주를 찾는 대부분의 사람들은 그저 제주는 관광하며 즐기는 섬 정도로 알고 있을 거예요. 요즘같이 해외여행이 일반화되기 전까지는 대부분 신혼여행은 제주도로 갔고요⑱.

그런데 이렇게 관광지로 유명한 제주도에는 많은 아픔의 역사가 있어요. 시대를 고려로 거슬러 올라가, 몽골과 항쟁을 하던 시기에 항쟁군 삼별초가 제주도로 근거지를 옮겨 끝까지 항쟁을 벌였어요. 하지만 끝내는 여몽 연합군에게 패

해 100여 년간 몽골의 간섭을 받게 되었고, 제주도는 몽골에서 쓰는 말의 방목장이 되었어요. 지금도 제주도 조랑말이 유명한데 그것은 이 아픈 역사 때문이지요.

한편 조선 시대에는 무거운 죄를 지은 사람을 제주도에 귀양 보내기도 했어요. 유배된 사람 중에는 위리안치(圍籬安置)라고 하여 외부와 접촉을 하지 못하도록⑲ 탱자나무로 둘러쳐진 울타리 안에서만 살도록 했어요.

또 제주에는 일제가 남긴 군사 유적도 많아요. 일본 강점기에 일본은 제주도를 태평양 전쟁의 전진 기지로 만들기 위해 일본군 사령부가 주둔했는데 동굴 진지 조성에는 제주도에 살던 주민들이 강제로 끌려와 곡괭이와 호미로 동굴을 파서⑳ 만들었다고 해요㉑.

제주도의 비극은 여기서 끝나지 않고 근대사의 비극이 싹튼 곳이기도 해요. 광복 후에는 남북한의 이념 갈등이 발단으로 '4 · 3 사건'이 일어났는데, 1948년 4월 3일에 발생한 봉기로부터 1954년 9월까지 제주도에서 일어난 무력 충돌과 그 진압 과정에서 민간인들이 희생당한 사건을 말해요.

4개월 동안 진행된 토벌대의 초토화 작전으로 중산간 마을 95% 이상에 불을 질러 마을 자체가 없어져 버린㉒, 이른바 '잃어버린 마을'이 수십 곳에 이르렀다고 해요.

재일동포 가운데 유독 제주도 출신자가 많은데 그 이유는 제주 4 · 3 사건 당시 가혹한 탄압을 피하려고 바다를 건너 주로 오사카 근처로 피난 온 사람들이 많았던 탓이에요.

Track 29

6 제주도는 이처럼 수많은 슬픈 역사를 안고 있지만 70 년대부터 감귤류의 재배가 성행하고 관광지로서 주목을 받게 되어 주민들의 생활도 더욱 풍족해졌어요. 1970 년대에는 귤나무가 한 그루만 있으면 육지에 있는 대학에 유학을 보낼 수 있다고 하여 '대학나무' 라는 이름이 붙기도 했대요㉓. 늘 전국에서 만년 최하위 소득 지역이었던 제주도가 소득랭킹 3 위로 껑충 뛰어오를 수 있었던 이유도 바로 이 귤나무 덕분이었지요.

그런데 이 귤나무는 자생종도 있었겠지만, 본격적으로 제주도에서 밀감을 재배하게 된 계기는 재일동포들이 1960 년대부터 70 년대까지 제주도에 많은 감귤 묘목을 기증한 데서부터㉔ 출발했다고 해요.

옛날에 가난한 사람들은 병이라도 걸려야㉕ 귤을 구경할 수 있었는데 세월이 바뀌어 제주도에서 생산되는 귤 덕분에 오늘날은 과일류 중 1 인당 소비량이 가장 많은 겨울철 대표 과일이 되었어요.

Track 30

7 제주도 사투리에 '왕방강 고릅써' 라는 말이 있다고 해요. "왕(와서), 방(보고), 강(가서) 고릅써(말씀 많이 해 주세요)", 즉, 와서 구경하시고 다시 돌아가서도 많이 알려 달라㉖는 뜻이라는데 제주도에 가서 '왕방강 고릅써'를 해 보고 싶어요.

2005 년에 제주도는 세계 평화의 섬으로 지정되었어요. 당시 노무현 대통령은 "제주도는 4 · 3 항쟁이라는 역사적 아픔을 진실과 화해로 극복한 모범 지역"이라며 "제주도가 이를 디딤돌로 삼아 약속의 땅이 되길 바란다㉗" 고 말했어요.

제주도는 세계 평화의 섬 지정을 계기로 그동안 많은 각종 국제회의와 정상회담이 열려 왔어요㉘.

제주도에는 마을의 안녕과 질서를 지켜 준다는 돌로 만든 수호신인 돌하르방이 곳곳에 세워져 있는데 하르방이란 제주도 사투리로 할아버지란 뜻이에요. 제주도에 구경을 가면 쉽게 볼 수 있을 거예요.

앞으로도 돌하르방이 제주도를 지켜 주어 오래오래 제주도가 아름다운 평화의 섬으로 남기를㉙ 진심으로 바라는 바입니다㉚.

★日本語訳

1 済州島のもうひとつの名前はサムダド(三多島)と言われます。3つが多いという島のサムダド！その3つは他ならぬ、すなわち石と風そして女性です！

まず、石が多いという済州島！済州島は、家の塀と壁も石で積み上げ、土地の境界も石で積んで区分し、畑の周りに風よけにも利用するほど、済州島の生活は石とつながっています。

このように、済州島は砂利と岩で覆われている火山島なので、穀物を植えるべき土地が乏しく、韓国で雨が最も多く降ると言われますが、降った雨はすぐ地中に浸透して水を確保するのも大変で、農地も水も貴重な島でした。

2 済州の風、済州島にはなぜとりわけ風がたくさん吹くのでしょうか？ほとんどの島が同じでしょうが四方が海に囲まれている島は、広い海より太陽熱に簡単に反応します。つまり、空気が早く熱くなって、早く冷めます。熱い空気は上にのぼり、その空間を海の冷たい空気が満たすようになるから風が強く吹く原理です。済州島はまた、台風や低気圧の通路であるため、年間を通して強い風が吹いて、陸との交通が途絶えることも少なくありません。

頭のてっぺんから足のつま先まで精一杯着飾って「暖かくエキゾチックな島」済州を訪れた人は、きれいに手入れした髪が風で乱れる経験をしながら、済州島が風の島であることを改めて実感するようになります。

済州島には、ミカン畑が多いですが、北斜面に位置する柑橘農園が海岸から遠く離れた中山間地域にあるのも、風を避けるためでしょう。また、ミカンの木が風で傷つかないように、果樹園の周りに防風林として杉を植えているところも多いです。日本の杉は材木として使用するために、空に向かってすくすく伸びていくように育てますが、済州島の杉はあくまでも風を防ぐ役割をするので、枝が両側に豊かに伸びていく木々が多いです。

また、他の地域とは違って、済州島の伝統的な藁ぶき家は、屋根にヨンマルムをせずに、ロープで屋根を網のように編んで、その下に石をつけて屋根が風に飛ばされるのを防ぎます。このように、済州島はいつも風との戦いなんですよ。

3 最後に、済州島の女性！しかし、済州島にそんなに特に女性が男性よりも、その数が多いとは言えないと思います。もちろん外国勢力の侵奪で男性が多く犠牲になったり、苦役に服していたためだという説もありますが、それは他のところも違いはないでしょう。

済州島に女性が多いというイメージは、済州島は、自然地理的に不毛で劣悪な環境だったので、女性は家事だけでなく、畑仕事、ムルジルなど家の外での仕事も一手に引き受けたりもしました。海女がその一例でしょう。

女性がムルジルをしていたのでそのようなイメージができたものと思われます。済州島の海女文化が 2016 年にユネスコ人類無形文化遺産になりました。海女文化にはムルジルだけでなく、豊漁祭、労働謡なども含

料金受取人払郵便

牛込局承認

5337

差出有効期間
2024年11月13日
まで

（切手不要）

郵便はがき

162-8790

東京都新宿区
岩戸町12レベッカビル
ベレ出版
読者カード係　行

お名前	年齢
ご住所　〒	

電話番号	性別	ご職業
メールアドレス		

個人情報は小社の読者サービス向上のために活用させていただきます。

ご購読ありがとうございました。ご意見、ご感想をお聞かせください。

● ご購入された書籍

● ご意見、ご感想

● 図書目録の送付を　□ 希望する　□ 希望しない

ご協力ありがとうございました。
小社の新刊などの情報が届くメールマガジンをご希望される方は、
小社ホームページ（https://www.beret.co.jp/）からご登録くださいませ。

まれており、自然にやさしい方法で環境を保護し、済州地域の独特な文化的アイデンティティを象徴するからだと言われています。

4 済州島はまた、3つがない島だということで、サムムド(三無島)とも呼ばれていますが、それは泥棒がなく、乞食もなく、門扉もないという意味です。

済州島の伝統的な家屋には門扉の代わりに「チョンナン」があります。チョンナンは穴が3つずつ開いた石柱を出入口の両脇に立て、そこにチョンナンという丸木をかけたり、外したりして家に人がいるか、いないのかを表しました。

3本の丸木の片方を全部外しておけば家に人がいるという意味で、誰でも家の中に入ることができるようにし、一番下の丸木だけをかけておけば、しばらくの間外出しているという意味であり、また、下の2つの丸木をかけておけば、現在、外出中であるが、今日中には戻ってくるという意味であり、3本の丸木をすべてかけておけば自宅から遠い場所に行って、何日か経ってから帰ってくるという意味だったそうです。このようにチョンナンは近所の人とのコミュニケーションの手段となり厳しい環境の中で、お互いに助け合って生きていく済州島の人々の生活の知恵から生まれた、済州だけの住居文化の1つだと言えそうです。

5 済州を訪ねるほとんどの人は、済州はただ、観光して楽しむ島程度に思っているでしょう。最近のように海外旅行が一般化される前までは、ほとんどの新婚旅行は、済州島に行きましたね。

ところが、このように観光地として有名な済州島には多くの苦しみの歴史があります。時代を高麗にさかのぼって、モンゴルと抗争をしていた時期に抗争軍三別抄が済州島に根拠地を移し、最後まで抗争を繰り広げました。しかし、ついには麗蒙連合軍に敗れ、100年余り、モンゴルの干渉を受けることになり、済州島はモンゴルで使う馬の放牧場になりました。今も、済州島のポニーが有名ですが、それはこの痛ましい歴史のせいです。

一方、朝鮮時代は重い罪を犯した人を済州島に島流ししました。配流された人の中には「囲籬安置」といって、外部との接触ができないようにカラタチの垣根に囲まれた囲いの中だけで暮らすようにさせました。

また、済州には、日帝が残した軍事遺跡も多いです。日本の植民地時代に日本は済州島を太平洋戦争の前進基地にするために、日本軍司令部が駐屯しましたが、洞窟陣地の造成には済州島に住んでいた住民が強制的に連れてこられて、つるはしと鍬で洞窟を掘って作ったと言われています。

済州島の悲劇はここで止まらず、近代史の悲劇が芽生えたところでもあります。光復後には南北の理念の葛藤を発端に「4•3事件」が起きましたが、1948年4月3日に発生した蜂起から1954年9月までに済州島で起きた武力衝突とその鎮圧過程で民間人が犠牲になった事件のことです。

4か月の間、進められた討伐隊の焦土化作戦で中山間の村の95%以上に火を放ち村自体がなくなってしまった、いわゆる「失われた村」が数十か所に達したと言われています。

在日同胞の中でとりわけ、済州島の出身者が多いですが、その理由は、済州4・3事件当時、厳しい弾圧を逃れて海を渡り、主に大阪の近くに避難して来た人々が多かったせいです。

6 済州島は、このように数々の悲しい歴史を抱えていますが、70年代から柑橘類の栽培が盛んに行われ、観光地として注目を集めるようになり住民の生活ももっと豊かになりました。1970年代には、一本のミカンの木さえあれば、本土の大学に留学させることができるといって、「大学の木」という名前が付けられたりもしたそうです。いつも全国で万年最下位の所得地域であった済州島が、所得ランキング3位にぴょんと跳ね上がることができた理由も、まさにこのミカンの木のおかげでした。

ところで、このミカンの木は自生種もあったでしょうが、本格的に済州島でミカンを栽培することになったきっかけは、在日同胞が1960年代から70年代まで済州島に多くのミカンの苗木を寄贈したことから始まったそうです。

昔、貧しい人々は、病気でもしない限りミカンにありつけませんでしたが、歳月が流れて済州島で生産されるミカンのおかげで、今日は果物類の中で一人当たりの消費量が最も多い冬場の代表フルーツになりました。

7 済州島の方言に「ワンボヮンガン コルプッソ」という言葉があるそうです。「ワン(来て)、ボヮン(見て)、ガン(帰って)、コルプソ(いっぱい話してください)」、つまり、おいでになって、見物して、帰ってからは皆さんにいっぱい話してくれという意味だそうですが、済州島に行って「ワンボヮンガン コルプッソ」をしてみたいです。

2005年に済州島は世界平和の島に指定されました。当時、盧武鉉大統領は「済州島は4・3抗争という歴史的痛みを真実と和解で克服した模範地域」とし、「済州島がこれを踏み台にして、約束の地になってほしい」と言いました。

済州島では世界平和の島への指定をきっかけとして、これまで多くの様々な国際会議と首脳会談が開かれてきました。

済州島には、村の安寧と秩序を守ってくれるという石で作られた守護神であるトルハルバンがあちこちに建てられていますが、ハルバンとは済州島の方言でおじいさんという意味です。済州島に観光に行くと簡単に見ることができるでしょう。

これからもトルハルバンが済州島を守ってくれて、末永く済州島が美しい平和の島として残ることを真心から願うところです。

★語句と活用〈1-5〉

＊覚えた単語には✓を入れよう！

1

① 形容詞・存在詞の活用形 I ＋다는：～（だ）という。

- □ 다름 아닌：他ならぬ。
- □ 바로：すなわち。
- □ 담장：塀。
- □ 벽체〈壁体〉：壁。
- □ 쌓아 올리다：積み上げる。
- □ 토지〈土地〉。
- □ 경계〈境界〉。
- □ 쌓다：積む。
- □ 구분하다〈区分―〉：区分する。
- □ 밭：畑。
- □ 주위〈周囲〉：周り。
- □ 바람막이：風よけ。
- □ 연결되다〈連結―〉：連結される、つながる。
- □ 자갈：砂利。
- □ 바위：岩。
- □ 덮이다：覆われる #덮다の受身形。
- □ 화산섬〈火山―〉：火山島。
- □ ―이어서：～なので、～であるため。
- □ 곡식〈穀食〉：穀物。

② 活用形 II ＋ㄹ 만하다：～すべきだ、～するに値する。「우리 선생님은 **존경할 만한** 분이에요.（うちの先生は**尊敬すべき**方です。）／이 책은 **읽을 만해요**.（この本は**読むに値します。**）」

- □ 땅：土地。
- □ 귀하다〈貴―〉：まれだ、珍しい。

③ 活用形 I ＋ㄴ다고／는다고 하지만：～するといっても。「비가 **온다고는 하지만** 이슬비 정도예요.（雨が**降るとはいっても**霧雨くらいです。）／한국어를 **읽는다고 하지만** 아직 더듬더듬 읽어요.（韓国語を**読むといっても**まだたどたどしいです。）」

- □ 땅속：土の中。
- □ 스며들다：浸み込む。

□ 구하기〈求—〉：求めること、確保。
□ 농지〈農地〉。

2

□ 유난히：特に、とりわけ。
□ 마찬가지이다：同じだ。
□ 사면〈四面〉：四方。
□ 둘러싸이다：囲まれる #둘러싸다の受身形。
□ 드넓다：広々としている。
□ 태양열〈太陽熱〉。
□ 반응하다〈反応—〉：反応する。
□ 즉〈即〉：つまり、すなわち。
□ 뜨거워지다：熱くなる。
□ 식다：冷める。
□ 빈자리：空いた空間、空席。
□ 차다：冷たい。
□ 채우다：満たす # 차다の使役形。

④ 活用形Ⅰ+게 되다：～するようになる。

□ 원리〈原理〉。
□ 태풍〈台風〉。
□ 저기압〈低気圧〉。
□ 통로〈通路〉：通り道。
□ 연중〈年中〉。
□ 두절되다〈杜絶—〉：寸断される、途絶える。
□ 머리끝：頭のてっぺん。
□ 발끝：足先。
□ 한껏：思いっきり、目いっぱい。
□ 치장하다〈治粧—〉：おめかしする。
□ 이국적〈異国的〉。
□ 곱다：きれいだ。
□ 손질하다：手入れする。
□ 흐트러지다：乱れる。
□ -(이)라는 걸：～ということを。
□ 다시금：改めて。
□ 실감하다〈実感—〉：実感する。
□ 귤밭〈橘—〉：ミカン畑。
□ 북사면〈北斜面〉。
□ 위치하다〈位置—〉：位置する、ある。

□ 감귤원〈柑橘園〉。 □ 해안〈海岸〉。

□ 떨어지다：離れる。 □ 중산간〈中山間〉。

□ 다치다：ケガする、折れる。

⑤ **活用形Ⅰ＋지 않도록**：～しないように、～（く）ないように。「**꽃병이 깨지지 않도록** 조심해서 옮겼어요.（花瓶が壊れないように注意して運びました。）／방이 **춥지 않도록** 난방을 넣었어요.（部屋が寒くないように、暖房を入れました。）」

□ 과수원〈果樹園〉。 □ 둘레：周り。

□ 방풍림〈防風林〉。 □ 삼나무〈杉―〉：スギ。

□ 재목〈材木〉。

⑥ **活用形Ⅰ＋기 위해**：～するために。

□ 향하다〈向―〉：向かう。 □ 쭉쭉：のびのびと。

□ 뻗어 나가다：伸びていく。 □ 키우다：育てる。

□ 어디까지나：あくまでも。 □ 막다：防ぐ。

□ 역할〈役割〉。

⑦ **活用形Ⅱ＋므로**：～するので、～（な）ので。「자주 스키장에 **가므로** 스노보드는 잘 타는 편이에요.（よくスキー場に行くので、スノーボードは上手なほうです。）／메일로도 **괜찮으므로** 연락 주세요.（メールでもいいのでご連絡ください。）」

□ 가지：枝。 □ 양옆〈両―〉：両側。

□ 넉넉하다：豊かだ、余裕がある。 □ ―와/과 달리：～と違って。

□ 초가집〈草家―〉：藁ぶき屋根の家。 □ 지붕：屋根。

□용마름〈龍―〉：ヨンマルム #（藁ぶき屋根の上に葺く）藁で編んだムカデ形の覆い。
□줄：ロープ。
□그물：網。
□엮다：編む。
□달다：吊るす、ぶら下げる。
□날아가다：飛んでいく。
□전쟁〈戦争〉。

⑧ **指定詞の活用形Ⅰ＋랍니다：**～ですよ、～だそうですよ。「이 사진의 왼쪽에 있는 사람이 우리 **형이랍니다**.（この写真の左の方にいる人がうちの兄です。）／자기 동생은 아직 **학생이랍니다**.（自分の妹はまだ、学生だそうです。）」

3

□숫자〈数字〉。

⑨ **形容詞の活用形Ⅰ＋다고 하다：**～（だ）と言う。
⑩ **活用形Ⅱ＋ㄹ 것 같다：**～するようだ、～（な）ようだ。

□외세〈外勢〉：外国勢力。
□침탈〈侵奪〉：侵略。
□희생되다〈犠牲―〉：犠牲になる。
□고역〈苦役〉。
□치르다：支払う、強いられる。

⑪ **活用形Ⅲ＋ㅆ기 때문이다：**～したためである、～かったためである、～だったためである。

□설〈説〉。
□여느 곳：他所、他のところ。

⑫ **活用形Ⅱ＋ㄹ 바가 없다：**～ところがない、～はずがない。「그 사람은 그 사건에 대해 **모를 바가 없을** 거예요.（あの人はその事件について知らないはずがありません。）／자기는 **알 바 없다고** 했어요.（自分は知る由がないと言いました。）」

□ 이미지：イメージ。

□ 지리적〈地理的〉。

□ 열악하다〈劣悪―〉：劣悪だ。

□ 집안일：家事。

□ 밭일：畑仕事 #発音は[반닐]。

□ 도맡다：一手に引き受ける。

□ 자연〈自然〉。

□ 척박하다〈瘠薄―〉：土地がとてもやせている。

□ 환경〈環境〉。

□ ―뿐만 아니라：～だけでなく。

□ 물질：海女が海で海産物を採ること。

⑬ **活用形Ⅰ+기도 하다：～したりもする。とても～だ。**

□ 예〈例〉。

□ 노동요〈労動謡〉：仕事歌。

□ 친화적〈親和的〉。

□ 정체성〈正体性〉：アイデンティティー。

□ 잠수굿〈潜水―〉：海辺で行う豊漁祭。

□ 포함되다〈包含―〉：含まれる。

□ 독특하다〈独特―〉：独特だ。

□ 상징하다〈象徴―〉：象徴する。

4

□ 불리다：呼ばれる、言われる。

□ 도둑：泥棒。

□ 대문〈大門〉：門扉。

□ 구멍：穴。

□ 나무 기둥：(木の柱→)丸木。

□ 양편〈両便〉：両側。

□ 걸치다：かける。

□ 첫째：一番目、最初に。

□ 거지：乞食。

□ 정낭：チョンナン。

□ 뚫리다：空けられる
#뚫다の受身形。

□ 출입구〈出入口〉。

□ 세우다：建てる。

⑭ **活用形Ⅲ＋두다**：～しておく。「숙제는 미리미리 **해 두는** 게 좋아요.（宿題は早めにやっておいたほうがいいです。）／만약을 위해 주의 사항을 제대로 **들어 두는** 게 좋을 거예요.（万一のため、注意事項をちゃんと聞いておいたほうがいいでしょう。）」

⑮ **活用形Ⅰ＋거나 活用形Ⅰ＋거나 하다**：～したり～したりする。「아침에는 밥을 **먹거나** 빵을 **먹거나** 해요.（朝はご飯を食べたりパンを食べたりします。）／퇴근 후에는 텔레비전을 **보거나** 인터넷을 **하거나** 해요.（退社後にはテレビを見たりインターネットをしたりします。）」

⑯ **動詞の活用形Ⅰ＋느냐**：～するか。「친구가 이쪽으로 **오느냐** 내가 친구한테 **가느냐**로 고민 중이에요.（友だちがこちらに来るか、私が友だちのところに行くかで悩んでいるところです。）／**죽느냐 사느냐**, 그것이 문제로다.（生きるか死ぬかそれが問題だ。）」

□ 나타내다：表す。
□ 한쪽：片方。
□ 내려놓다：下ろしておく、外しておく。

⑰ **活用形Ⅲ＋놓다**：～しておく。

□ 집 안：家の中。
□ 맨아래：一番下。
□ 잠시〈暫時〉：しばらく。
□ 외출하다〈外出―〉：外出する。
□ 아래쪽：下側。
□ 먼 곳：遠いところ。
□ 되돌아오다：帰ってくる。
□ 의사소통〈意思疎通〉。
□ 수단〈手段〉。
□ 주거〈住居〉。

5

□ 그저：ただ。
□ 관광하다〈観光―〉：観光する。
□ 해외여행〈海外旅行〉。
□ 일반화〈一般化〉。

□ 신혼여행〈新婚旅行〉。

⑱ **活用形III＋ㅆ고요.：～しました(し)、～かったです(し)、～でした(し)。**
「지난번 유럽 여행 때는 날씨도 참 **좋았고요**. (この前のヨーロッパの旅行のときは、天気もとてもよかったですし。)／프랑스에서는 맛있는 음식도 많이 **먹었고요**. (フランスではおいしい料理もたくさん食べましたし。)」

□ 관광지〈観光地〉。

□ 유명하다〈有名―〉：有名だ。

□ 아픔：痛み、苦しみ、苦痛。

□ 역사〈歴史〉。

□ 시대〈時代〉。

□ 고려〈高麗〉：918年に王建(太祖)が建国し、936年に朝鮮半島の後三国を統一した王朝。1392年まで続く。

□ 거스르다：さかのぼる。

□ 몽골：モンゴル。

□ 항쟁〈抗争〉。

□ 항쟁군〈抗争軍〉。

□ 삼별초〈三別抄〉：高麗王朝の軍事組織。モンゴル軍の襲撃に際しては事実上の国軍に発展したとも言われる。

□ 근거지〈根拠地〉。

□ 옮기다：移す。

□ 벌이다：繰り広げる、展開する。

□ 끝내는：最後は、とうとう。

□ 여몽 연합군〈麗蒙連合軍〉：高麗とモンゴルの連合軍。

□ 패하다〈敗―〉：負ける、敗北する。

□ 간섭〈干渉〉。

□ 방목장〈放牧場〉。

□ 조랑말：ポニー。

□ 무거운 죄〈―罪〉：重い罪、重罪。

□ 짓다：(罪などを)犯す。

□ 귀양：配流、島流し。

□ 유배〈流配〉：配流、島流し。

□ 위리안치〈囲籬安置〉：配流された人をカラタチの垣根で囲まれた囲いの中だけで暮らすように強制すること。

□ 접촉〈接触〉。

⑲ **活用形Ⅰ＋지 못하도록**：～することができないように。「기숙사에서는 밤늦게 바깥에 **나가지 못하도록** 했어요.（寮では夜遅く外に出られないようにしました。）／병원에서는 밥을 너무 많이 **먹지 못하도록** 했어요.（病院ではご飯を食べすぎないようにしました。）」

□ 탱자나무：カラタチ。

□ 둘러쳐지다：囲まれる。

□ 울타리：塀、垣根。

□ 군사〈軍事〉。

□ 유적〈遺跡〉。

□ 일본 강점기〈日本強占期〉：日本の植民地時代。

□ 태평양 전쟁〈太平洋戦争〉。

□ 전진 기지〈前進基地〉。

□ 일본군 사령부〈日本軍司令部〉。

□ 주둔〈駐屯〉：駐留。

□ 동굴〈洞窟〉。

□ 진지〈陣地〉。

□ 조성〈造成〉。

□ 강제로〈強制―〉：強制的に。

□ 끌려오다：連れてこられる。

□ 곡괭이：ツルハシ。

□ 호미：ホミ＃草取り鎌。

□ 파다：掘る。

⑳ **活用形Ⅲ＋서**：～（な）ので、～して（から）。「그 옷이 너무 **예뻐서** 두 벌이나 주문했어요.（その洋服があまりにもかわいくて、2着も注文しました。）／살던 맨션을 **팔아서** 시골의 전원주택을 샀어요.（住んでいたマンションを売って田舎の田園住宅を買いました。）」

㉑ **活用形Ⅲ＋ㅆ다고 하다**：～したそうだ、～かったそうだ、～だったそうだ。

□ 비극〈悲劇〉。

□ 근대사〈近代史〉。

□ 싹트다：芽生える。

□ －(이)기도 하다：～でもある。

□ 광복〈光復〉：1945年日本の植民地からの解放と主権の回復。

□ 남북한〈南北韓〉：南北朝鮮。

□ 이념〈理念〉。

□ 발단〈発端〉。

□ 4・3 사건〈四三事件〉：1948年4月3日に済州島で起きた蜂起を巡って、鎮圧過程で多くの犠牲者を出した事件。

□ 발생하다〈発生―〉：発生する、起きる。

□ 봉기〈蜂起〉。

□ 무력 충돌〈武力衝突〉。

□ 진압 과정〈鎮圧過程〉。

□ 민간인〈民間人〉。

□ 희생〈犠牲〉。

□ ―당하다〈当―〉：～される、受ける、被る。

□ 사건〈事件〉。

□ ―을／를 말하다：(～を話す→)～を指す。

□ ―개월〈個月〉：～か月。

□ ―동안：～の間。

□ 진행되다〈進行―〉：進行する、進められる。

□ 토벌대〈討伐隊〉。

□ 초토화 작전〈焦土化作戦〉。

□ 불을 지르다：火を放つ、放火する。

□ 자체〈自体〉。

□ 없어지다：なくなる。

㉒ 活用形Ⅲ＋버리다：～してしまう。

□ 이른바：いわゆる。

□ 잃어버리다：失ってしまう。

□ ―곳：～か所。

□ 이르다：達する、至る。

□ 재일동포〈在日同胞〉：在日韓国人、在日朝鮮人。

□ ―가운데：～の中で。

□ 유독〈唯独〉：唯一、ただ独り。

□ 출신자〈出身者〉。

□ 당시〈当時〉。

□ 가혹하다〈苛酷―〉：苛酷だ。

□ 탄압〈弾圧〉。
□ 주로〈主―〉：主に。
□ 탓：せい、ため。
□ 피하다〈避―〉：避ける。
□ 피난〈避難〉。

6

□ 수많은：数多くの。
□ 감귤류〈柑橘類〉。
□ 성행하다〈盛行―〉：盛行する、はやる。
□ －(으)로서：～として。
□ 풍족해지다〈豊足―〉：豊かになる。
□ －그루：～本＃植物を数える単位。
□ 붙다：付く、付けられる。
□ 안다：抱える。
□ 재배〈栽培〉。
□ 관광지〈観光地〉。
□ 주목〈注目〉。
□ 귤나무〈橘―〉：ミカンの木。
□ 육지〈陸地〉本土。

㉓ **活用形Ⅲ＋ㅆ대요**：～したそうです、～かったそうです、～だったそうです。「어릴 때는 언제나 들판에서 **뛰어놀았대요**.（子どものときはいつも野原で走り回ったそうです。）／그 가수는 목소리가 너무 **예뻤대요**.（あの歌手は声がとてもきれいだったそうです。）」

□ 전국〈全国〉。
□ 최하위〈最下位〉。
□ 랭킹：ランキング。
□ 뛰어오르다：(走って上がる→)跳ね上がる。
□ 자생종〈自生種〉。
□ 재배하다〈栽培―〉：栽培する。
□ 만년〈万年〉。
□ 소득〈所得〉。
□ 껑충：ぴょんと。
□ 덕분〈徳分〉：おかげ、ため。
□ 본격적〈本格的〉。
□ 계기〈契機〉：きっかけ。

□ 묘목〈苗木〉。 □ 기증하다〈寄贈―〉：寄贈する。

㉔ **動詞の活用形Ⅱ＋ㄴ 데서부터**：～したことから。「두 사람의 만남은 편지를 **보낸 데서부터** 시작됐대요.（2人の出会いは手紙を送ったことから始まったそうです。）／둘의 사귐은 서로 메일을 주고 **받은 데서부터** 시작했대요.（2人の交際はメールのやりとりから始まったそうです。）」

□ 가난하다：貧しい。 □ －(이)라도：～でも。

□ 걸리다：(病気に)かかる。

㉕ **活用形Ⅲ＋야**：～してこそ、～（で）こそ。「문법을 제대로 **공부해야** 회화도 잘할 수 있어요.（文法をちゃんと勉強しなければ会話もうまくできません。）／겨울은 **추워야** 제맛이지.（冬は寒くてこそ醍醐味だ。）」

□ 구경하다：見物する。 □ 세월〈歳月〉：年月。

□ 바뀌다：変わる。 □ 생산되다〈生産―〉：生産される。

□ 오늘날：(今日の日→)今日（こんにち）。 □ 과일류〈－類〉：果物類。

□ 1 인당〈一人当〉：一人当たり。 □ 소비량〈消費量〉。

□ 겨울철：冬の季節、冬季。 □ 대표〈代表〉。

7

□ 사투리：方言。 □ 알리다：知らせる＃알다の使役形。

㉖ **活用形Ⅲ＋달라**：～してほしい。「매번 같은 책을 **읽어 달라**는 아이들이 있어요.（毎回、同じ本を読んでほしいという子どもたちがいます。）／서울에 사는 딸로부터 다음달 생활비를 **보내 달라**는 연락이 왔다.（ソウルに住んでいる娘から来月の生活費を送ってほしいという連絡が来た。）」

□ 평화〈平和〉。 □ 섬：島。

□ 지정되다〈指定―〉：指定される。 □ 대통령〈大統領〉。

□ 진실〈真実〉。
□ 모범 지역〈模範地域〉。
□ 디딤돌：踏み台。
□ 극복하다〈克服—〉：克服する。
□ −(이)라며：〜と言いながら。
□ −(으)로 삼다：〜とする。

㉗ 活用形Ⅰ＋기를／길 바라다：〜してほしい。「하시는 사업이 잘 되시기를 바랍니다.（やっていらっしゃる事業がうまくいくようにお祈りします。）／손잡이를 꼭 잡기를 바랍니다.（つり革にしっかりつかまってほしいです。）」

□ 정상회담〈頂上会談〉：首脳会談。
□ 열리다：開かれる ＃ 열다の受身形。

㉘ 活用形Ⅲ＋오다：〜してくる。

□ 안녕〈安寧〉。
□ 수호신〈守護神〉。
□ 곳곳에：至るところに。
□ −(이)란：(←(이)라는)〜という。
□ 질서〈秩序〉。
□ 돌하르방：トルハルバン ＃ 済州島の方言で「石のおじいさん」という意味の石像。
□ 세워지다：建てられる。
□ 오래오래：(永く永く→)末永く。

㉙ 活用形Ⅰ＋기를：〜することを。

□ 진심으로〈真心—〉：真心から、心の底から。
□ 바라다：願う。

㉚ 活用形Ⅰ＋는 바이다：〜するところである。「국민의 권리를 잘 지켜 주기 바라는 바이다.（国民の権利をちゃんと守ってほしいところだ。）／장래가 더욱 기대되는 바이다.（将来がより期待されるところだ。）」

★읽고 나서

●練習問題〈1-5〉

1 Q : 제주도에 여자가 많다고 하는데 어디에서 유래하는가?

① '남아(男兒)기원'을 돌하르방이 다 들어 주지 못한 데서 유래한다.

② 해녀 등과 같이 여자들이 집 밖의 일들도 도맡아 온 데서 유래한다.

2 Q : 본문과 내용이 같은 것에는 ○표, 틀린 것에는 ×표 하세요.

① 제주도는 감귤 재배가 성행하고 관광지로서 주목을 받게 되면서 생활이 더욱 윤택해졌다. ( )

② 제주도는 바람과 돌과 해산물이 많아서 삼다도라 불리운다. ( )

③ 조선시대에 제주도는 유배지의 한 곳이었다. ( )

3 Q : 제주도 전통가옥에서 '정낭'이란 무엇이며 어떤 의미를 가지는가?

A:

4 Q : 한국에서 귤은 어떤 자리매김의 과일인가?

A:

★이야기해 봅시다!

일본에는 어떤 섬들이 있습니까?

☆써 봅시다 !　　●書き写しトレーニング

1. 이처럼 제주도는 자갈과 바위로 덮여 있는 화산섬이어서 곡식을 심을만한 땅이 귀하고, 한국에서 비가 가장 많이 내린다고 하지만 내린 비가 금방 땅속으로 스며들어 물 구하기도 힘들어 농지도 물도 귀한 섬이었어요.

2. 일본의 삼나무들은 재목으로 사용하기 위해 하늘을 향해 쭉쭉 뻗어 나가게 키우지만, 제주도의 삼나무는 어디까지나 바람을 막는 역할을 하므로 가지가 양옆으로 넉넉하게 뻗어 나가는 나무들이 많아요.

3. 제주도에 여자가 많다는 이미지는 제주도는 자연 지리적으로 척박하고 열악한 환경으로 여자들은 집안일뿐만 아니라 밭일, 물질 등의 집 밖에서의 일들도 도맡아 해 왔기 때문에 그런 이미지가 생겼을 거예요.

4. 또 아래쪽 두 개의 나무 기둥을 걸쳐 놓으면 현재 외출 중이지만 오늘 중으로는 돌아온다는 뜻이고, 세 개의 나무 기둥을 모두 걸쳐 놓으면 집에서 먼 곳으로 가서 며칠 있다가 되돌아온다는 뜻이었다고 해요.

....

....

....

5. 또한 제주도에는 마을의 안녕과 질서를 지켜 준다는 돌하르방이 곳곳에 세워져 있는데 하르방이란 제주도 사투리로 할아버지란 뜻이에요. 제주도에 구경을 가면 쉽게 볼 수 있을 거예요.

....

....

....

〈解答〉

☆읽고 나서

1. ②

2. (1)○ (2)× (3)○

3. 구멍이 세 개씩 뚫린 돌 기둥을 출입구의 양편에 세우고 거기에 정낭이라는 나무 기둥을 걸쳐 두거나 내리거나 해서 집에 사람이 있느냐, 없느냐를 나타내는 대문.

4. 옛날에 가난한 사람들은 병이라도 걸려야 귤을 구경할 수 있었는데 세월이 바뀌어 제주도에서 생산되는 귤 덕분에 오늘날은 과일류 중 1 인당 소비량이 가장 많은 겨울철 대표 과일이 되었다.

韓国語の品詞

韓国語の品詞分類は1963年に「学校文法」において名詞、代名詞、数詞、冠形詞、副詞、助詞、感嘆詞、動詞、形容詞の9品詞として確定されました。日本語品詞と対照してみると「接続詞」が韓国語では品詞として分類されておらず、他方、韓国語では品詞扱いされている「数詞」は日本語では品詞として分類されていません。

韓国語の9つの品詞は次の通りです。

① 名詞：人や物などの名前になる語。（依存名詞を含む。）

〈例〉 **하늘, 나무, 사랑, 금강산, -것, -뿐**

② 代名詞：名詞の代わりに使われる語。

〈例〉 **이, 그것, 저기, 저, 나, 그분, 이사람, 누구, 아무**

③ 数詞：人や物の数量または順番を表す語。

〈例〉 **일, 이, 삼, 하나, 둘, 셋, 첫째, 둘째**

④ 冠形詞：体言（名詞、代名詞、数詞）を修飾する語。日本語の連体詞にあたる。（下線部が冠形詞）

〈例〉 **<u>새</u>집, <u>헌</u>책, <u>옛</u>말, <u>고</u>학력, <u>장</u>거리, <u>한</u> 마리, <u>두</u> 사람, <u>여러</u> 명, <u>이</u> 옷, <u>그</u>때**

⑤ 副詞：用言（動詞、形容詞）を修飾する語。（日本語の「接続詞」を含む。）

〈例〉 **매우, 빨리, 잘, 이리, 저리, 일찍, 이미, 아니, 멍멍, 냐옹, 꾸불꾸불, 제발, 그러나, 그리고**

⑥ 助詞：体言や副詞、語尾の後ろについて他の言葉に対する文法的関係を示したり、その言葉の意味を与える語。

〈例〉 **-가, -이, -을, -를, -은, -는**

⑦ 感嘆詞：話し手の感動、呼びかけ、驚き、返事などを表す語。

〈例〉 **아, 아이고, 참, 어머나, 얼씨구, 옳지, 천만에, 글쎄요, 정말, 여보세요, 그래, 예**

⑧ 動詞：物事の動作や作用を表す語。

〈例〉 **가다, 오다, 먹다, 공부하다, 쉬다, 타다, 살다, 쓰다**

⑨ 形容詞：物事の性質や状態を表す語。

〈例〉 **좋다, 빠르다, 따뜻하다, 시원하다, 덥다, 춥다**

以上は韓国の「学校文法」における９品詞ですが、ほかに「指定詞」と「存在詞」という品詞があります。まず、「- 이다 /- 다（～だ）」や「- 아니다（～でない）」といった語を韓国の「学校文法」では、「叙述格助詞」として扱っていますが、日本の韓国語教育においては「指定詞」として扱うことが多いです。

助詞は活用しない特徴を持っていますが、「- 이다」や「- 아니다」は例外で、「학생이다」が「학생이고」、「학생이니」、「학생이어서」に、「학생이 아니다」は「학생이 아니고」、「학생이 아니니」、「학생이 아니어서」という具合に活用できます。また、「- 이다」は「오늘이다」、「어제다」などのように名詞につけて使いますが、「- 아니다」は「오늘이 아니다」、「어제가 아니다」などのように名詞の後ろに助詞「- 이 /- 가」をつけて使う場合が多いです。

なお、「아니다」は「아니다！ 오늘이 아니고 내일이다」などのように単独で「いや」や「違う」といった意味で使われることもあります。

〈指定詞の語尾活用〉

基本形	- 이다（～だ）	- 아니다（～ではない）
합니다体	- 입니다（～です）	-（이 / 가）아닙니다 （～（では）ありません）
해요体	- 예요 /- 이에요（～です）	-（이 / 가）아니에요 （～（では）ないです）
過去形	- 였다 /- 이었다（～だった）	-（이 / 가）아니었다 （～（では）なかった）

さらに、「**있다**(ある、いる)」や「**없다**(ない、いない)」のように「存在詞」と呼ばれるものもあります。(場合によっては「**계시다**(いらっしゃる)」も含む)。存在詞は活用において、あるときは動詞の活用、また、あるときは形容詞の活用をします。たとえば、叙述形で見てみますと、形容詞の叙述形は「**예쁘다**」「**좋다**」などのように「活用形Ⅰ＋**다**」、動詞の叙述形は「**간다**」、「**먹는다**」のように「活用形Ⅰ＋**ㄴ다 / 는다**」です。存在詞である「**있다**」や「**없다**」の叙述形は形容詞と同じ「活用形Ⅰ＋**다**」、つまり「**있다**」、「**없다**」になります。

では、疑問形ではどうでしょう。形容詞の疑問形は「**예쁜가？**」、「**좋은가？**」、動詞の疑問形は「**가는가？**」、「**먹는가？**」ですが、存在詞の「**있다**」や「**없다**」は動詞と同じく「活用形Ⅰ＋**는가？**」、つまり「**있는가？**」、「**없는가？**」になります。つまり、存在詞の「**있다**」や「**없다**」は叙述形では形容詞の活用、疑問形では動詞の活用をするということです。

〈存在詞や指定詞の活用〉

	平叙形	疑問形	現在連体形	過去連体形	感嘆形
動詞	**Ⅰ-ㄴ다 / -는다** 간다 / 먹는다	**Ⅰ-는가** 가는가？ / 먹는가？	**Ⅰ-는** 가는 / 먹는	**Ⅱ-ㄴ** 간 / 먹은	**Ⅰ-는군** 가는군 / 먹는군
存在詞	**Ⅰ-다** 있다 없다	**Ⅰ-는가** 있는가？ 없는가？	**Ⅰ-는** 있는 없는	**Ⅲ-ㅆ던** 있었던 없었던	**Ⅰ-군** 있군 없군
形容詞	**Ⅰ-다** 좋다	**Ⅱ-ㄴ가** 좋은가？	**Ⅱ-ㄴ** 좋은	**Ⅲ-ㅆ던** 좋았던	**Ⅰ-군** 좋군
指定詞	**Ⅰ-다** -이다	**Ⅱ-ㄴ가** -인가？	**Ⅱ-ㄴ** -인	**Ⅲ-ㅆ던** -이었던	**Ⅰ-군** -이군

Ⅰは活用形Ⅰ、Ⅱは活用形Ⅱ、Ⅲは活用形Ⅲのことです。

以上のとおり、存在詞の「있다」や「없다」は疑問形と現在連体形では動詞と同じ活用を、また、平叙形や過去連体形、感嘆形などでは形容詞と同じ活用をしています。なお、学校文法では「있다」は動詞、「없다」は形容詞に分類されています。

一方、指定詞はいずれも形容詞と同じ活用をしています。

第2部

ハハホホ話ぶくろ

第1課 정말 그래요? 한국의 속신

本当にそうですか? 韓国の俗信

Track 31

1 한국에도 일본과 마찬가지로 속신들이 많이 존재하고 일상생활에 많은 영향을 미치고 있다. 한국의 속신은 한국의 독자적인 것도 있고, 일본의 속신과 연관성이 있는 것도 많이 있다.

속신은 과학적인 근거는 약한 경우가 많다. 문명이 발달하지 못한①시기에는 병, 날씨, 어둠 등 일상생활에 있어서 공포는 지금보다 훨씬 더 컸을 터이다②. 거기서 조금이라도 재앙에서 벗어나기 위하거나③마음의 위안을 얻기 위해④지혜를 짜낸 결과, 많은 속신들이 생겨났으며⑤다른 지역으로 전파하여 후세까지 전해 내려왔다.

속신은 문화권이나 지역에 따라 다르지만, 그중에는 비슷한 것도 있다. 특히 한일 양국의 속신 중에는 중국 등의 속신이 한반도를 경유하여 일본에 들어간 것도 있으며, 그와는 반대로 식민지 시대에 일본의 속신이 한국으로 들어온 것도 있을 것이다. 단지 그 기원을 확인한다는 것은 쉬운 일이 아니다. 다음에서는 일본 기원의 속신으로 보이는 것을 알아본다.

2 한국에서는 '아랫니가 빠지면 지붕 위로 던지고 윗니가 빠지면 아궁이에다 넣는다' 라는 속신이 있다.아마도 이것은 일본에서 들어온 것으로 보이며 일본의 속신은 윗니는 마루 밑에 던지는 거로 되어 있는데 한국에서는 아궁이로 바뀌었다. 그러나 일반적으로 빠진 이빨은 다 지붕 위로 던졌던 것 같다.

요즘은 아파트에 사는 사람들이 많아져서 빠진 이를 던질 지붕도 아궁이도 없어졌다. 하지만 많은 사람들이 어릴 때 빠진 이를 지붕으로 던지면서 "까치야! 까치야! 헌 이 줄게⑥, 새 이 다오!"라며 외쳤던⑦ 기억들이 어렴풋이 있을 것이다.

또 한국의 속신 중 '발에 쥐가 났을 때⑧ 코에 침을 바르면 낫는다' 라는 게 있는데 이것은 일본의 '발에 쥐가 났을 때 이마에 침을 바르면 낫는다' 라는 것과 많이 닮았다. 또 '불장난을 하면 잘 때 오줌 싼다', '밥을 먹고 바로 누우면 죽어서 소가 된다', '쌍밤을 먹으면 쌍둥이를 낳는다', '밤에 휘파람을 불면 뱀이 나온다' 등과 같이 한국과 일본의 닮은꼴 속신이 많이 있다.

3 속신에서부터 그 민족의 인생관이나 철학, 또는 종교관 등의 정신세계를 엿볼 수가 있다. 예로부터 민중들이 믿어 오면서 전해진 속신은 그 당시 나름대로 합

리성을 가지고 있었을 것이다. 그중에는 오랫동안 생활에 뿌리를 내려 오늘날까지 전해지는 것도 있는 반면, 시대를 거듭하며 여러 가지 상황이 바뀜에 따라 자연스럽게 퇴화해 온 것도 있을 것이다. 또 한편으로는 그 시대에 맞는 새로운 속신들도 계속 생겨나고 있다.

한국의 유명한 자동차 중에 소나타(SONATA)라는 차종이 있는데 「SONATA」의 엠블럼의「S」라는 글자를 갖고 있으면 한국에서 제일 유명한 대학인 서울대학에 들어갈 수 있다는 그럴듯한 (?) 속신이 퍼져 한때는 「SONATA」의 엠블럼의「S」를 떼어 가는 소동도 있었다. 그후에 소나타를 만드는 회사에서는 원래 한 자 한 자로 되어 있던 엠블럼을 함부로 못 떼 가도록 여섯 글자를 뭉뚱그려 만들었다고 한다⑨. 지금도 동남아시아 국가에는 한국에서 수출된 「S」글자가 달아닌「ONATA」자동차가 달리고 있다니⑩ 웃지 못할 코미디이다.

Track 34

4 한국에서는 예로부터 흔히 이사를 가거나 개업, 결혼 등 특별한 행사를 치를 때 '손 없는 날'을 택하곤 한다⑪. '손'이란 날짜에 따라 동서남북 네 방위를 돌아다니며 사람의 활동을 방해한다는 귀신(鬼神)이다. 음력으로 날짜의 끝수가 하루와 이튿날은 동쪽, 사흗날과 나흗날은 남쪽, 닷샛날과 엿샛날은 서쪽, 이렛날과 여드렛날은 북

쪽에 있고, 9 · 10 · 19 · 20 · 29 · 30 일은 하늘로 올라가기 때문에 손이 없다고 한다.

그래서 이사를 하거나 먼길을 떠날 때는 '손 없는 날' 과 방향을 택하게 된다. '손이 없는 날'은 귀신이 돌아다니지 않는 '길한 날'이라 여겨 이삿날로 선호하는 경향이 있기 때문에 부작용도 만만치 않다.

'손 없는 날'에 이사하려는 사람이 몰리기 때문에⑫ 이삿짐센터에 따라 좀 차이가 나지만 보통 10 ~ 20% 가량 추가 요금을 받고 있다고 한다. 심지어 다른 날짜에 비해 터무니없이 바가지를 씌우는 경우도 있다고 한다⑬.

Track 35

5 그밖에 비교적 많이 알려져 있는 속신 중에, '돼지꿈을 꾸면 부자가 된다', '이 빠진 그릇에 음식을 담아 먹으면 복이 나간다', '여자 친구한테 신발을 선물하면 그 신발을 신고 새 애인을 찾으러 간다' 등과 같이 예전부터 지금까지 계속 전해져 오는 속신이 있어, 적어도 한국에서는 여자 친구한테 신발을 선물하는 일은 거의 없을 것이며, 이 빠진 그릇에 음식이 담겨 나오면 모두들 불쾌하게 느낄 것이다.

또 시대에 따라 내용이 바뀐 것도 있는데 '이사 가는 집에 성냥과 초를 주면 집안이 풍성해진다'는 속신은 일상화되어

집들이할 때 모두 다 성냥과 초를 들고 갔다. 그때는 정전도 자주 되고 담배를 피우는 사람도 많아 성냥이 많이 필요했지만 요즘은 별로 사용할 일이 없어져, 집들이 갈 때는 세제나 두루마리 휴지 등을 사 들고 가는 일이 많은 것 같다. 이것도 속신에 연유한 것으로 세제와 같이 거품이 많이 일듯이⑭ 재산도 많이 일도록, 또 휴지는 모든 일이 술술 잘 풀리도록 바라는 데서⑮ 실용적인 것으로 바뀐 것이다.

또 '시험장에 가서 교문에 엿을 붙여 놓으면 합격한다'는 것은 요 수십 년 동안에 새로 생긴 속신이었으나 요즘은 조금 잠잠해진 것 같다⑯.

한편, '돌부처 코를 갈아서 마시면 남자아이를 낳는다'와 같이 옛날에는 굳게 믿었으나⑰ 지금에 와서 보면 우스꽝스러운 이야기가 되어 버린 것도 있다. 한국의 박물관의 정원에 놓여 있는 불상 중에 코가 다 망가져 버린 것이 많은데 이는 속신이 남긴 유산이기도 하다⑱. 또 '밤에 오줌을 싸면 키를 쓰고 이웃에 소금을 얻으러 보낸다' 등도 지금은 드라마에서나 볼 수 있는 풍경이 되었다.

이상과 같이 일부 속신 중에는 이미 잊혀져 버린 것도 있지만 일상생활에 깊이 뿌리 내려 면면히 전해 오고 있는 속신도 적지 않음을 알 수 있다.

6 다음은 한국에서 널리 알려진 속신이다.

1. 빨간 글씨로 이름을 쓰면 죽는다.
2. 남자가 닭 날개를 먹으면 바람을 피운다.
3. 아침에 까치가 울면 소중한 손님이 온다.
4. 돌부처 코를 갈아서 마시면 남자아이를 낳는다.
5. 귀가 가려우면 누군가 내 욕을 한다.
6. 눈이 작은 사람은 배짱이 있고, 큰 사람은 겁쟁이이다.
7. 손수건을 선물하면 눈물로 이별한다.
8. 인중이 길면 장수한다.
9. 결혼식에서 신부가 웃으면 첫딸을 낳는다.
10. 여자가 송편을 잘 빚으면 예쁜 딸을 낳는다.
11. 키 큰 사람은 싱겁다.
12. 밥을 퍼 줄 때 한 번 주면 정이 없다.
13. 시험 볼 때 미역국을 먹으면 떨어진다.
14. 시험장에 가서 교문에 엿을 붙여 놓으면 합격한다.
15. 섣달그믐날 불을 켜 놓고 자면 악귀가 나간다.
16. 정월 보름날 아침 일찍 호두나 밤을 깨물어 먹으면 일 년 내내 부스럼이 안 생긴다.
17. 보름달을 보고 소원을 빌면 이루어진다.
18. 설날 아침부터 여자가 찾아오면 안 좋다.

19. 같은 해에 친구가 결혼할 경우 결혼 날짜가 정해진 여자는 친구 결혼식에 가지 않는다.

20. 돼지꿈을 꾸면 부자가 된다.

21. 문지방에 앉으면 가난해진다.

22. 베개를 세워 두면 재수가 없다.

23. 옷을 입은 채[19] 꿰매면 가난해진다.

24. 덕수궁 돌담길을 연인이 함께 걸으면 헤어진다

25. 까마귀가 울면 초상이 난다.

★日本語訳

1 韓国にも日本と同様に俗信が多く存在し、日常生活に大きな影響を及ぼしている。韓国の俗信は韓国独自のものもあり、日本の俗信と関連性があるものもたくさんある。

俗信は科学的な根拠は弱い場合が多い。文明が発達していなかった時期には、病気、天気、暗闇など、日常生活における恐怖は、今よりもはるかに大きかったはずである。そこで少しでも災害から逃れたり、心の癒しを得るために知恵を絞った結果、多くの俗信が生まれ、他の地域に伝播して後世にまで伝えられてきた。

俗信は文化圏や地域によって異なるが、その中には似ているものもある。特に、韓日両国の俗信の中には、中国などの俗信が朝鮮半島を経由して日本に入ったものもあり、それとは逆に、植民地時代に日本の俗信が韓国に入ってきたものもあるだろう。ただ、その起源を確認するということは容易なことではない。次は日本起源の俗信と思われるものを調べてみる。

2 韓国では「下の歯が抜けると屋根の上に投げ、上の歯が抜けるとかまどに入れる」という俗信がある。おそらくこれは日本から入ってきたものとみられ、日本の俗信は上の歯は縁の下に投げることにされているが、韓国ではかまどに変わった。しかし、一般的に抜けた歯は、全部屋根の上に投げたようだ。

最近、マンションに住んでいる人々が多くなって、抜けた歯を投げる屋根もかまどもなくなった。しかし、多くの人が子どもの頃、抜けた歯を屋根に投げながら「カササギよ！カササギよ！古い歯をあげるから新しい歯をおくれ！」と叫んだ記憶がかすかにあるだろう。

また、韓国の俗信の中に「足がしびれるとき、鼻に唾をつけると治る」というのがあるが、これは、日本の「足がしびれるとき、額に唾をつけると治る」というものとよく似ている。また、「火遊びをすると寝るときにおねしょをする」、「ご飯を食べてすぐに横になると死んでから牛になる」、「二子栗を食べると双子が産まれる」、「夜、口笛を吹くとヘビが出てくる」などのように、韓国と日本で似ている俗信がたくさんある。

3 俗信からその民族の人生観や哲学、または、宗教観などの精神世界を垣間見ることができる。昔から民衆たちに信じられ、伝えられてきた俗信は、その当時はそれなりの合理性を持っていたはずである。その中には、長い間生活に根を下ろし、今日まで伝わるものもある反面、時代を重ねて様々な状況の変化によって自然に退化してきたものもあるだろう。また一方では、その時代に合った新しい俗信も次々と生まれつつある。

韓国の有名な自動車の中に、ソナタ(SONATA)という車種があるが、「SONATA」のエンブレムの「S」の文字を持っていれば、韓国で最も有名な大学であるソウル大学に入ることができるというもっともらしい(?)俗信が広まって、一時「SONATA 」のエンブレムの「S」をはがしていく騒動もあった。その後、ソナタを作る会社では、元々1字ずつバラバラになっていたエンブレムをやたらに取れないように6文字をまとめて作ったそうだ。今も、東南アジア諸国では、韓国から輸出された「S」の文字が取れた「ONATA」自動車が走っているなんて、笑えないコメディーである。

4 韓国では昔からよく引っ越しをしたり、開業、結婚などの特別な行事を行うとき、「ソンのいない日」を選んだりする。「ソン」とは、日によって東西南北の四つの方角を歩き回りながら人の活動を妨害するという鬼だ。旧暦の日付の端数が1日と2日は東、3日と4日は南、5日と6日は西、7日と8日は北にいて、9・10・19・20・29・30日は、空に昇っていくので、ソンがいないという。

それで引っ越しをしたり、遠出するときは「ソンのいない日」と方角を選ぶことになる。「ソンのいない日」は、鬼が出歩かない「吉日」と考えて、引っ越しする日として好む傾向があるため、副作用も少なくない。

「ソンのいない日」に引っ越したい人が集まるので、引っ越しセンターによって少しは差があるが、通常10～20％ほど追加料金をもらっていると言う。甚しきは、他の日に比べてとてつもなくふっかけられる場合もあるそうだ。

5 その他、比較的よく知られている俗信の中で、「豚の夢を見れば金持ちになる」、「縁の欠けた器に食べ物を入れて食べると福が逃げ出す」、「彼女に靴をプレゼントすると、その靴を履いて新しい恋人を探しに行く」などのように、昔から今までずっと伝えられてきた俗信があり、少なくとも韓国では彼女に靴をプレゼントしたりすることはほとんどないだろうし、縁の欠けた器に食べ物が盛られて出てくるとみんな不快に感じるだろう。

また、時代によって内容が変わったものもあり、「引っ越しする家にマッチとロウソクをあげると家が豊かになる」という俗信は日常化されていて、引っ越し祝いのとき、皆でマッチとロクソクを持って行った。あの時代は、よく停電もしており、タバコを吸う人も多かったため、マッチが多く必要だったが、最近はあまり使うことがなくなって、新居祝いに行くときは洗剤やトイレットペーパーなどを買って持って行くことが多いようだ。これも俗信に由来したもので、洗剤で泡がたくさんできるように財産もたくさん増えるように、また、トイレットペーパーはすべてのことがスラスラうまくいくようにと望むことから、実用的なものへと変わったのだ。

また、「試験会場に行って正門に飴を付けておけば合格する」ということは、ここ数十年の間に新たにできた俗信だったが、最近は少し落ち着いてきたようだ。

一方、「石仏の鼻を削って飲むと男の子が産まれる」のように、昔は固く信じていたが、今になってみると、滑稽な話になってしまったものもある。韓国の博物館の庭に置かれている仏像の中に、鼻が全部潰れてしまったものが多いが、これは俗信が残した遺産でもある。また、「夜におねしょをすると、箕(み)をかぶせて近所に塩をもらいに行かせる」なども、今ではドラマでしか見られない風景となった。

以上のように一部の俗信の中にはすでに忘れられてしまったものもあるが、日常生活に深く根を下ろし脈々と伝えられている俗信も少なくないことがわかる。

6 下記は韓国で広く知られている俗信である。

1. 赤い文字で名前を書くと死ぬ。
2. 男が手羽先を食べると浮気をする。
3. 朝、カササギが鳴くと大切なお客さんが来る。
4. 石仏の鼻を削って飲むと男の子が産まれる。
5. 耳がかゆいと誰かが私の悪口を言っている。
6. 目が小さい人は度胸があり、大きい人は臆病者だ。
7. ハンカチをプレゼントすると涙で別れる。
8. 鼻の下が長いと寿命が長い。
9. 結婚式で花嫁が笑うと長女が産まれる。
10. 女性がソンピョンをうまく作るときれいな娘が産まれる。
11. 背の高い人はつまらないことをよく言う。
12. ご飯を盛るとき、一回だけでは情がない。
13. 受験のとき、わかめスープを飲むと落ちる。
14. 受験会場に行って正門に飴を張りつけておけば合格する。
15. 大晦日の日、電気をつけて寝ると悪鬼が出ていく。
16. 正月十五日の朝早く、胡桃や栗をかみ砕いて食べると一年中、おできができない。
17. 満月を見て祈ると叶う。
18. 元日の朝から女性が訪ねてくると良くない。
19. 同じ年に友人が結婚する場合、結婚の日取りが決まった女性は友人の結婚式に行かない。
20. 豚の夢を見ればお金持ちになる。
21. 敷居に座ると貧しくなる。
22. 枕を立てておくと縁起が悪い。
23. 服を着たまま縫うと貧しくなる。
24. 徳寿宮の石垣道を恋人がいっしょに歩くと別れる。
25. カラスが鳴くと人が死ぬ。

★語句と活用〈2-1〉

＊覚えた単語には✓を入れよう！

1

☐ 마찬가지로：同じく。
☐ 일상생활〈日常生活〉。
☐ 미치다：及ぼす。
☐ 연관성〈連関性〉：関連性。
☐ 근거〈根拠〉。
☐ 발달하다〈発達―〉：発達する。
☐ 존재하다〈存在―〉：存在する。
☐ 영향〈影響〉。
☐ 독자적〈独自的〉。
☐ 과학적〈科学的〉。
☐ 문명〈文明〉。

① 活用形Ⅰ＋지 못하다：～することができない。

☐ 시기〈時期〉。
☐ 날씨：天気。
☐ 공포〈恐怖〉。
☐ 병〈病〉：病気。
☐ 어둠：暗闇。
☐ 훨씬：ずっと。

② 活用形Ⅲ＋ㅆ을 터이다：～したはずだ、～であったはずだ。「미리 연락해 줬으면 좀 더 기다렸을 터인데.（前もって連絡してくれたなら、もう少し待っていたはずなのに。）／유학 생활 중 괴롭고 힘든 일도 많았을 터였다.（留学生活の間、つらくて大変なことも多かったはずだった。）」

☐ 조금이라도：少しでも。
☐ 벗어나다：逃げ出す、抜け出す。
☐ 재앙〈災殃〉：災難、禍。

③ 活用形Ⅰ＋거나：～したり、～かったり、～だったり。

☐ 위안〈慰安〉。

④ 活用形Ⅰ＋기 위해：～するために。

☐ 지혜〈知恵〉。
☐ 생겨나다：できる。
☐ 짜내다：絞り出す。

⑤ **活用形Ⅲ＋ㅆ으며：～したし、～かったし、～だったし。**

□ 지역〈地域〉。

□ 후세〈後世〉。

□ 문화권〈文化圏〉。

□ 지역〈地域〉。

□ 특히〈特―〉：特に。

□ 양국〈両国〉。

□ 경유하다〈経由―〉：経由する、経る。

□ 식민지시대〈植民地時代〉。

□ 기원〈起源〉。

□ 알아보다：(わかってみる→)調べてみる。

□ 전파하다〈伝播―〉：伝わる。

□ 전해 내려오다：(伝えて降りてくる→)伝わる。

□ －(이)나：～や。

□ 그중〈―中〉：その中。

□ 한일〈韓日〉。

□ 한반도〈韓半島〉：朝鮮半島。

□ 반대로〈反対―〉：反対に。

□ 단지〈但只〉：ただ。

□ 확인하다〈確認―〉：確認する。

2

□ 아랫니：下の歯。

□ 지붕：屋根。

□ 아궁이：かまど。

□ 넣다：入れる。

□ 마루：板間、縁側。

□ 이빨：俗 歯。

□ 없어지다：なくなる。

□ 어리다：幼い。

□ 빠지다：抜ける。

□ 던지다：投げる。

□ －에다：～に(加えて)
에の強調表現。

□ 아마도：たぶん、おそらく。

□ 일반적〈一般的〉。

□ 아파트：マンション。

□ 하지만：でも、けれども。

□ 까치：カササギ。

□ –야：～よ、～や
#人や動物に親しみを込めて呼びかけるとき用いる。母音で終わる名詞につく。

□ 헌：古い～。

⑥ **活用形Ⅱ＋ㄹ게**：～するよ。「좋은 음악을 **들려 줄게**.（いい音楽を聞かせてあげる。）／저 창문은 내가 **닫을게**!（あの窓は僕が閉めるよ。）」

□ 새—：新しい～。

□ –(이)라며：～と言って。

□ 외치다：叫ぶ。

⑦ **活用形Ⅲ＋ㅆ던**：～した、～かった、～だった。「이 영화는 내가 그저께 **봤던** 영화예요.（この映画は僕が一昨日見ていた映画です。）／이 호텔은 내가 작년에 **묵었던** 호텔이에요.（このホテルは私が昨年泊まったホテルです。）」

□ 어렴풋이：ぼんやりと、おぼろげに。

□ 쥐가 나다：痙攣する、しびれが来る。

⑧ **活用形Ⅲ＋ㅆ을 때**：～したとき、～だったとき。

□ 침：つば。

□ 바르다：塗る、つける。

□ 낫다：治る。

□ –(이)라는：～という。

□ 이마：額。

□ 닮다：似る#主に닮았다の形で使われる。

□ 불장난：火遊び。

□ 오줌：小便、おしっこ。

□ 싸다：漏らす。

□ 바로：すぐ。

□ 눕다：横になる。

□ 쌍밤〈双—〉：二子栗。

□ 쌍둥이：双子。

□ 낳다：産む。

□ 휘파람：口笛。

□ 불다：吹く。

□ 뱀：ヘビ。

□ 닮은꼴：相似形。

3

□ 민족〈民族〉。
□ 철학〈哲学〉。
□ 정신세계〈精神世界〉。
□ 예로부터：昔から。
□ 당시〈当時〉。
□ 합리성〈合理性〉。
□ 뿌리：根、根っこ。
□ 오늘날：今日。
□ 시대〈時代〉。
□ 상황〈状況〉。
□ 자연스럽다〈自然―〉：自然だ。
□ 한편으로는〈―便―〉：一方では。
□ 엠블럼：エンブレム。
□ 제일〈第一〉：いちばん。
□ 한때：いっとき。
□ 소동〈騒動〉。
□ 뭉뚱그리다：まとめる。
□ 인생관〈人生観〉。
□ 종교관〈宗教観〉。
□ 엿보다：のぞく、伺う。
□ 민중〈民衆〉。
□ 나름대로：それなりに。
□ 오랫동안：長い間。
□ 내리다：下ろす。
□ 반면〈反面〉。
□ 거듭하다：繰り返す。
□ 바뀜에 따라：変わることによって。
□ 퇴화하다〈退化―〉：退化する。
□ 차종〈車種〉。
□ 함부로：むやみに、やたらに。
□ 그럴듯하다：もっともらしい。
□ 떼다：はがす、外す。
□ 원래〈元来〉：もともと。

⑨ 活用形Ⅲ＋ㅆ다고 하다：～したそうだ、～かったそうだ、～だったそうだ。

□ 동남아시아〈東南―〉：東南アジア。
□ 달아나다：なくなる。
□ 수출되다〈輸出―〉：輸出される。
□ 달리다：走る。

⑩ 活用形Ⅰ＋다니：～するとは、～（だ）とは、～なんて。「서울대에 **합격하다니** 실력이 대단하구나.（ソウル大学に**合格するとは**、実力がすごいね。）／마당의 수도가 **얼다니**, 어젯밤에는 꽤나 추웠던 모양이구나.（庭先の水

道が凍るなんて、昨晩はかなり寒かったようだね。)」

☐ 웃지 못할 코미디：笑えないコメディ。

4

☐ 흔히：よく。

☐ 이사〈移徙〉：引っ越し。

☐ 개업〈開業〉。

☐ 결혼〈結婚〉。

☐ 특별하다〈特別―〉：特別だ。

☐ 행사〈行事〉。

☐ 치르다：行う。

☐ 손：日によって四方を巡りながら人の活動を妨げるという鬼神。

☐ 택하다〈択―〉：選ぶ。

⑪ 活用形Ⅰ＋곤 하다：～したりする。「어릴 때는 감기에 자주 걸리곤 했어요.(子どものときはよく風邪を引いたりしました。)／수업을 마친 후에 집 근처 공원에서 늦은 시간까지 놀곤 했어요.(授業が終わったあと、家の近くの公園で遅い時間まで遊んだりしました。)」

☐ 날짜：日にち。

☐ 동서남북〈東西南北〉。

☐ 방위〈方位〉：方角。

☐ 돌아다니다：歩き回る。

☐ 활동〈活動〉。

☐ 방해하다〈妨害―〉：妨害する、邪魔する。

☐ 귀신〈鬼神〉：鬼、お化け。

☐ 음력〈陰暦〉：旧暦。

☐ 끝수〈―数〉：端数。

☐ 이튿날：1日、翌日
　#発音は〈이튼날〉。

☐ 사흗날：3日
　#発音は〈사흔날〉。

☐ 나흗날：4日
　#発音は〈나흔날〉。

☐ 닷샛날：5日
　#発音は〈닫쌘날〉。

☐ 엿샛날：6日
　#発音は〈엳쌘날〉。

☐ 이렛날：7日
　#発音は〈이렌날〉。

☐ 여드렛날：8日
　#発音は〈여드렌날〉。

□ 올라가다：登っていく。

⑫ **活用形Ⅰ＋기 때문에：～するために。**

□ 그래서：それで。
□ 먼길：遠路、遠い道のり。
□ 먼길을 떠나다：遠出する。
□ 방향〈方向〉：方角。
□ 길하다〈吉―〉：縁起がいい。
□ 여기다：思う、見なす。
□ 이삿날〈移徒―〉：引っ越しの日。
□ 선호하다〈選好―〉：好む。
□ 경향〈傾向〉。
□ 부작용〈副作用〉。
□ 만만치 않다：侮れない、ばかにできない＃만만하다（くみしやすい）の否定形。
□ 몰리다：集まる。
□ 차이〈差異〉：差、違い。
□ ―가량〈仮量〉：～くらい、～ほど。
□ 추가 요금〈追加料金〉。
□ 심지어〈甚至於〉：その上、それにも増して。
□ 비하다〈比―〉：比べる。
□ 터무니없이：法外に、むやみに。
□ 바가지를 씌우다：ぼる、ぼられる。

⑬ **存在詞の活用形Ⅰ＋다고 하다：～と言う。**

5

□ 비교적〈比較的〉：割と。
□ 알려지다：知られる。
□ 꿈을 꾸다：夢を見る。
□ 부자〈富者〉：金持ち。
□ 빠지다：欠ける。
□ 그릇：器。
□ 담다：盛る。
□ 복〈福〉。
□ 나가다：出ていく。
□ 신발：靴。
□ 신다：（靴を）履く。
□ 애인〈愛人〉：恋人。
□ 찾다：探す。
□ 적어도：少なくとも。
□ 거의：ほとんど。
□ 담기다：盛られる＃담다の受身形。

□ 불쾌하다〈不快—〉：不愉快だ。
□ 바뀌다：変わる#바꾸다の受身形。
□ 성냥：マッチ。
□ 초：ロウソク。
□ 집안：家の中、家計。
□ 풍성해지다〈豊盛—〉：豊かになる。
□ 일상화되다〈日常化—〉：日常化される。
□ 집들이：新居祝い、引っ越し祝い。
□ 정전〈停電〉。
□ 피우다：吸う。
□ 별로〈別—〉：あまり。
□ 세제〈洗剤〉。
□ 두루마리 휴지〈—休紙〉：トイレットペーパー。
□ 연유하다〈縁由—〉：由来する。
□ 거품：泡。
□ 일다：(泡などが)立つ。

⑭ 活用形Ⅰ＋듯이：～するかのように。

□ 재산〈財産〉。
□ 휴지〈休紙〉：ティッシュ、トイレットペーパー。
□ 술술：するする(と)、すらすら(と)。
□ 바라다：望む、期待する。

⑮ 活用形Ⅰ＋는 데서：～することで。「누구는 **먹는 데서** 행복을 느끼고, 누구는 무엇을 **배우는 데서** 행복을 느낀다. (誰かは**食べることで**幸せを感じ、誰かは何かを**習うことで**幸せを感じる。)」

□ 실용적〈実用的〉。
□ 시험장〈試験場〉：受験会場。
□ 교문〈校門〉：学校の正門。
□ 엿：朝鮮飴。
□ 붙이다：付ける、貼りつける。
□ 합격하다〈合格—〉：合格する。
□ 요：ここ。
□ 잠잠해지다〈潜潜—〉：静かになる。

⑯ 活用形Ⅱ＋ㄴ 것 같다：～したようだ。

□ 돌부처：石仏。
□ 갈다：磨る。
□ 낳다：産む。
□ 굳게：固く。

⑰ 活用形III＋ㅆ으나：～したが、～だったが。

□ 우스꽝스럽다：滑稽だ。

□ 정원〈庭園〉：庭。

□ 불상〈仏像〉。

□ 망가지다：つぶれる。

□ 남기다：残す。

□ 유산〈遺産〉。

⑱ 指定詞の活用形 I ＋기도 하다：～でもある。

□ 오줌을 싸다：(小便をする→) おねしょをする。

□ 키：箕。

□ －에서나：～くらいで。

□ 풍경〈風景〉。

□ 일부〈一部〉。

□ 이미：すでに。

□ 잊혀지다：忘れられる。

□ 깊이：深く。

□ 면면히〈綿綿―〉：綿々と。

6

□ 널리：広く。

1. □ 빨갛다：赤い。 □ 글씨：文字、字。

2. □ 닭 날개：(鶏の翼→)手羽。 □ 바람을 피우다：浮気をする。

3. □ 손님：お客さん。

5. □ 가렵다：かゆい。 □ 누군가：(←누구인가) だれかが。

6. □ 배짱：度胸。 □ 겁쟁이〈怯―〉：臆病者。

7. □ 손수건〈―手巾〉：ハンカチ。 □ 이별하다〈離別―〉：別れる。

8. □ 인중〈人中〉：鼻の下。 □ 장수하다〈長寿―〉：長生きする。

9. □ 첫딸：長女。

10. □ 송편〈松―〉：ソンピョン #チュソク(旧盆)に食べるお餅。 □ 빚다：(粉などをこねてお餅を)作る。

11. □ 싱겁다 :(言動などが)つまらない。

12. □ 푸다 :(ご飯やお汁を)盛る。

13. □ 미역국 :わかめのスープ。 □ 떨어지다 :(試験に)落ちる。

15. □ 섣달그믐날 :大晦日。 □ 악귀〈悪鬼〉。

□ 나가다 :出ていく。

16. □ 정월〈正月〉。 □ 보름날 :十五日。

□ 일찍 :早く。 □ 호두〈胡―〉:くるみ。

□ 깨물다 :噛む。 □ 일 년 내내〈一年―〉:(一年ずっと→)一年中。

□ 부스럼 :できもの。

17. □ 보름달 :(十五夜の月→)満月。 □ 소원〈所願〉:願い。

□ 빌다 :祈る。

18. □ 설날 :お正月。

19. □ 정해지다〈定―〉:定まる。

20. □ 돼지꿈 :豚の夢。

21. □ 문지방〈門地枋〉:敷居。 □ 가난해지다 :貧しくなる。

22. □ 베개 :枕。 □ 세우다 :立てる。

□ 재수〈財数〉:運、縁起。

⑲ 活用形Ⅱ＋ㄴ 채 :～したまま。

23. □ 꿰매다 :縫う。

24. □ 덕수궁〈徳寿宮〉:朝鮮時代の宮殿。 □ 돌담길 :石塀の道。

□ 헤어지다 :別れる。

25. □ 초상이 나다［初喪―］:家族に不幸がある。

★읽고 나서

●練習問題〈2-1〉

1 Q : **한국의 속신의 특징은 무엇인가 ?**

① 모두 다 한국의 독자적인 것으로 외국 속신과의 연관은 없다 .

② 일본의 속신 등과도 여러가지 연관성이 보인다 .

2 Q : **본문과 내용이 같은 것에는 ○표 , 틀린 것에는 ×표 하세요 .**

① 속신은 과학적인 근거는 약한 경우가 많다 .( )

② 한국에서는 이 빠진 그릇에 대해 나쁜 이미지가 없다 .( )

③ 시대의 변화에 맞추어 이사 선물 등이 실용화 되어 가고 있다 . ( )

3 Q : **한국에서는 어떤 날에 이사를 하길 원하며 어떤 현상이 있나 ?**

A:

4 Q : **이 빠진 그릇에 음식이 담겨 나오면 한국 사람들은 어떻게 생각하나 ?**

A:

★이야기해 봅시다 !

알고 있거나 실행하는 속신은 무엇입니까 ? 소개해 주세요 .

☆써 봅시다 !

●書き写しトレーニング

1. 조금이라도 재앙에서 벗어나기 위하거나 마음의 위안을 얻기 위해 지혜를 짜낸 결과 , 많은 속신들이 생겨났으며 다른 지역으로 전파하여 후세까지 전해 내려왔다 .

2. 하지만 많은 사람들이 어릴 때 빠진 이를 지붕으로 던지면서 "까치야 ! 까치야 ! 헌 이 줄게 , 새 이 다오 ! " 라며 외쳤던 기억들이 어렴풋이 있을 것이다 .

3. 그래서 이사를 하거나 먼길을 떠날 때는 '손 없는 날' 과 방향을 택하게 된다 . ' 손이 없는 날 '은 귀신이 돌아다니지 않는 '길한 날' 이라 여겨 이삿날로 선호하는 경향이 있기 때문에 부작용도 만만치 않다 .

4. 집들이 갈 때는 세제나 두루마리 휴지 등을 사 들고 가는 일이 많은 것 같다. 이것도 속신에 연유한 것으로 세제와 같이 거품이 많이 일듯이 재산도 많이 일도록, 또 휴지는 모든 일이 술술 잘 풀리도록 바라는 데서 실용적인 것으로 바뀐 것이다.

....

....

....

5. 여자 친구한테 신발을 선물하면 그 신발을 신고 새 애인을 찾으러 간다.

....

....

....

〈解答〉

☆읽고 나서

1. ②

2. (1)○ (2)× (3)○

3. '손 없는 날'에 이사하기를 원한다. 그리고 '손 없는 날'에 이사하려는 사람이 몰리기 때문에 가격이 더 비싸진다.

4. 이 빠진 그릇에 음식이 담겨 나오면 모두들 불쾌하게 느낄 것이다.

第2課 조선 최고의 명필가 한석봉

朝鮮最高の名筆、韓石峰

Track 37

1 "이 글자는 하늘 천! 이 글씨는 따 지!"

석봉은 여느 날과 마찬가지로 다른 아이들이 서당에 간 시간에 혼자서 마당에 막대로 글씨를 쓰면서 놀고 있었어요.

"어머니 저도 서당에 다니고 싶어요!"

"오냐! 이 에미가 떡을 많이 팔아 돈이 생기면 꼭 다음에 서당에 보내 주마①!"

마침 길을 가던 한 스님이 물끄러미 석봉이 글씨를 쓰는 것을 보더니② 글솜씨를 칭찬했습니다.

"햐! 고 녀석 글솜씨가 보통이 아니구나③!"

그 이야기를 부엌에서 들은 어머니는 부랴부랴 뛰어나와 스님에게 부탁하여 절에서 글공부를 할 수 있도록④ 했습니다.

Track 38

2 어느 날 스님이 석봉의 집에 들러 석봉의 어머니에게 말했습니다.

"석봉의 글재주를 썩히기 아까우니⑤ 한양에 내가 잘 아는 큰스님한테 보내 공부하게 하는 게 좋겠소이다⑥”

석봉은 더 넓은 세상에서 공부를 할 수 있게 된다는 것은 기뻤지만⑦, 어머니를 혼자 두고 먼길을 떠날 걸 생각하니 눈물이 앞을 가렸습니다.

물론 어머니도 하나밖에 없는 자식과 떨어져 살 걸 생각하니⑧ 가슴이 먹먹했으나⑨ 마음을 굳게 먹고 석봉을 한양으로 보내기로 했습니다.

“글공부란 피나는 노력이 필요할 게다. 앞으로 10년 동안은 아예 집에 올 생각을 하지 말고 글씨 공부에 전념하도록 하려무나⑩.”

“네, 명심하여 열심히 공부하도록 하겠습니다.”

석봉은 몇 날 며칠 산을 넘고 강을 건너 한양의 큰스님을 찾아갔습니다.

“어서 오게나⑪. 먼길 오느라⑫ 고생이 많았네⑬. 큰뜻을 품고 왔으니⑭ 부디 그 뜻을 이루도록 하여라.”

“네, 스승님의 기대에 어긋나지 않도록⑮ 열심히 공부하도록 하겠습니다.”

Track 39

3 석봉은 스님 밑에서 열심히 공부하여 글쓰기 대회에서 모든 상을 휩쓸다시피 했어요⑯.

‘어머니께 상을 탄 걸 자랑해야지⑰. 어머니도 기뻐하실 거

야. 무엇보다 어머니가 어떻게 지내시는지⑱ 궁금해.'

석봉은 3년 만에 절을 떠나 집을 향해 발걸음을 재촉했어요. 몇 날 며칠이 걸려 집으로 돌아왔을 때는 벌써 어둑어둑해졌습니다.

"어머니, 제가 돌아왔어요!"

석봉은 방에 들어가 넙죽 큰절을 했습니다. 그런데 어머니는 석봉을 보고도 기쁜 내색을 하지 않았어요.

"아니, 네가 웬일이냐? 약속한 10년이 되려면 아직 멀었을 텐데⑲ 왜 벌써 왔느냐?"

"어머니, 저는 글쓰기 대회에서 장원도 했으니 글씨 공부는 더 이상 안 해도 괜찮을 것 같아요. 그리고 이제부터 어머니를 모시고 같이 살고 싶어요."

Track 40

4 "어디 그렇다면 네가 얼마나 글씨를 잘 쓰는지 한번 보자꾸나⑳. 나는 떡을 썰 테니㉑ 너는 글씨를 써 보려무나."

어머니는 갑자기 후~하고 호롱불을 꺼 버리셨습니다.

"어머니, 불은 왜 끄십니까?"

"놀랄 것 없다㉒. 네가 진정 명필이라면 아무리 깜깜해도 잘 쓸 수 있을 게다㉓."

얼마 후 불을 켜고 보니㉔ 석봉의 글씨는 괴발개발 삐뚤삐뚤했습니다. 그러나 어머니가 썰어 놓은 떡은 크기는 똑같고 가지런했습니다.

"너도 느낀 바가 있㉕을 게다. 앞으로 어떤 힘든 일이 있을지라도㉖ 뜻을 이루기 전까지는㉗ 아예 돌아올 생각을 말아라. 지금이라도 당장 떠날 채비를 해서 길을 떠나거라㉘."

Track 41

5 석봉은 그 자리에서 일어나 다시 어머니께 큰절을 올리고 하직 인사를 했습니다. 눈물을 머금고 깜깜한 밤길을 나서며 석봉은 마음속으로 다짐했습니다.

'어머니 가슴이 얼마나 아프실까? 힘들더라도㉙ 꾸준히 공부하여 다시는 실망하시는 일이 없으시도록 더욱 열심히 공부해야지.'

석봉은 다시 절로 돌아가 촌음을 아끼며 정진에 정진을 거듭하여 드디어 조선에서 으뜸가는 명필가가 되었습니다. 그의 이름은 널리 명나라에까지 알려졌지요.

지금도 한석봉이 쓴 천자문 책은 사랑을 받고 있고 도산서원을 비롯한 여러 곳에 한석봉이 쓴 글씨가 남아 있습니다.

★日本語訳

1 「この字は空という意味の天！　この字は土地という意味の地！」

　ソクポンはいつもと同じように他の子どもたちが寺小屋に行っている時間に一人で庭に棒で字を書いて遊んでいました。

「お母さん、私も寺小屋に通いたいです！」

「そうね！私がお餅をたくさん売ってお金がたまったら、いつか必ず寺小屋に行かせてあげましょう！」

　ちょうど通りがかりのあるお坊さんが、ソクポンが字を書いているのをじっと見て、字の書き方をほめました。

「おお！こやつ、字の書き方が大したものだなあ！」

　その話を台所で聞いたお母さんはあたふたと飛び出し、お坊さんにお願いして、お寺で字の勉強ができるようにしました。

2 ある日、そのお坊さんがソクポンの家に立ち寄ってソクポンのお母さんに話しました。

「ソクポンの字の才能を生かしきれないのはもったいないので、漢陽の私の知り合いの偉いお坊さんのところに送り、勉強させるのがいいと思います。」

ソクポンはさらに広い世界で勉強ができるようになったことはうれしかったのですが、お母さんを一人で置いて遠方へ行かなければならないことを考えると涙で前が見えませんでした。

もちろんお母さんも一人しかいない子どもと離れて住むことを考えると、胸が詰まるようでしたが、心に堅く決めてソクポンを漢陽に送ることにしました。

「字の勉強というのは血のにじむような努力が必要だろう。今後10年間は決して家に帰ることなんて考えず、字の勉強にいそしむようにしなさい。」

「はい、肝に銘じて熱心に勉強します。」

ソクポンは何日も山を越え、川を渡り、漢陽の偉いお坊さんを訪ねて行きました。

「よく来たね！ 遠い道のりで大変だったろう。大志を抱いて来たのだから、ぜひその志を成し遂げなさい。」

「はい、お師匠様の期待を裏切らないよう、熱心に勉強します。」

3 ソクポンはお坊さんの下で熱心に勉強し、書道大会ですべての賞をさらうようになりました。

「お母さんに賞をもらったことを自慢しなくちゃ。お母さんも喜んでくれるだろう。何よりお母さんがどのように暮らしているのかが気になってしょうがない。」

ソクポンは3年ぶりに寺を離れ、家路を急ぎました。何日もかかって家に戻った時はすでに薄暗くなっていました。

「お母さん、(私が)帰ってきました！」

ソクポンは部屋に入ってすかさず丁寧にお辞儀をしました。ところがお母さんはソクポンを見ても嬉しそうではありませんでした。

「あら、何で帰ってきたの？約束した10年にはまだまだのはずなのに、なぜ早めに帰ってきたの。」

「お母さん。私は書道の大会で優勝もして、書道の勉強はこれ以上しなくても大丈夫だと思います。それにこれからお母さんと一緒に暮らしたいです。」

4 「それならあなたがどれくらい字を上手に書けるか一度見てみましょう。私は餅を切るからあなたは字を書いてごらんなさい。」

　お母さんは突然フーッと灯台の火を消してしまいました。

「お母さん、火はなぜ消すのですか？」

「驚くことないわ。あなたが真の名筆ならどんなに真っ暗な中でも上手に書けるでしょう。」

　少しして明かりをつけて見ると、ソクポンの文字はめちゃくちゃでした。しかしお母さんが切っておいた餅は、大きさが全く一緒でそろっていました。

「あなたも気が付いたでしょう。今後、どんなに大変なことがあっても志を成し遂げるまでは帰ってこようなんて思ってはだめよ。今すぐ帰る支度をして旅立ちなさい。」

5 ソクポンはその場で再びお母さんにお辞儀をし、別れの挨拶をしました。涙ぐみながら真っ暗な夜道に立ち、ソクポンは心の中で決心ました。

「お母さんはどんなに胸が痛いだろう？大変でもこつこつ勉強して、また失望させるようなことがないよう一層熱心に勉強しなくては。」

　ソクポンは再びお寺に戻り、寝る間を惜しんで精進に精進を重ね、後に朝鮮で一番の名筆家になりました。彼の名前は明にまで広く知られました。

　今でもソクポンが書いた千字文の本は愛され、陶山(トサン)書院をはじめとするいろいろな所にソクポンが書いた書が残っています。

★語句と活用〈2-2〉 ＊覚えた単語には✓を入れよう！

1

□ 하늘 천, 따 지! : 空のテン、地のチ # 韓国で漢字を習うとき、「天」は「하늘 천」、「地」は「따(땅) 지」という具合に、最初は意味を、次に音を読む。

□ 여느 날 : いつもの日、ふだん。

□ 혼자서 : 一人で。

□ 마당 : 庭。

□ 막대 : 棒。

□ 오냐 : うん、よし # 目下の人の質問などに同意を表すときの返事。

□ 에미 : お母さん # 母が自分を卑下して使う言葉。

① **活用形Ⅲ＋주마 : ～してあげるよ。**「내가 미분 적분을 **가르쳐 주마**. (俺が微分、積分を**教えてあげるよ**。) ／이 창문은 내가 **닦아 주마**. (この窓は僕が**拭いてあげるよ**。)」

□ 마침 : たまたま。

□ 길을 가다 : (道を行く→) 通り過ぎる。

□ 한 : ある。

□ 스님 : お坊さん。

□ 물끄러미 : じっと。

② **活用形Ⅰ＋더니 : ～していると、～だったが。**「요즘 자주 **만나더니** 서로 정이 든 것 같아요. (最近、よく**会うと思ったら**、お互いに情が移ったようです。) ／옛날에는 하는 짓이 **밉더니** 요즘은 아주 마음에 들어요. (昔はやっていることが**憎かったけど**、最近はとても気に入ります。)」

□ 글솜씨 : 文才、書道の腕前。

□ 칭찬하다〈称賛―〉: ほめる。

□ 하 : お!

□ 고 녀석 : こいつ。

□ 보통〈普通〉。

③ **形容詞の活用形Ⅰ＋구나 : ～(だ)ね！**「그 기타는 생각보다 **비싸구나**. (そのギターは思ったより**高いね**。) ／오늘은 보름이라 달이 참 **밝구나**. (今日

は十五夜で月が実に明るいね！）」

□ 부랴부랴：大急ぎで、あたふた。□ 뛰어나오다：飛び出す。

□ 절：お寺。 □ 글공부〈—工夫〉：字の勉強。

④ **活用形II＋ㄹ 수 있도록**：～できるように。「사람들이 편하게 **다닐 수 있도록** 내에 징검다리를 놓았어요.（人が楽に**通れるように**、川に飛び石を置きました。）／좀 더 **쉽게 알 수 있도록** 설명해 주실래요？（もう少しわかりやすく、説明していただけませんか。）」

2

□ 들르다：寄る、立ち寄る。 □ 글재주〈—才—〉：文才、書道の腕前＝글솜씨。

□ 썩히다：腐らせる、死蔵する＃썩다の使役形。

⑤ **活用形II＋니**：～するので、～（な）ので、～すると。「내일 조카가 서울로 **오니** 만날 수 있을 거예요.（明日、甥がソウルに**来るので**、会えると思います。）／오늘은 날씨가 **추우니** 옷을 따뜻하게 입으세요.（今日は天候が**寒いから**、服を暖かく着てください。）」

□ 한양〈漢陽〉：ソウルの古称。 □ 큰스님：（大きいお坊さん→）偉いお坊さん。

□ 좋겠소이다：良いと存じます。

⑥ **活用形I＋겠소이다**：古風 ～と存じます、～たいと存じます。「내가 할 수 있는 일이라면 무엇이든 **하겠소이다**.（私にできることでしたら、何でも**いたします**。）／이 앨범은 내가 **만들겠소이다**.（このアルバムは私が**作ります**。）」

□ 세상〈世上〉：世の中。

⑦ **活用形III＋ㅆ지만**：～したけど、～かったけど、だったけど。「비가 많이 **왔지만** 다행히 아무 피해가 없었어요.（雨がたくさん**降りましたが**、幸

い何の被害もありませんでした。）／양달은 **따뜻했지만** 응달은 좀 추웠어요.（日向は**暖かったが**、日陰は寒かったです。）」

□혼자：一人で。

□두고：（おいて→）残して。

□먼길：（遠い道→）遠路。

⑧ **活用形Ⅱ＋ㄹ 걸 생각하다：～することを考える。**

□눈물이 앞을 가리다：（涙が前を隠す→）涙にさえぎられる。

□가슴이 먹먹하다：胸が詰まる。

⑨ **活用形Ⅲ＋ㅆ으나：～したが、～かったが、～だったが。**

□마음을 굳게 먹다：（心を固く食べる→）固く決心する。

□피나는 노력：〈―努力〉（血の出る努力→）血のにじむ努力。

⑩ **活用形Ⅱ＋려무나.：古風 ～しなさい、～してもよい。**「거기서 떨지 말구 어서 방 안으로 **들어오려무나**.（そこで震えていないで、早く部屋の中に**入りなさい**。）／배가 고플 테니 많이 **먹으려무나**.（お腹が空いているだろうから、たくさん**食べなさい**。）」

□명심하다〈銘心―〉：肝に銘じる。

□몇 날 며칠：（何日何日→）何日も。

□산을 넘고 강을 건너〈山―江―〉：（山を越え、川を渡って→）山を越え、川を越え。

□어서：（速く→）どうぞ。

⑪ **活用形Ⅰ＋게나：古風 ～しなさい。**「오고 싶을 때 언제든지 **오게나**.（来たいときはいつでも**来なさい**。）／이 방도 가끔은 쓸고 **닦게나**.（この部屋もたまには掃いて**拭きなさい**。）」

⑫ **活用形Ⅰ＋느라：～するために。**「밤늦게까지 **숙제하느라** 제대로 잠을 못 잤어요.（夜遅くまで**宿題するために**、ろくに寝られませんでした。）／화가 났지만 **참느라** 고생했어요.（腹が立ったが、**我慢するために**大変でした。）」

□고생〈苦生〉：苦労。

⑬ **活用形Ⅲ＋ㅆ네：～したね、～だったね。**「이 문제는 답이 **틀렸네**.（この問題は答えが**間違っているね**。）／상처가 많이 **아물었네**.（傷がだいぶ**癒えたね**。）」

□큰뜻을 품다：大志を抱く。

⑭ **活用形Ⅲ＋ㅆ으니：～したから。**

□부디：どうか。　□하여라：しなさい。

□스승님：お師匠様。

⑮ **活用形Ⅰ＋지 않도록：～しないように、～（く）ないように。**

□기대에 어긋나지 않도록〈期待―〉：（期待に違わないように→）ご期待に応えられるように。

3

⑯ **活用形Ⅰ＋다시피 하다：（まるで）～のようにする、～同然だ。**「시험이 다가오니까 매일 도서관에서 **살다시피** 하고 있어요.（試験が近づいてくるので、毎日、図書館に**入り浸っています**。）／다이어트 때문에 매일 **굶다시피** 하는 사람들이 많아요.（ダイエットのために、毎日、食事を**欠くも同然**の人たちが多いです。）」

□상〈賞〉。　□타다：（賞などを）もらう。

⑰ **活用形Ⅲ＋야지：～しなければならない。**「무슨 일이 있어도 오늘만큼은 꼭 **만나야지**.（何事があっても今日だけは必ず**会わなくちゃ**。）／아무리 힘들어도 이 사업이 궤도에 오를 때까지는 **참아야지**.（いくら大変でもこの事業が軌道に乗るまでは**我慢しなくちゃ**。）」

⑱ **活用形Ⅰ＋는지：～するのか。**「도쿄에 언제 **오는지** 아직 잘 모르겠어요.（東京にいつ**来るのか**、まだ、よくわかりません。）／마당에 김장독을 **묻는지** 땅을 팠어요.（庭にキムジャンの甕を**埋めるのか**、土を掘りました。）」

□ 궁금하다：気になる。

□ 향하다〈向―〉：向かう。

□ 발걸음을 재촉하다：(足取りを催促する→)急ぐ。

□ 걸리다：かかる。

□ 어둑어둑해지다：薄暗くなる。

□ 넙죽：ぱっと、すかさず。

□ 큰절：ひざまずいてするお辞儀。

□ 내색을 하다：感情を表情に出す。

□ 아니：ええっ！＃驚き、感嘆などの気持ちを表す表現。

□ 웬일：どうしたこと。

□ 멀다：(時間的に)遠い。

⑲ **活用形Ⅲ＋ㅆ을 텐데：～（した）はずなのに。**「대학 때는 별로 공부는 안 하고 알바만 **했을 텐데**.（大学のときは、あまり勉強はしないでバイトだけ**やっただろうに**。）／상대가 별로 마음에 **안 들었을 텐데** 결혼했대요.（相手があまり**気に入らなかったでしょうに**結婚したそうです。）」

□ 장원〈壮元〉：科挙などで首席で受かること。

□ 모시다：仕える。

4

□ 어디：(どこ→)ほら。

□ 그렇다면：そうならば。

⑳ **活用形Ⅰ＋자꾸나：～しようよ、～しようじゃないか。**

「그 치킨은 너만 먹지 말고 나도 좀 **먹자꾸나**.（そのチキンはお前だけ食べないで、ぼくにもちょっと**食べさせてよ**。）／우리 모두 잘 살게 될 때까지 허리띠를 졸라매고 앞으로 더욱 **부지런해지자꾸나**.（われわれがみな豊かになるまで、切り詰めてこれからもっと**頑張ろうじゃないか**。）」

□ 썰다：切る。

㉑ **活用形Ⅱ＋ㄹ 테니：～（する、だ）から。**

「목욕탕은 **깨끗할 테니** 오늘은 청소를 안 해도 괜찮아요.（お風呂は**きれいでしょうから**、今日は掃除をしなくても大丈夫です。）／같은 호텔에서 이

틀간 **묵을 테니** 편할 거예요.（同じホテルで２日間泊まるでしょうから楽だと思います。）」

□ 호롱불：灯台。

㉒ **活用形Ⅱ＋ㄹ 것 없다：〜（する）ことない。**「**망설일 것 없어요**. 용기를 내어 도전해 보세요.（**迷うことはありません**。勇気を出して挑戦してみてください。）／이 땅콩은 **삶을 것 없이** 그냥 먹어도 맛있어요.（このピーナッツは**ゆでることなく**、そのまま食べてもおいしいです。）」

㉓ **活用形Ⅱ＋ㄹ 게다：〜するはずだ。**「설명을 안 해 주면 잘 **모를 게다**.（説明をしてあげなければよく**わからないはずです**。）／가르쳐 주면 금방 **알 게다**.（教えてあげればすぐ**わかるはずだ**。）」

㉔ **活用形Ⅰ＋고 보니：〜してみたら。**「**만나고 보니** 참 좋은 사람이었어요.（**会ってみたら**とてもいい人でした。）／옆집으로 새로 이사온 사람은 **알고 보니** 친구의 친구였어요.（隣に引っ越してきた人は、**気がついてみたら**友だちの友だちでした。）」

□ 괴발개발：（字が）ぐちゃぐちゃ。　□ 삐뚤삐뚤하다：くねくねしている。
□ 똑같다：まったく同じだ。　□ 가지런하다：そろっている。

㉕ **活用形Ⅱ＋ㄴ 바가 있다：〜したことがある。**「작년에 회의에서 한 번 **만난 바가 있어요**.（昨年、会議で一回**会ったことがあります**。）／사랑하는 그녀를 잠시도 **잊은 바가 없어요**.（愛している彼女を少しも**忘れたことがありません**。）」

㉖ **活用形Ⅱ＋ㄹ지라도：〜しても、〜でも、〜しようとも、〜かろうとも、〜だろうとも。**

□ 뜻을 이루다：志を果たす。

㉗ **活用形Ⅰ＋기 전까지는：〜する前までは。**「내 눈에 흙이 **들어가기 전까지는** 용서할 수 없어.（（私の目に土が**入る前までは**→）私の目が黒いうちは許せない。）／이 책을 **읽기 전까지는** 몰랐어요.（この本を**読む前までは**知

りませんでした。)」

□ 아예 : 最初から、はなから。
□ 말아라 : やめなさい。
□ 지금이라도〈只今—〉: 今すぐにでも。
□ 당장〈当場〉: すぐ。
□ 채비 : 用意、準備。
□ 길을 떠나다 : (道を離れる→)旅に出る。

㉘ 活用形Ⅰ+거라 : 古風 **~しなさい。**「내일은 늦지 않도록 좀 일찍 **가거라**. (明日は遅れないようにちょっと早く**出かけなさい**。)/너는 아무 말 말고 조용히 **있거라**. (君は何も言わずに黙って**いなさい**。)」

5

□ 하직〈下直〉: お別れ。
□ 눈물을 머금다 : 涙ぐむ。
□ 깜깜하다 : 真っ暗だ。
□ 다짐하다 : 誓う

㉙ 活用形Ⅰ+더라도 : ~するとしても、~(だ)としても。

□ 꾸준히 : 地道に、着実に。
□ 다시는 : (再びは→)二度と。
□ 실망하다〈失望—〉: 落胆する。
□ 촌음〈寸陰〉: 寸時。
□ 아끼다 : 惜しむ。
□ 정진〈精進〉。
□ 거듭하다 : 重ねる、繰り返す。
□ 드디어 : とうとう。
□ 으뜸가다 : 一番だ、随一だ。
□ 명필가〈名筆家〉: 名筆。
□ 명나라〈明—〉: 明(みん)の国。
□ 천자문〈千字文〉。
□ 도산서원〈陶山書院〉: 1574年、儒学者の李退渓を追慕するために建てられた儒学学校。
□ —을/를 비롯한 : ~をはじめ(とする)。

★읽고 나서

1 Q : 석봉은 한양에 가는 것에 대해 어떤 마음이었나 ?

① 넓은 세상에서 공부를 한다는 것이 너무 두려웠다.

② 어머니를 혼자 두고 떠날 것을 생각하니 걱정이 되었다.

2 Q : 본문과 내용이 같은 것에는 ○표, 틀린 것에는 ×표 하세요.

① 석봉은 서당에서 글자를 배웠다.(　)

② 어머니는 떡을 팔아 석봉을 서당에 보내 주었다.(　)

③ 한석봉은 조선 제일의 명필가로 중국에도 이름이 알려졌다.(　)

3 Q : 불을 끄고 석봉이 쓴 글씨와 어머니가 썬 떡은 어땠나?

A :

4 Q : 석봉은 글공부를 열심히 하여 나중에 어떻게 되었나 ?

A :

★이야기해 봅시다 !

일본에도 자식 교육에 대해 전해오는 이야기가 있겠지요? 소개해 봅시다!

☆써 봅시다 !　　　　●書き写しトレーニング

1. 마침 길을 가던 한 스님이 물끄러미 석봉이 글씨를 쓰는 것을 보더니 글솜씨를 칭찬했습니다 .
“ 야 ! 고녀석 글솜씨가 보통이 아니구나 ! ”

2. 석봉은 더 넓은 세상에서 공부를 할 수 있게 된다는 것은 기뻤지만 , 어머니를 혼자 두고 먼길을 떠날 걸 생각하니 눈물이 앞을 가렸습니다 .

3. “ 어머니 , 제가 돌아왔어요 ! ” 석봉은 방에 들어가 넙죽 큰절을 했습니다 . 그런데 어머니는 석봉을 보고도 기쁜 내색을 하지 않았어요 .

4. 얼마 후 불을 켜고 보니 석봉의 글씨는 괴발개발 삐뚤삐뚤했습니다. 그러나 어머니가 썰어 놓은 떡은 크기는 똑같고 가지런했습니다.

……………………………………………………………………………………

……………………………………………………………………………………

……………………………………………………………………………………

5. 지금도 한석봉이 쓴 천자문 책은 아직도 사랑을 받고 있고 도산 서원을 비롯한 여러 곳에 한석봉이 쓴 글씨가 남아 있습니다.

……………………………………………………………………………………

……………………………………………………………………………………

……………………………………………………………………………………

〈解答〉

☆읽고 나서

1. ②

2. (1)×　(2)×　(3)○

3. 석봉의 글씨는 괴발개발 삐뚤삐뚤했지만 어머니가 썰어 놓은 떡은 크기는 똑같고 가지런했다.

4. 촌음을 아끼며 정진에 정진을 거듭하여 드디어 조선에서 으뜸가는 명필가가 되었는데 그의 이름은 널리 중국에까지 알려졌다.

第3課 토끼와 자라 이야기

ウサギとスッポンの物語

Track 42

竜宮城の竜王が病気になり、名薬といわれるウサギの肝を手に入れるため、スッポンは陸地に上がります。スッポンは何とかウサギを竜宮に誘い込みますが、ウサギは知恵を使い逃げ出します。この話は、もともとインドの本生説話から始まって、中国の経典を通じて朝鮮半島に入った仏教説話によるもので、歴史が古いだけに題名も토끼전(ウサギ伝)、토생원전(兎生員伝)、별주부전(鼈主簿伝)、수궁가(水宮歌)など多く、内容も多種多様です。小学校の学芸会の定番でもあります。

1 옛날 깊은 바닷속 용궁의 용왕이 큰 병을 앓고 있었어요. 여러 가지 약을 다 써 보았으나① 병은 차도가 없었지요. 그래서 모두들 걱정이 많았어요. 바로 그때, 자라가 나섰어요.

"너무 걱정하지 마십시오. 육지에는 용왕님의 병환을 고칠 수 있는 약이 있을 것이옵니다②."

"뭐라고? 정말로 내 병을 고칠 수 있는 약이 있단 말이냐③?"

"용왕님의 병에는 뭍에 사는 토끼의 간 이외에는 효험이 없습니다.

"그런데 누가 뭍에 가서 토끼의 간을 구해 온단 말이냐④?"

"이 넓고 넓은 바다라고 해도 뭍에 갈 수 있는 자는 저밖에 없사옵니다.⑤"

"그도 그렇구나. 그럼 잘 부탁하겠네.⑥"

Track 43

2 자라는 멀고 먼 바닷길을 헤엄쳐 드디어 뭍에 다다랐어요. 마침 바로 그때, 바닷가에서 토끼가 산책하고 있었어요.

"귀가 길고, 눈이 빨간 걸 보니 당신이 바로 토끼구려."

"아니, 어떻게 바다 짐승이 날 알고 있소⑦?"

"그야 토끼님이야 너무 유명하여 용궁에서 모르는 자가 없소. 어디, 같이 용궁에 놀러 가지 않겠소?"

"내가 왜 그 을씨년스러운 바닷속을 가야 하오⑧? 이 육지야말로 지상 낙원인데…"

"그 참 모르시는 말씀! 그야말로 우물 안 개구리군요. 바닷속은 경치도 너무 멋지고 산해진미도 넘쳐 흐르오⑨. 이깟 풀을 먹고 살다니⑩ 당신이 불쌍하구려⑪."

"좋소, 얼마나 좋은지 모르⑫겠지만 어디, 한번 구경시켜 주시오."

자라는 마음속으로 쾌재를 불렀어요.

"자, 모두가 기다리는 용궁으로 갑시다⑬."

Track 44

3 토끼는 자라의 등에 업혀 용궁으로 갔어요.

"사실은 널 이곳 용궁까지 데리고 온 이유는 다름이 아니라 네 간이 약이 된다는 말을 듣고 자라를 땅으로 보내어 너를 데려오게 하였느니라⑭."

용왕님의 말에 토끼는 깜짝 놀랐어요.

"뭐, 뭐라구요? 아니, 내 간을 잡수시겠다구요⑮?"

"토 선생, 미안하게 됐구려. 하지만, 산속의 조그마한 짐승이 용왕님을 위해 목숨을 바치는 것도 영광이 아니겠소."

옆에서 자라가 용왕님의 말을 거들었어요.

"잠깐, 저는 날씨가 좋은 날에는 간을 꺼내 햇볕에 말리기도 합니다⑯. 오늘도 날씨가 좋아 산속의 바위에 말리던 중이⑰었습니다."

"아니, 그러면 지금은 간이 없다는 말이냐⑱?"

"참으로 간사한 놈이로군. 어찌 간을 넣었다 빼었다 할 수 있단 말인가? 용왕님을 속이려 하다니⑲ 용서할 수가 없구나."

"정말입니다. 저는 간이 몇 개나 되어 하나쯤은 얼마든지 드릴 수 있습니다."

Track 45

4 긴가민가했지만, 토끼의 배를 갈라 간이 없으면 낭패인지라⑳, 용왕님은 일단 토끼의 말을 믿기로 하㉑고, 자라와 함께 육지로 보내어 간을 가져오게 했어요㉒. 토끼

는 다시 자라의 등에 업혀 뭍으로 돌아왔어요.

"빨리 간을 내놓아라㉓!"

"넌 참 바보구나! 세상에 누가 간을 마음대로 넣었다가 꺼냈다가 하느냐?"

토끼는 그길로 산속으로 도망가고 말㉔았어요. 자라는 그 자리에 털썩 주저앉아 엉엉 울었어요. 바로 그때 산신령님이 나타났어요.

"네 정성이 가상하니 내가 특별히 용왕님 병을 고칠 수 있는 약을 주겠노라㉕."

자라는 몇 번이나 고맙다며 인사를 하고 용궁으로 돌아갔어요. 용왕님은 그 약을 먹고 병이 다 나아 오래오래 행복하게 살았어요

★日本語訳

1 昔、深い海の中の竜宮の竜王が、重病を患っていました。いろいろと薬を全部使ってみましたが、病気はよくなる気配がありませんでした。それで皆、心配していました。ちょうどその時、スッポンが名乗り出ました。

「あまり心配しないでください。陸地には竜王様の病気を治せる薬があります。」

「何だと？　本当にわしの病気を治す薬があるということなのか。」

「竜王様の病気には、陸に住むウサギの肝以外は効き目がありません。」

「ところで、誰が陸へ行って、ウサギの肝を探し求めてくるということなのか。」

「この広い広い海といえども、陸へ上がることができる者は、私しかおりません。」

「それもそうだな。ではよろしく頼む。」

2 スッポンは遠い遠い海の道を泳いで、いよいよ陸に到着しました。ちょうどその時、海辺でウサギが散歩をしていました。

「耳が長く、目が赤いのを見るとあなたこそウサギですね。」

「いや、どうして海の動物が私を知っていますか。」

「そりゃ、ウサギさんはあまりにも有名で竜宮で知らない者はいません。どうか、いっしょに竜宮に遊びに行きませんか。」

「私が、どうしてその物寂しそうな海の中に行かなければならないのですか。この陸地こそ地上の楽園なのに……」

「まったく無知なお話ですね！それこそあなたは井の中の蛙ですね。海の中は景色もとても素晴らしく、珍しいごちそうも満ちあふれています。これしきの草を食べて暮らしているあなたが、かわいそうです。」

「よし、どんなにいいかわかりませんが、どうか、一度見物させてください。」スッポンは、心の中で万歳と叫びました。

「さあ、皆が待っている竜宮に行きましょう。」

3 ウサギはスッポンの背中におぶさって、竜宮に行きました。

「実は、君をここ竜宮まで連れてきた理由は、ほかでもなく君の肝が薬になるという話を聞いて、スッポンを陸地に行かせて君を連れてきてもらったのだ。」

竜王様のお話に、ウサギはびっくりしました。

「何、何ですって？　いや、私の肝を召し上がるんですって？」

「ウサギさん、すまなく思います。でも、山奥の小さいけだものが、竜王様のために命をささげるのも光栄ではないでしょうか。」

横でスッポンが、竜王様の口添えをしました。

「ちょっと待って。私は天気のいい日には、肝を取り出して日差しに干したりします。今日もいい天気で、山奥の岩で干していたところでした。」

「いや、では今は肝がないということなのか。」

「本当にずる賢いやつだな。どうして肝の出し入れができるというのか。竜王様を欺こうとするなんて、許せないな。」

「本当です。私は肝がいくつもあって一つくらいはいくらでも差し上げることができます。」

4 疑わしく思いましたが、ウサギのお腹を割って肝がなければ困るので、竜王様は一応、ウサギの言葉を信じることにし、スッポンといっしょに陸地に行かせて、肝を持って来させることにしました。ウサギは、またスッポンの背中におぶさって陸に帰ってきました。

「早く肝を出してくれよ！」

「お前は本当にばかだね！まったくもう誰が肝を自由に出し入れできるというのか。」

ウサギはその足で、山奥に逃げ出してしまいました。スッポンはその場にべたりと座り込んで、わあわあ泣きました。ちょうどその時、山の神様が現れました。

「君の真心が奇特なので、私が特別に竜王様の病気を治すことができる薬をあげよう。」

スッポンは、何回もありがたいとお礼を言って、竜宮に帰っていきました。竜王様はその薬を飲んで病気はすっかり治り、末永く幸せに暮らしました。

★語句と活用〈2-3〉　＊覚えた単語には✓を入れよう！

1

□ 바닷속：海の中。
□ 용궁〈竜宮〉。
□ 용왕님〈竜王—〉：竜王様。
□ 큰 병〈—病〉：(大きい病→)大病。
□ 앓다：患う。

① **活用形Ⅲ＋ㅆ으나：～したが、～かったが、～だったが。**

□ 차도〈差度〉：病気の快復の具合。
□ 나서다：出る、進み出る。
□ 병환〈病患〉：ご病気＃病気の尊敬語。

② **指定詞の活用形Ⅰ＋옵니다：** 古風 **～でございます、ございます。**「비법이랄 것까진 없는 **실력이옵니다**.（秘法というまではない**実力でございます**。）／오랜만의 **행차이시옵니다**.（久しぶりの**お出ましでございます**。）」

□ 뭐라고?：何だって？

③ **存在詞の活用形Ⅰ＋단 말이냐?：～ということなのか。**「뭐라고? 돈이 하나도 **없단 말이냐**?（何？お金が全然**ないということなのか**。）／지금 시간이 몇 신데 아직도 자고 **있단 말이냐**?（今何時だと思って、まだ寝て**いるということなのか**。）」

□ 뭍：陸、陸地。
□ 간〈肝〉：肝臓。
□ 효험〈効験〉：効き目。
□ 구하다〈求—〉：求める、手に入れる。

④ **活用形Ⅰ＋ㄴ단／는단 말이냐?：～ということなのか。**「비가 오는데 테니스 치러 **간단 말이냐**?（雨が降っているのにテニスをしに**行くと言うのか**。）／감기에 걸렸는데도 약을 **안 먹는단 말이냐**?（風邪にかかっているのに、薬を**飲まないということなのか**。）」

□넓고 넓은：広くて広い。
□－(이)라고 해도：～といっても。
□자〈者〉。

⑤ **存在詞の活用形Ⅰ＋사옵니다：** 古風 ～でございます。「아바마마, 저들은 죄가 **없사옵니다**.（父君、彼らには罪がございません。）／청나라는 프랑스와의 전쟁으로 국력이 쇠진해 **있사옵니다**.（清の国はフランスとの戦争で国力が衰え尽きております。）」

□그도 그렇구나：それもそうだ。

⑥ **活用形Ⅰ＋겠네：** ～するね、～だろうね。「설날에 과음 과식해서 살이 많이 **찌겠네**.（お正月に飲み過ぎ、食べ過ぎでいっぱい太るだろうね。）／가족들과 같이 유럽 여행을 갈 수 있으면 **좋겠네요**.（家族といっしょにヨーロッパ旅行に行けたらいいでしょうね。）」

2

□멀고 먼：遠くて遠い。
□바닷길：(海の道→)海路。
□헤엄치다：泳ぐ。
□드디어：とうとう。
□다다르다：至る。
□마침：たまたま。
□산책하다〈散策―〉：散歩する。
□－(이)구려：古風 ～だね＃念を押したり、確認したい気持ちを表す。
□바다 짐승：海の獣。

⑦ **存在詞の活用形Ⅰ＋소(?)：** 古風 ～ます(か)、～です(か)。「뭘 찾고 **있소**?. 내가 찾아 드리리라.（何を探していますか。私が探してあげます。）／나는 지금 술을 마실 생각이 **없소**.（私は今、お酒を飲む気がしません。）」

□그야：それは。
□－(이)야：～（だけ）は、～こそ＃取り立てて強調する意を表す。

□ 어디 : よし、どうか。

□ 을씨년스럽다 : うらさびしい、荒涼とした様子だ。

⑧ **活用形Ⅲ＋야 하오(?) : 古風 ～しなければなりません(か)。**「싫은 일이 있어도 꼭 **참아야 하오**. (いやなことがあってもぐっと**我慢しなければなりません**。) ／겨울에 보리밭은 꼭꼭 **밟아야 하오**. (冬に麦畑はしっかり**踏まなければなりません**。)」

□ －(이)야말로 : ～こそ。

□ 지상 낙원〈地上楽園〉: 地上の楽園。

□ 모르시는 말씀 : (ご存じでないお言葉→)無知なお話。

□ 우물 안 개구리 : 井の中の蛙。

□ －(이)군요 : ～ですね。

□ 경치〈景致〉: 景色。

□ 멋지다 : 素敵だ。

□ 산해진미〈山海珍味〉: (山の幸、海の幸→)ごちそう。

□ 넘쳐흐르다 : 溢れかえる。

⑨ **活用形Ⅱ＋오 : 古風 ～ますよ、～ですよ、お～なさい。**「저 하늘에 태양이 돌고 있는 한 당신을 **사랑하오**! (あの空に太陽が回っている限り、あなたを**愛します**。) ／내 이야기를 잘 **들으오**. (私の話をよく**お聞きなさい**。)」

□ 이깟 : (←이까짓) : これしきの、これっぽっちの。

□ 풀 : 草。

⑩ **活用形Ⅰ＋다니 : ～するとは、～ (だ)とは、～なんて。**

□ 불쌍하다 : かわいそうだ。

⑪ **活用形Ⅰ＋구려 : 古風 ～しなさい、～ (だ)ね。**「그 동안 제대로 못 먹었을 테니까 배가 터지도록 **먹구려**! (これまで、ちゃんと食べられなかったでしょうから、たらふく**食べなさい**。) ／이 백합꽃은 참 **예쁘구려**. (このユリの花は本当に**きれいですね**。)」

⑫ **形容詞の活用形Ⅱ＋ㄴ지 모르다 : ～かわからない。**「요즘 그 나라는 **조용한지 시끄러운지** 잘 **몰라요**. (最近、その国は**静かなのか、うるさいのか**

よくわかりません。）／오늘은 **추운지 더운지** 잘 **모르겠어요**.（今日は寒いか暑いかよくわかりません。）」

□ 쾌재를 부르다：（快哉を叫ぶ→）万歳と叫ぶ。

⑬ **活用形Ⅱ＋ㅂ시다**：～しましょう。「힘든 일이 있어도 앞으로 전향적으로 **나아갑시다**.（大変なことがあってもこれから前向きに進みましょう。）／식기 전에 빨리 **먹읍시다**.（冷める前に早く食べましょう。）」

3

□ 등：背中。

□ 업히다：負われる＃업다の受身形。

□ 사실은〈事実－〉：実は。

□ 데리고 오다：連れてくる。

□ 다름이 아니라：他でもなく。

□ 땅：陸。

⑭ **活用形Ⅲ＋ㅆ느니라**：古風 ～したのだ、～かったのだ、～だったのだ。＃目下の人に向かって、自分の経験や思うことを厳かに言い聞かせるときの表現。「이래 봬도 내가 젊었을 때는 인기가 **많았느니라**.（こう見えても私が若かったときは、人気が高かったのだ。）／그 청년은 가죽 양말을 벗어 우물 안으로 들어가 가죽 양말에 물을 담아 개에게 **주었느니라**.（その青年は革の靴下を脱ぎ、井戸の中に入り、革の靴下に水を入れて犬に与えたのだ。）」

⑮ **活用形Ⅰ＋겠다구요？**：～（したい）ですって？「내일은 바빠서 **못 가겠다구요**？（明日は忙しくて行けないんですって？）／무슨 말인지 **모르시겠다구요**？（何の話かわからないんですって？）」

□ 토 선생〈兎先生〉：ウサギさん。

□ 조그마하다：小さい。

□ 목숨：命。

□ 바치다：ささげる。

□ 영광〈栄光〉：光栄。

□ －이／가 아니겠소？：～ではないでしょうか。

□ 말을 거들다 :(言葉を手伝う→)口添えをする。

□ 꺼내다 :取り出す。

□ 햇볕 :日光。

□ 말리다 :干す、乾かす。

⑯ **活用形Ⅰ＋기도 하다 : 〜したりもする。とても〜だ。**

⑰ **活用形Ⅰ＋던 중이다 : 〜していたところだ。**「지금 남편의 와이셔츠를 **다리미질하던 중이었어요**.（今、夫のワイシャツにアイロンがけをしていたところでした。）／저녁을 **먹던 중이었는데** 친정에서 전화가 걸려 왔어요.（夕食を食べているところでしたが、実家から電話がかかってきました。）」

□ 그러면 :では、それでは。

⑱ **存在詞の活用形Ⅰ＋다는 말이냐? : 〜ということなのか。**「다른 방법이 **있다는 말이냐**?（他の方法があるということなのか。）／정녕 가르쳐 줄 수가 **없다는 말이냐**?（本当に教えてくれることができないということなのか。）」

□ 참으로 :実に。

□ 간사하다〈奸邪―〉:ずる賢い。

□ −(이)로군 :〜だね。

□ 어찌 :どうやって。

□ 넣었다 빼었다 :(入れたり抜いたり→)出したり入れたり。

□ 속이다 :騙す # 속다の使役形。

⑲ **活用形Ⅱ＋려 하다니 : 〜しようとするなんて。**「공부도 안 하고 좋은 대학에 편하게 **들어가려 하다니** 기가 찬 일이다.（勉強もしないで、いい大学に楽に入ろうとするなんてあっけに取られることだ。）／그런 미끼로 고기를 **잡으려 하다니** 어림도 없어요.（あんなエサで魚を釣ろうとするなんてとんでもありません。）」

□ 얼마든지 :いくらでも。

4

□ 긴가민가하다：(そうかそうでないのかと思う→)はっきり分からない、疑わしい、気になる。

□ 가르다：切る、割く。

□ 낭패〈狼狽〉：困ること。

⑳ **指定詞・形容詞の活用形Ⅱ＋ㄴ지라：～なので＃理由や根拠を表す。**「신칸센은 워낙 **빠른지라** 금방 오사카에 도착할 거예요.（新幹線はあまりにも速いのですぐ大阪に到着するでしょう。）／요즘은 자는 게 **늦은지라** 늦잠을 잔다.（この頃、寝るのが遅いので朝寝坊をする。）」

㉑ **活用形Ⅰ＋기로 하다：～することにする。**

□ 가져오다：持ってくる。

㉒ **活用形Ⅰ＋게 하다：～するようにする、～させる。**

□ 내놓다：取り出す、差し出す。

㉓ **活用形Ⅲ＋라：～しなさい。**「시간이 없으니 빨리 **서둘러라**.（時間がないから早く急ぎなさい。）／늦게 가도 괜찮으니 천천히 **먹어라**.（遅く行ってもいいから、ゆっくり食べなさい。）」

□ 세상에〈世上―〉：(世の中に→)まったくもう＃驚いたときに発する言葉。

□ 그길로：その足で。

□ 도망가다〈逃亡―〉：(逃亡行く→)逃げる。

㉔ **活用形Ⅰ＋고 말다：～してしまう。**

□ 털썩：ぺたりと、べたりと。

□ 주저앉다：座り込む。

□ 엉엉：ああんああん(と)＃声を張り上げて泣くようす。

□ 산신령님〈山神霊―〉：山の神様。

□ 정성〈精誠〉：真心、誠意。

□ 가상하다〈嘉尚―〉：奇特だ。

㉕ **活用形Ⅰ＋겠노라：古風 〜するのだ。**＃強調を表す。「아까 이미 다 말했기에 **그만두겠노라**.（さっき、すでに全部話したからもう**やめるのだ**。）／그대를 너무 사랑하였기에 언제까지나 **못 잊겠노라**.（あなたをあまりにも愛したので、いつまでも**忘れられないのだ**。）」

★읽고 나서

1 Q : **바닷속 용왕님의 병 치료를 위해 어떻게 하기로 했나 ?**

① 자라가 육지에서 새로운 약의 처방을 받아 오기로 했다.

② 자라가 뭍에 가서 토끼의 간을 구해 오기로 했다.

2 Q : **본문과 내용이 같은 것에는 ○표, 틀린 것에는 ×표 하세요.**

① 용왕이 큰병을 앓고 있다는 것은 거짓이었다.( )

② 토끼는 간이 두 개 있으므로 하나를 용왕님께 바치기로 했다. ( )

③ 자라의 정성에 감동한 산신령의 도움으로 용왕님 병을 고칠 수 있었다. ( )

3 Q : **자라는 어떻게 하여 토끼의 마음을 사는 데 성공하였나 ?**

A :

4 Q : **토끼는 어떻게 하여 산속으로 도망갈 수 있었나 ?**

A :

★이야기해 봅시다 !

일본의 대표적인 전래동화를 소개해 봅시다 !

☆써 봅시다 !

●書き写しトレーニング

1. 옛날 깊은 바닷속 용궁의 용왕이 큰 병을 앓고 있었어요. 여러 가지 약을 다 써 보았으나 병은 차도가 없었지요. 그래서 모두들 걱정이 많았어요. 바로 그때, 자라가 나섰어요.

2. " 그 참 모르시는 말씀 ! 그야말로 우물 안 개구리군요. 바닷속은 경치도 너무 멋지고 산해진미도 넘쳐흐르오. 이깟 풀을 먹고 살다니 당신이 불쌍하구려."

3. " 잠깐 ! 저는 날씨가 좋은 날에는 간을 꺼내 햇볕에 말리기도 합니다. 마침 오늘도 날씨가 좋아 산속의 바위에 말리던 중이었습니다."

4. 긴가민가했지만, 토끼의 배를 갈라 간이 없으면 낭패인지라, 용왕님은 일단 토끼의 말을 믿기로 하고, 자라와 함께 육지로 보내어 간을 가져오게 했어요.

……………………………………………………………………………………

……………………………………………………………………………………

……………………………………………………………………………………

5. "넌 참 바보구나! 세상에 누가 간을 마음대로 넣었다가 꺼냈다가 하느냐?" 토끼는 그길로 산속으로 도망가고 말았어요. 자라는 그 자리에 털썩 주저앉아 엉엉 울었어요.

……………………………………………………………………………………

……………………………………………………………………………………

……………………………………………………………………………………

〈解答〉

☆읽고 나서

1. ②

2. (1)×　(2)×　(3)○

3. 바닷속은 경치도 너무 멋지고 산해진미도 넘쳐흐른다고 이야기했다.

4. 날씨가 좋은 날에는 간을 꺼내 햇볕에 말리기도 하는데 마침 오늘도 날씨가 좋아 산속의 바위에 말리던 중이었다고 했다.

第4課 꿈조차 가난할 수 없다

夢まで貧しくてたまるか

Track 46

1 옛날에 어떤 한 소녀가 있었습니다.

그 소녀는 한 부부의 딸로 태어나 사랑을 듬뿍 받으며 자랐습니다. 하지만 언젠가부터 그 집안은 점점 가난해지며 불행해졌습니다. 아버지가 가정을 돌보지 않고① 집안에 돈을 가져다주지 않았기 때문입니다②. 그 아이는 집안이 가난해졌다는 것을 알아차리고는③ 하고 싶은 것들을 참았습니다. 용돈이 필요할 때에는 친구들의 숙제를 거들어 주며 500 원씩 모으기도 하였습니다.

집에 쌀이 없어 밥을 제대로 먹지 못하고 세 끼를 수제비만 먹기도 하고, 겨울에는 따뜻한 물이 나오지 않아 차가운 물로 몸을 씻어 감기에 걸리기도 했습니다.

Track 47

2 '왜 나에게만 이런 일이' 라며 부모님을 원망하기도 했습니다.

하지만 그런 힘든 현실 속에서도 마음을 편안하게 하는 일이 있었습니다. 학교가 끝난 뒤④, 서점의 일본 책 코너에 가는 것이었습니다. 익숙하지 않은 글자로 되어 있는 책을 보며 이웃나라에 대한 상상의 나래를 펼쳤습니다. 그때만큼은 힘든 일들을 잊을 수 있었습니다. 그리고 그 아이는 '일본어를 배우고 싶다.' 라고 생각하게 됩니다.

Track 48

3 여러분 이미 눈치채셨나요?⑤ 이 이야기의 주인공은 바로 저입니다.

'일본어를 배우고 싶다.'

하지만 경제적으로 그럴 수 없었습니다.

그러던 중 『가난하다고⑥ 꿈조차 가난할 수는 없다』라는 책과 만나게 됩니다. 이 책은 가난한 현실에 지지 않고 과학자가 된 사람의 이야기입니다.

'가난하다고 해서⑦ 꿈을 포기하지 않아도 되는구나.'

난방도 나오지 않는 영하의 추운 방에서 차가워진 손을 입김으로 녹여가며 공부하면서도⑧ 제 마음은 열정으로 불타올랐습니다.

Track 49

4 그로부터 10년, 많은 우여곡절이 있었지만 지금 일본어를 전공하고 있는 저에게는 새로운 꿈이 생겼습니다. 과거의 저처럼 힘든 상황을 겪고 있는 아이들에게 다가가 일본어 선생님이 되는 것입니다.

지금까지 누구에게도 말하지 않았던 이 이야기를 하는 이유는 여러분에게 전하고 싶은 것이 있기 때문입니다. 풍족한 시대라고 불리는 현대에도 가난 속에서 목소리를 내지 못하고 꾹 참고 있는 아이들이 지금도 어디엔가 있을 것입니다. 꿈을 가진 사람은 강해집니다. 여러분들의 주변에도 이러한 아이들이 있다면 꼭 제 이야기를 해 주어 용기를 북돋아 주시기를 바랍니다⑨.

—이지영—

★日本語訳

1 昔、ひとりの少女がいました。

その子はある夫婦の娘として生まれ、たっぷり愛されながら育ちました。しかし、いつしかその家は段々貧しく、不幸になっていきました。父親が家庭を顧みず、家にお金を全く入れなかったからです。その子は家が貧しくなったことに気付き、したいことを我慢するようになりました。お小遣いが必要なときには、友だちの宿題を手伝ってあげて500ウォンずつもらうこともありました。

家にお米がなくてご飯がちゃんと食べられず、三食すいとんだけを食べ、冬にはお湯が出ないため、冷たい水で体を洗い、風邪をひいたりもしました。

2 「なぜ私だけにこんなことが」と両親を恨めしく思うこともありました。

しかし、そんな辛い現実の中にも、心が休まることがありました。学校が終わったあと、本屋の日本語の本コーナーに行くことでした。見慣れない字が並ぶ本を見て、隣の国に想いを馳せました。そんな時だけは、嫌なことを忘れられました。そしてその子は「日本語を学びたい」と思うようになります。

3 みなさん、もうお気づきですか。この物語の主人公はほかでもなく私です。

「日本語を学びたい」しかし、経済的にそうすることができませんでした。そんなとき、『貧しいからって夢まで貧しくてたまるか』という本に出会います。この本は貧しい現実に負けず、科学者になった人の話です。

「貧しいからといって夢を諦めなくて良いんだ。」

暖房もない氷点下の寒い部屋で、かじかむ手を息で温めて勉強しながら、私の心は情熱で燃えていました。

4 あれから10年、多くの紆余曲折がありましたが、今、日本語を専攻する私には新たな夢があります。かつての私のように辛い思いをしている子に寄り添える、日本語の先生になることです。

今まで誰にも言わなかったこの話をした理由は、皆様に伝えたいことがあるからです。飽食の時代と言われる現代でも、貧しさの中で声を上げられず、じっと耐えている子どもが、今もどこかにいるはずです。夢があると、人は強くなれます。皆様の周りにもそういう子どもたちがいるなら、ぜひ私の話をして、勇気づけてあげてください。

— イ・ジヨン —

★語句と活用〈2-4〉

＊覚えた単語には✓を入れよう！

1

- □소녀〈少女〉。
- □자라다：育つ。
- □점점〈漸漸〉：だんだん。
- □불행해지다〈不幸ー〉：不幸になる。
- □듬뿍：たっぷり。
- □언젠가부터：いつからか。
- □가난해지다：貧乏になる、貧しくなる。
- □돌보다：世話をする。手伝う。

① **活用形Ⅰ＋지 않고**：～しないで、～（く）なくて。「오늘은 **게으름 부리지 않고** 열심히 공부했어요.（今日は**怠けないで**一生懸命勉強しました。）／그 거짓말쟁이한테 한 번도 **속지 않고**, 돈도 빌려 **주지 않았어요**.（あの嘘つきに一回も**騙されず**、お金も貸して**あげませんでした**。）」

- □가져다주다：（持ってきてくれる→）入れる。

② **活用形Ⅰ＋지 않았기 때문이다**：～しなかったからである、～（で）なかったからである。「그 회사에 독촉 전화를 한 것은 아무 연락을 **주지 않았기 때문이다**.（その会社に催促電話をしたのは、何の連絡も**してくれなかったからである**。）／그 사람이 사업에 성공한 것은 다른 일에 **한눈팔지 않았기 때문이에요**.（その人が事業に成功したのは他のことに**よそ見をしなかったからです**。）」

- □알아차리다：気づく。

③ **活用形Ⅰ＋고는**：～してからは。「점심을 먹고 잠시 **쉬고는** 다시 일했다.（昼ご飯を食べて、しばらく**休んでからは**また、働いた。）／아무리 바빠도 **먹고는** 살아야지.（いくら忙しくても**食べなくては**生きられない。）」

- □참다：我慢する、耐える。
- □거들다：手伝う。
- □용돈〈用ー〉：お小遣い。
- □모으다：集める。

□세 끼 : 三食。 □수제비 : 水団（すいとん）。
□차갑다 : 冷たい。 □씻다 : 洗う。
□감기에 걸리다 : (風邪にかかる→) 風邪を引く。

2

□원망하다〈怨望—〉: 恨む。 □현실〈現実〉。
□편안하다〈便安—〉: 気が楽だ。 □끝나다 : 終わる。

④ **活用形Ⅱ＋ㄴ 뒤 : 〜したあと。**「연말에 집을 깨끗이 **청소한 뒤**에 설날을 맞이했어요. (年末に家をきれいに**掃除したあと**、お正月を迎えました。)／무사하다는 연락을 **받은 뒤** 안심했어요. (無事だという連絡を**受けたあと**、安心しました。)」

□이웃나라 : 隣の国、隣国。 □상상〈想像〉。
□나래 : 翼。 □펼치다 : 広げる。
□-만큼은 : 〜くらいは。

3

□이미 : すでに。 □눈치채다 : 気づく。

⑤ **活用形Ⅲ＋ㅆ나요? : 〜したのでしょうか、〜かったのでしょうか、〜だったのでしょうか。**「그 사람이 무엇을 생각하는지 **모르셨나요**? (彼が何を考えているのか、**わかりませんでしたか**。)／언제부터 그 사람이 빚이 많다는 걸 **아셨나요**? (いつから彼が借金が多いということを**ご存じでしたか**。)」

□주인공〈主人公〉。 □바로 : ほかならぬ。
□경제적〈経済的〉。 □그럴 수 없다 : そのようにできない。

□ 그러던 중〈―中〉：そうこうしているうちに。　□ 가난하다：貧乏だ、貧しい。

⑥ **形容詞の活用形Ⅰ＋다고：～だと(いって)。**「그 호텔의 종업원들은 아주 **친절하다고** 소문이 자자했어요.（あのホテルの従業員たちはとても**親切だと**うわさが広まっていました。）／스포츠를 잘하는 사람들이 **부럽다고** 자기도 열심히 운동했어요.（スポーツのうまい人が**うらやましいからといって**、自分も一生懸命運動しました。）」

□ ―조차：～すら、～さえ。　□ 지다：負ける。

□ 과학자〈科学者〉。

⑦ **形容詞の活用形Ⅰ＋다고 해서：～(だ)といって。**「이 자두가 **시다고 해서** 못 먹을 정도는 아니에요.（このプラムが**酸っぱいからといって**、食べられないほどではありません。）／날씨가 **춥다고 해서** 집안에만 있으면 안 돼요.（天候が**寒いからといって**、家の中にばかりいてはいけません。）」

□ 포기하다〈抛棄―〉：放棄する、諦める。　□ 난방〈暖房〉。

□ 영하〈零下〉：氷点下。　□ 차가워지다：冷たくなる。

□ 입김：息。　□ 녹이다：解かす＃녹다の使役形。

⑧ **活用形Ⅱ＋면서도：～しながらも、～するのにも、～(な)のにも。**

□ 열정〈熱情〉情熱。　□ 불타오르다：燃え上がる。

4

□ 그로부터：そのときから。

□ 전공하다〈専攻―〉：専攻する。

□ －을／를 겪다：～を経験する。

□ 전하다〈伝―〉：伝える。

□ 불리다：呼ばれる、言われる。

□ 목소리：声。

□ 강해지다〈強―〉：強くなる。

□ 용기〈勇気〉。

□ 우여곡절〈紆余曲折〉。

□ 상황〈状況〉。

□ 다가가다：近づく。

□ 풍족하다〈豊足―〉：豊かだ。

□ 가난：貧困、貧しさ。

□ 꾹：ぐっと、じっと。

□ 주변〈周辺〉：周り。

□ 북돋우다：盛り上げる、励ます。

⑨ 活用形Ⅰ＋기를／길 바라다：～してほしい。

★읽고 나서

●練習問題〈2-4〉

1 Q : 글 속 '아이'의 성격은 어떠한가?

① 자신이 처한 현실을 담담히 받아들이며 자신의 꿈을 포기하지 않는 성격이다.

② 곤란해지면 투정을 부리거나 짜증을 내는 성격이다.

2 Q : 본문과 내용이 같은 것에는 ○표, 틀린 것에는 ×표 하세요.

① '아이'는 집안이 가난해진 것을 알았지만 하고 싶은 것들은 계속했습니다.( )

② '아이'는 어려운 현실에 대해 부모님을 원망할 때도 있었다.( )

③ 열심히 공부하는 '아이'의 모습을 본 주변 사람들이 '아이'를 도와 주었다.( )

3 Q : 서점의 일본 책 코너에서 일본에 관한 책을 보며 무엇을 생각했나?

A :

4 Q : 지은이가 지금까지 비밀로 했던 이야기를 한 이유는 무엇인가?

A :

★이야기해 봅시다!

힘든 일이 있을 때 어떻게 이겨내 왔습니까?

☆써 봅시다 !　　●書き写しトレーニング

1. 집에 쌀이 없어 밥을 제대로 먹지 못하고 세 끼를 수제비만 먹기도 하고, 겨울에는 따뜻한 물이 나오지 않아 차가운 물로 몸을 씻어 감기에 걸리기도 했습니다.

2. "왜 나에게만 이런 일이" 라며 부모님을 원망하기도 했습니다. 하지만 그런 힘든 현실 속에서도 마음을 편안하게 하는 일이 있었습니다.

3. '가난하다고 해서 꿈을 포기하지 않아도 되는구나.' 난방도 나오지 않는 영하의 추운 방에서 차가워진 손을 입김으로 녹여가며 공부하면서도 제 마음은 열정으로 불타올랐습니다.

4. 많은 우여곡절이 있었지만 지금 일본어를 전공하고 있는 저에게는 새로운 꿈이 생겼습니다.

....

....

....

5. 꿈을 가진 사람은 강해집니다. 여러분들의 주변에도 이러한 아이들이 있다면 꼭 제 이야기를 해 주어 용기를 북돋아 주세요.

....

....

....

〈解答〉

☆읽고 나서

1. ①

2. (1)×　(2)○　(3)×

3. 익숙하지 않은 글자로 되어 있는 책을 보며 이웃 나라에 대한 상상의 나래를 펼쳤다. 그때만큼은 힘든 일들을 잊을 수 있었고 일본어를 배우려고 생각했다.

4. 가난 속에서 하고 싶은 일이 있어도 못 하고 꾹 참고 있는 아이들에게 꿈을 가지라는 이야기를 전해 주고 싶어서.

第5課 시어머니와 며느리의 마음

姑と嫁の気持ち

Track 50

この文章はネットでかなり広く知られている作者不詳の文章である。韓国ではこういった小話風の文章がネット上に散見している。

1 며느리 문자

아버님 어머님 보세요. 우리는 당신들의 기쁨조가 아닙니다. 나이 들면 외로워야 맞죠①. 그리고 그 외로움을 견딜 줄 아②는 사람이 성숙한 사람이고요.

자식, 손자, 며느리에게서 인생의 위안이나 기쁨이나 안심을 구하려고 하지 마시고, 외로움은 친구들이랑 같이 달래시거나 취미 생활을 즐기면서 달래세요. 죽을 땐 누구나 혼자입니다.

그 나이가 되면 스스로 외로움을 품을 줄 아는 사람이 지혜로운 사람이고, 나이 들어서 젊은이같이 살려고 아등바등하는 게 다 부질없는 짓입니다. 마음만은 청춘이고 어쩌고③ 이런 어리석은 말씀만은 제발 좀 하지 마세요. 나이 들어서 마음이 청춘이면 그건 주책바가지인 겁니다.

2 늙으면 말도 조심하고, 정신이 쇠퇴해 판단력도 흐려지니 남의 일에 훈수 두는 것도 삼가야 하고, 세상이 바뀌었으니 내 가진 지식이 설사 젊은이들보다 더 많은데도 불구하고④ 제대로 대접을 못 받는다고 해서⑤ 섭섭해하거나 삐치는 일이 없도록 해야 합니다.

요즘 같은 세상에 나일리지는 더 이상 씨알도 안 먹힌다는 사실을 알아차리셔야 합니다. 나이가 든다는 건⑥ 나이라는 권력이 생긴다는 게 아니라⑦ 자기 삶이 소멸해 간다는 걸 터득하시고 혼자 조용히 물러나는 법⑧을 배우는 과정임을 깨달으셔야 합니다.

Track 52

3 그리고 전화를 몇 개월에 한 번을 하든⑨, 1년에 한 번을 하든⑨, 아니면 영영 하지 않아도 그것이 뭐가 그리 중요하세요? 그것 가지고 애들 아빠 그만 괴롭히세요!

마지막으로 이번 추석에 승훈이랑 병훈이 데리고 몰디브로 여행 가니까 내려가지 못해요. 그렇게 아시고, 10만 원 어머니 통장으로 입금해 놓았으니 찾아 쓰세요.

Track 53

4 시어머니의 답장 내용

고맙다. 며느라!

형편도 어려울 텐데⑩ 이렇게 큰돈 10만 원씩이나 보내 주고… 이번 추석에 내려오면 선산 판 거 90 억하고 요 앞에 도로 난다고 토지 보상받은 거 60 억 합해서 3 남매에게 나누어 줄랬더니⑪… 바쁘면 할 수 없지 뭐⑫, 어쩌겠냐? 둘째하고 막내딸에게 반반씩 갈라 주고 말란다⑬. 내가 살면 얼마나 더 살겠니? 여행이나 잘 다녀와라. 제사는 이 에미가 모시마⑭.

Track 54

5 며느리의 답장 내용

헉 !!!~ 어머니! 친정 부모님한테 보낸 메시지가 잘못 갔네요⑮ㅠㅠ. 친정에는 몰디브 간다고 하고서⑯ 연휴 내내 시댁에 있으려고 했거든요⑰ 헤헤 ^^. 어머니 좋아하시는 육포 잔뜩 사서 내려갈게요⑱. 항상 딸처럼 아껴 주셔서 감사해요~

P.S. 오늘은 어머님께 엄마라고 부르고 싶네요⑲. 엄마 사랑해요~~~

Track 55

6 어머니의 답장 내용

사랑하는 며느라! 엄마라고 불러 줘서 고마운데 이걸 도대체 어떡하면 좋니⑳?

내가 눈이 나빠서 만 원을 쓴다는 게㉑ 억 원으로 적어 버렸네. 선산 판 거 90 만 원, 보상받은 거 60 만 원 해서 제사 모시려고 장 봐 놨다. 얼른 와서 제수 만들어 다오㉒.

사랑하는 딸아. 난 너 뿐이다.

★日本語訳

1 ◆嫁からのメール◆

お父さん、お母さんご覧になってください。私たちは、あなたたちの喜び組ではありません。年をとれば当然、孤独です。そして、その寂しさに耐えることができる人が成熟した人です。

子、孫、嫁から人生の慰めや喜びや安心を求めようとせず、孤独は友人らといっしょに紛らわしたり、趣味を楽しみながら癒してください。死ぬ時は誰でも一人です。

その年齢になれば自ら孤独を抱えることができる人が賢い人であり、年取って若者のように生きようとあくせくするのは全部無駄なことです。心だけは青春だの、なんだのって、こんな愚かなことだけはどうか言わないでください。年を取って心が青春ならそれは恥知らずなことです。

2 老いたらことばにも注意し、精神が衰え判断力も鈍くなるから、他人の事に口出しをすることを控え、世の中が変わったので、たとえ自分の持っている知識が若者よりももっと多いにもかかわらず、それ相応の扱いを受けられないからと言って、残念がったりすねたりすることがないようにしなければなりません。

今のような世の中で、ナイレージ(年+マイレージ)はもう聞き入れてもらえないという事実に気付かなければなりません。年を取るということは、年という権力が得られるということではなく、自分の生が消滅していくということを悟り、一人静かに退く方法を学ぶ過程であることに気づかなければなりません。

3 そして電話を数か月に一度であれ、1年に一度であれ、または全然しなくても、何がそんなに大事ですか。そのことで子どもたちの父をいじめないでください！

最後に、今回のチュソクにスンフンとピョンフンを連れてモルディブへ旅行に行くので、帰れません。そのおつもりで、10万ウォンをお義母さんの通帳に振り込んでおいたので、引き出して使ってください。

4 **◆姑の返信内容◆**

ありがとう。うちのお嫁さん！

大変だろうにこんな大金10万ウォンも、送ってくれて…今回のチュソクに帰ってきたら、祖先代々の山を売った90億ウォンと、そのあたりで道路を作ると言って土地の補償でもらった60億ウォンを合わせて、3人兄弟に分けてあげようとしたけど、忙しいと言うから仕方ないね。どうしようもないじゃないか。次男と末娘に半分ずつ分けてあげるつもりだよ。あと、いくばくも残っていない人生。旅行、気をつけて行っていらっしゃい。法事はこのお義母さんが執り行うよ。

5 **◆嫁の返信内容◆**

オ～マイゴッド！お義母さん、実家の両親に送るつもりのメッセージが間違って送られてしまいました。ㅠㅠ。実家には、モルディブに行くと言って、連休中、ずっとお義母さんちに帰省するつもりでいましたよ、えへへ。お義母さんのお好きな干し肉、いっぱい買って帰ります。いつも娘のように大切にしていただきありがとうございます～

追伸：今日はお義母さんをママと呼んでみたいです。ママ、大好き。

6 ◆母の返信内容◆

愛するお嫁さん！　ママと呼んでくれてありがたいけど、いったいこれをどうすればいいのだろう？

私は目が悪くて、1万ウォンと書くつもりが1億ウォンと書いてしまった。山を売ったのは90万ウォン、補償してもらった60万ウォンで、法事のための買い物を済ませた。早く帰ってきて、供え物を作ってほしい。

愛する娘よ。私にはあなただけ(が頼り)だよ。

★語句と活用〈2-5〉

＊覚えた単語には✓を入れよう！

☐ 문자〈文字〉：携帯のメール。 ☐ 며느리：嫁。

1

☐ 기쁨조〈一組〉：喜び組。 ☐ 나이 들다：(歳入る→)歳を取る。

☐ 외롭다：寂しい。

① **活用形Ⅲ＋야 맞다**：（～してこそ正しい→）**～すべきである**。「좀 힘들어도 **참아야 맞다**.（ちょっと大変でも**我慢しなければならない**。）／젊을 때는 열심히 **일해야 맞다**.（若いときは一生懸命**働かなければならない**。）」

☐ 외로움：寂しさ。 ☐ 견디다：耐える。

② **活用形Ⅱ＋ㄹ 줄 알다**：**～することができる**。「술은 별로 안 좋아하지만 **마실 줄은 알아요**.（お酒はあまり好きではありませんが、**飲むことはできます**。）／러시아 말은 잘 모르지만 글씨는 **읽을 줄 알아요**.（ロシア語はよくわかりませんが、文字は**読むことができます**。）」

☐ 성숙하다〈成熟一〉：成熟する。 ☐ -(이)고요：～ですよ。

☐ 손자〈孫子〉：孫。 ☐ 인생〈人生〉。

☐ 위안〈慰安〉。 ☐ 기쁨：喜び。

☐ 안심〈安心〉。 ☐ 달래다：慰める、紛らす。

☐ 즐기다：楽しむ。 ☐ 품다：抱く。

☐ 지혜롭다〈知恵一〉：賢い、賢明だ。 ☐ 젊은이：若者。

☐ 아등바등하다：あくせくする。 ☐ 부질없다：無駄だ、むなしい。

☐ 짓：こと、ふるまい。

③ **指定詞の活用形Ⅰ＋고 어쩌고：～だのなんだの。**「**사랑이고 어쩌고** 다 부질없는 짓이야.（愛がどうのこうのと、全部無駄なことだよ。）／**효자이고 어쩌고** 결혼하면 다 헛일이야.（孝行息子がどうのこうのって、結婚したら全部むだだよ。）」

□ 어리석다：愚かだ。

□ 주책바가지：愚か者。

2

□ 늙다：老いる、年を取る。

□ 조심하다〈操心―〉：気をつける、注意する。

□ 쇠퇴하다〈衰退―〉：衰える。

□ 판단력〈判断力〉。

□ 흐려지다：曇る、濁る。

□ 훈수〈訓手〉：口出し、コーチ。

□ 두다：おく、する。

□ 삼가다：控える、慎む。

□ 바뀌다：変わる＃바꾸다の受身形。

□ 지식〈知識〉。

□ 설사[設使]：たとえ。

④ **形容詞の活用形Ⅱ＋ㄴ데도 불구하고：～にもかかわらず。**「**바쁜데도 불구하고** 일부러 와 주셔서 감사합니다.（忙しいにもかかわらず、わざわざ来ていただきありがとうございます。）／날씨가 **좋은데도 불구하고** 온종일 방안에 틀어박혀 지냈어요.（いい天気にもかかわらず一日中、部屋に閉じこもって過ごしました。）」

□ 대접〈待接〉：待遇、扱い。

⑤ **活用形Ⅰ＋ㄴ다고／는다고 해서：～するからといって。**「오늘 저녁에 눈이 많이 **온다고 해서** 일찍 집에 돌아갔어요.（今晩、雪がいっぱい降るからといって、早く家に帰りました。）／그냥 CD 만 **듣는다고 해서** 영어 실력이 느는 것이 아니에요.（ただ、CDだけ聞くからといって、英語の実力が伸びるのではありません。）」

□ 섭섭해하다：惜しがる、残念がる。□ 삐치다：すねる。

□ 나일리지：歳を笠にきて、偉そうに威張る非常識な老人を卑下する言葉。年齢(ナイ、나이)＋マイレージ(mileage、마일리지)を掛け合わせた新造語。

□ 씨알도 안 먹히다：(種も利かない→)相手にもしてもらえない。

□ 먹히다：受け入れられる＃먹다の受身形。

□ 알아차리다：気づく。

⑥ **活用形Ⅰ＋ㄴ다는／는다는 건：〜するということは。**「골프를 잘 **친다는 건** 생각보다 어려워요.（ゴルフをうまく**やるということは**思ったより難しいです。）／**산다는 건** 쉬운 일이 아니에요.（**生きるということは**簡単なことではありません。）」

□ 권력〈権力〉。

⑦ **活用形Ⅰ＋ㄴ다는／는다는 게 아니라：〜するということではなく。**「집을 금방 **산다는 게 아니라** 언젠가 돈이 많이 모이면 사고 싶어요.（家をすぐ**買うと言うことではなくて**、いつかお金がたくさん貯まれば買いたいです。）／별장을 **짓는다는 게 아니라** 작은 별장을 하나 사게 됐어요.（別荘を**建てると言うのではなく**、小さい別荘を一つ買うようになりました。）」

□ 삶：人生。

□ 소멸하다〈消滅—〉：消滅する、消える。

□ 터득하다〈攄得—〉：悟る。

□ 조용히：静かに。

□ 물러나다：退く。

⑧ **活用形Ⅰ＋는 법〈—法〉：〜する方法、〜し方(かた)。**「노트북 싸게 **사는 법**을 알고 있어요.（ノートパソコンを安く**買う方法**を知っています。）／이 낱말 **읽는 법**을 좀 가르쳐 주세요.（ちょっとこの単語の**読み方**を教えてください。）」

□ 과정〈過程〉。

□ 깨닫다：悟る、理解する。

3

⑨ **活用形Ⅰ＋든:～しても、～くても、～でも。**「어떻게 **가든** 가기만 하면 돼요.（どうやって行こうが、行きさえすればいいです。）／뭘 **먹든** 맛있게 먹는 게 중요해요.（何を食べようが、おいしくいただくことが大事です。）」

□ 아니면：それとも。
□ 영영〈永永〉：永遠に、いつまでも。
□ 그리：そんなに＝그렇게。
□ 그것 가지고：（それ持って→）そんなことで。
□ 애들 아빠：（子どもたちのパパ→）主人。
□ 그만：それくらい（で）。
□ 괴롭히다：苦しめる、いじめる。
□ 추석〈秋夕〉：旧盆。
□ 몰디브：モルディブ。
□ 내려가다：（下りて行く→）帰省する。
□ 그렇게 아시고：（そのようにお分かりになって→）そのつもりで。
□ 통장〈通帳〉。
□ 입금하다〈入金—〉：振り込む。
□ 찾다：引き出す。

4

□ 답장〈答状〉：返事。
□ 며느라：（←며느리야）嫁さんよ。
□ 형편〈形便〉：都合、経済事情。
□ 어렵다：厳しい、大変だ。

⑩ **活用形Ⅱ＋ㄹ 텐데：～はずなのに。**「오늘쯤 여기로 **올 텐데** 아직 아무 연락이 없어요.（今日あたり、ここに来るはずなのにまだ何の連絡もありません。）／저녁은 집에서 **먹을 텐데** 반찬이 별로 없어요.（夕食は家で食べるはずなのに、あまりおかずがありません。）」

□ 큰돈：（大きいお金→）大金。
□ －씩이나：～も ♯数量が多いことを表す。

☐ 선산〈先山〉：祖先から受け継いだ山。　☐ 토지〈土地〉。

☐ 보상〈補償〉。　☐ 합하다〈合―〉：合わせる。

☐ 남매〈男妹〉：兄弟。　☐ 나누다：分ける。

⑪ **活用形Ⅱ＋ㄹ랬더니：（←려고 했더니）**～しようと思ったら。「용돈을 **줄랬더니** 싫다고 했다.（お小遣いをあげようとしたら、いやだと言った。）／탕수육을 **먹을랬더니** 너무 달고 짜서 먹을 수 없었어요.（酢豚を食べようとしたら、あまりに甘くてしょっぱくて食べられませんでした。）」

☐ 할 수 없다：（することができない→）仕方ない。

⑫ **活用形Ⅰ＋지 뭐：**～するよ＃あきれたり、嘆いたりするときの表現。「이 영화는 다음에 기회가 있으면 **보지 뭐**.（この映画は今度、機会があれば見るよ。）／머리는 내일 아침 출근하기 전에 **감지 뭐**.（髪は明日の朝、出社する前に洗うよ。）」

☐ 어쩌겠냐?：（←어찌 하겠냐?）どうする?

☐ 둘째：二番目、次男。　☐ 막내딸：末娘。

☐ 반반씩〈半半―〉：半分ずつ。　☐ 갈라 주다：分けてあげる。

⑬ **活用形Ⅰ＋고 말란다：**～してしまうよ。「그 명품 백은 꼭 **사고 말란다**.（そのブランドバッグは必ず買ってしまうぞ。）／이번 축구 시합에서 꼭 한 골을 **넣고 말란다**.（今度のサッカーの試合で、必ずゴールを決めるぞ。）」

☐ 살면 얼마나 더 살겠니?：（生きればどれくらいもっと生きるだろうか→）先が長くない。

☐ 제사〈祭祀〉：祖先の法事。　☐ 모시다：仕える、執り行う。

⑭ **活用形Ⅱ＋마：**～するよ。「그 책은 내일 아침까지는 꼭 **보내 주마**.（その本は明朝までには必ず送るよ。）／아들아 책을 읽어라！이 엄마도 책을 **읽으마**.（息子よ、本を読みなさい！この母も本を読むよ。）」

5

☐ 헉 ：はっと＃驚いたり、恐れたりして息をのむようす。

☐ 친정〈親庭〉：（結婚した女性の）実家。 ☐ 부모님〈父母—〉：両親。

☐ 메시지 ：メッセージ。 ☐ 잘못 ：間違えて。

⑮ **活用形Ⅲ＋ㅆ네요：〜しましたね、〜でしたね。**「어제는 월요일이라 꽤 **바빴네요**. 집에 가서 녹초가 되어 버렸어요.（昨日は月曜日だったので、かなり忙しかったですね。家に帰ってへとへとになってしまいました。）／국수를 너무 오래 **삶았네요**. 다 퍼져 버렸어요.（麺をゆですぎましたね。全部伸びてしまいました。）」

☐ ㅠ ㅠ ：泣く＃顔文字。

⑯ **活用形Ⅰ＋ㄴ다고／는다고 하고서：〜すると言って。**「월말까지 리포트를 **낸다고 하고서** 약속을 못 지켰어요.（月末までレポートを出すと言って、約束を守れませんでした。）／**믿는다고 하고서** 결국 의심해 버렸어요.（信じると言って、結局、疑ってしまいました。）」

☐ 연휴〈連休〉。 ☐ 내내 ：ずっと。

☐ 시댁〈媤宅〉：夫の実家、婚家。

⑰ **活用形Ⅱ＋려고 했거든요：〜しようとしていました。**「이번 일요일에 도봉산으로 등산을 **가려고 했거든요**.（今度の日曜日に道峰山に登山に行こうとしました。）／산에 가서 산나물을 **뜯으려고 했거든요**.（山に行って山菜を採ろうとしましたよ。）」

☐ 육포〈肉脯〉：干し肉。 ☐ 잔뜩 ：いっぱい。

⑱ **活用形Ⅱ＋ㄹ게요：〜します。**

☐ 아끼다 ：大事にする。

⑲ **活用形Ⅰ＋고 싶네요**：〜したいですね。「윤동주의 서시를 **외우고 싶네요**.（ユン・ドンジュの序詩を**覚えたいですね**。）／길거리 가다 들은 음악인데 무슨 곡인지 **찾고 싶네요**.（道を歩いていて聞いた音楽ですが、どんな曲なのか**探したいですね**。）」

6

□ 도대체〈都大体〉：いったい。　□ 어떡하면：どうすれば。

⑳ **活用形Ⅰ＋니?**：〜するの？、〜なの？「언제 기말 시험을 **치니**?（いつ期末テストを**受ける**？）／이 백화점은 몇 시에 **문을 여니**?（このデパートは何時に**開店するの**？）」

㉑ **活用形Ⅰ＋ㄴ다는／는다는 게**：〜するというのが。
「그 사람을 **만난다는 게** 쉽지 않아요.（あの人に**会うというのが**簡単ではありません。）／생선을 잘 **굽는다는 게** 만만치 않네요.（魚をおいしく**焼くというのが**ままならないもんです。）」

□ 적다：書く。　□ 해서：（して→）合わせて。

□ 장 보다：（市場を見る→）買い物をする。　□ 얼른：早く、早速。

□ 제수〈祭需〉：祭物 # 祭祀のときの供え物。

㉒ **活用形Ⅲ＋다오**：〜しておくれ。「약속은 하늘이 무너져도 꼭 **지켜 다오**.（約束は天が崩れても必ず**守っておくれ**。）／이 신문을 좀 **묶어 다오**.（ちょっとこの新聞を**束ねておくれ**。）」

★읽고 나서

1 **Q : 며느리는 누구에게 왜 문자를 보냈는가 ?**

① 친정 부모님께 몰디브에 가기 때문에 추석 때 못 간다고…

② 시부모님께 여행을 가기 때문에 이번 추석 때 못 가게 되어 돈만 보냈다고 …

2 **Q : 본문과 내용이 같은 것에는 ○표, 틀린 것에는 ×표 하세요.**

① 외로움은 자식, 손자, 며느리랑 같이 달래는 게 좋다. (　)

② 늙으면 제대로 대접을 못 받는다고 해서 섭섭해 하거나 삐치는 일이 없도록 해야 한다. (　)

③ 며느리는 원래 추석에 몰디브에 놀러갈 예정이었다. (　)

3 **Q : 며느리는 시부모님께 외로움을 어떻게 달래라고 했나?**

A :

4 **Q : 실제로 시어머니가 자식에게 나눠 주려는 돈은 얼마였나? 그리고 처음에는 왜 잘못 적었나?**

A :

★이야기해 봅시다!

일본에도 '고부(姑婦) 간 갈등'이 있습니까?

고부(姑婦) 간의 갈등은 왜 생긴다고 생각합니까?

☆써 봅시다！ ●書き写しトレーニング

1. 그 나이가 되면 스스로 외로움을 품을 줄 아는 사람이 지혜로운 사람이고, 나이 들어서 젊은이같이 살려고 아등바등하는 게 다 부질없는 짓입니다.

2. 남의 일에 훈수 두는 것도 삼가야 하고, 세상이 바뀌었으니 내 가진 지식이 설사 젊은이들보다 더 많은데도 불구하고 제대로 대접을 못 받는다고 해서 섭섭해 하거나 삐치는 일이 없도록 해야 합니다.

3. 그리고 전화를 몇 개월에 한 번을 하든, 1 년에 한 번을 하든 아니면 영영 하지 않아도 그것이 뭐가 그리 중요하세요？그것 가지고 애들 아빠 그만 괴롭히세요！

4. 어머니! 친정 부모님한테 보낸 메시지가 잘못 갔네요ㅠㅠ. 친정에는 몰디브 간다고 하고서 연휴 내내 시댁에 있으려고 했거든요.

....

....

....

5. 내가 눈이 나빠서 만 원을 쓴다는 게 억 원으로 적어 버렸네. 선산 판 거 90 만 원, 보상받은 거 60 만 원 해서 제사 모시려고 장 봐 놨다. 얼른 와서 제수 만들어 다오.

....

....

....

〈解答〉

☆읽고 나서

1. ②

2. (1)× (2)○ (3)○

3. 외로움은 친구들이랑 같이 달래거나 취미 생활을 즐기면서 달래라고 했다.

4. 150 만 원. 눈이 나빠서 만 원을 쓴다는 게 억 원으로 잘못 적었다.

韓国語の対者敬語

韓国語の敬語の中で、いちばん発達しているのは対者敬語です。話し手が特定の終結語尾を使うことによって聞き手を高めたり、低めたりする方法です。聞き手との年齢差や社会的地位の差、会話している場面などに応じて異なる語尾が使われます。対者敬語は「格式体」と「非格式体」に分かれます。

		平叙形	疑問形	命令形	勧誘形	感嘆形
格式体	①하십시오体	합니다 읽습니다	합니까？ 읽습니까？	하십시오 읽으십시오	(하시지요) (읽으시지요)	——
格式体	②하오体	하(시)오 읽으(시)오	하(시)오？ 읽으(시)오	하(시)오 읽으(시)오	합시다 읽읍시다	하는구려 읽는구려
格式体	③하게体	하네 읽네	하는가？/ 하나？ 읽는가？/ 읽나？	하게 읽게	하세 읽으세	하는구먼 읽는구먼
格式体	④해라体	한다 읽는다	하냐？/ 하니？ 읽냐？/ 읽니？	해라 읽어라	하자 읽자	하는구나 읽는구나
非格式体	⑤해요体	해요 읽어요	해요？ 읽어요？	해요 / 하세요 읽어요 / 읽으세요		
非格式体	⑥해体	해 / 하지 읽어 / 읽지	해？/ 하지？ 읽어？ / 읽지？	해 / 하지 읽어 / 읽지		

「**格式体**」とは、公の場面などでよく使われるフォーマルな文体で、①**하십시오**体、②**하오**体、③**하게**体、④**해라**体というのがあります。また、「**非格式体**」としては、ラフな会話で使われる、⑤**해요**体と⑥**해**体があります。

「②하오体」と「③하게体」も目下の聞き手を丁重に扱う表現です。「**格式体**」ではいずれも全く異なる語尾が使われるのに対し、「**非格式体**」の語尾は共通しており、「⑥해体」の語尾に「—요」を接続するだけで「⑤해요体」になり、目上の人に使えます。

「**非格式体**」は柔らかい感じの表現で、くだけた場面で使われ、聞き手への心理的な距離感を解消する機能をもっています。他方、格式を改めなければならない場面で使うと、失礼な印象を与えかねないこともあります。聞き手との関係において、年齢や地位が下であったとしても目上として丁重に扱わなければならない場合もあります。

上記の「対者敬語」を敬意の度合いによって順番をつけると詳細は次のようになります。

①하십시오体＞ ⑤해요体＞ ②하오体＞ ③하게体＞ ⑥해体＞ ④해라体

①**하십시오**体（**하십시오체**）：格式体において目上に使えるのは「①**하십시오**体」だけですが、大半は面接、発表、演説などの公の場で使われることが多いです。また、会社などで上司に対して、ビジネスの世界で相手に対してこの表現を使います。格式体と言われるだけに、相当固い感じを与えられます。

日本の韓国語教育においては、「**합니다**（ハムニダ）体」とも言われるこの体は、語尾が平叙形では「**-다**」、疑問形では「**-까**」で終わるため、日本人の人名「**タナカ**（田中）」にかけて「**다나까**体」とも言われています。この体は軍隊や体育会系でもよく使われており、若い人はあまり使わない傾向があります。目下にも使える「⑤해요体」とは違って、この体はもっぱら目上の人だけに使います。**上称**。

②**하오**体（**하오체**）：目下や同等の聞き手に対して格式を自分と同格まで高める表現。ちょっと古めかしい感じですが、一昔前までは、夫が妻に、職場の上司が一定の肩書をもっている部下に、中年以上の男性が自分と年齢があまり変わらない部下に使っていました。

近年は、日常会話ではあまり使われません。ただし、注意事項を書いた標識（멈추시오、들어가지 마시오）や試験問題の設問（답하시오）などの書き言葉ではよく使われます。**中称**。

③**하게**体（**하게체**）：ある程度年齢や社会的地位のある目下の人に、少し低く、あるいは同等として扱う表現です。つまり、聞き手の社会的な立場を認め、ぞんざいに扱えないとき使います。하게体は義理の親が婿に、結婚の年齢に達した友人の息子に、大学の教員が大学院生に使いやすい表現です。中年以上の人が使うことが多いです。**等称**。

④**해라**体（**해라체**）：聞き手が若かったり、親しかったりするとき、目下と

して低く扱ったり、同等として相手を高めない表現です。해라体は非格式体⑥해体とあまり変わらないですが、母親に対して⑥해体は使えても④해라体は使えません。「- 요」がつけられない語尾は④해라体になります。**下称**。

なお、一般的に不特定多数向けの文体では、④해라体を使います。本や雑誌、新聞といった印刷媒体で主に使われますが、印刷媒体に特有なのは情報の発信時と受信時に時間的な差があり、読み手が書き手と直接対面して得られない間接的な情報であるためです。

'한겨울의 봄 날씨' 가 보름 가까이 계속되고 있다. 그러나 기상청은 새해부터 차가운 시베리아 기단의 남하로 본격적인 맹추위와 폭설이 예상되는 만큼 대비가 필요하다고 밝혔다. 그러면 어떻게 대비해야 하는가? 자세한 사항은 기상청에서 배포한 안내 자료를 참고하라.
(「真冬の春の天気」が半月近く続いている。しかし、気象庁は、新年から冷たいシベリア気団の南下により、本格的な寒波と大雪が予想されるだけに、備えが必要であると明らかにした。それではどのように備えればいいのか。詳しいことは、気象庁から配布された案内資料を参照してほしい。)

ただし、一般的な「④해라体」とは違って、形容詞の疑問文では「예쁜가?」「좋은가?」などのように「活用形Ⅱ＋ㄴ가?」、動詞の疑問文では「하는가?」「먹는가?」などのように「活用形1＋는가?」、動詞の命令文では「하라」「먹으라」などのように「活用形Ⅱ＋라」を使います。

⑤**해요**体(**해요체**)：この体は①하십시오体に次ぐ敬語表現の一つです。自分より目上の人でなくても、広く聞き手を目上として扱う表現です。近年は若い人が好んで使っており、外国語として韓国語を習っている外国人にもおすすめできる表現です。**略待上称**。

⑥**해**体(**해체**)：広く聞き手を目下・同等として扱う表現。⑥해体は④해라体とほぼ同じようなレベルの表現ですが、語尾の種類が豊富です。⑥해体の語尾に「- 요」をつけると⑤해요体に早変わりします。**略待**。

第3部

家族そしてお隣さん

第1課　추억의 한국 프로야구

思い出の韓国プロ野球

Track 56

この文は「2019 韓日交流作文コンテスト」（日本国大韓民国大使館韓国文化院主催—韓国語韓国旅行記部門）で優秀賞を受賞した佐藤 康予さんの「추억의 한국 프로야구」を転載したものである。

1 나는 해외여행을 좋아한다. 그 이유는 해외여행을 떠나면 예상하지 못한① 일로 당황스러운 상황에 마주치기 마련인데② 그때 어떻게 대처하느냐에 따라③ 나의 새로운 모습을 발견하기도 하기 때문이다.

5월 연휴 때 야구광인 남편을 위해 부산에 가기로 했다. 여행 첫째 날 밤에 남편은 한국 프로야구 중계를 편한 자세로 즐기고 있었다. 옆에 있던 내가 내일 야구를 보러 가겠냐고④ 물어보았더니 가도 괜찮고 안 가도 괜찮다는 애매한 대답이 돌아왔다. 그래서 일단 호텔 직원에게 내일 야구 경기의 티켓이 있는지 알아봐 달라⑤고 부탁했다. 잠시 후에 티켓이 많이 남아 있다는 연락이 와서 가기로 했다⑥.

Track 57

2 이튿날 저녁에 롯데자이언츠의 홈구장인 사직구장 매표소에서 홈팀쪽 내야석 티켓을 샀다. 이미 시

합이 시작되어서 관람석은 응원하는 관중들로 가득했다. 북적대는 가운데⑦ 겨우 좌석을 찾아냈는데, 타석쪽을 바라보니 응원을 리드하는 치어리더 두 명과 응원단장이 멀리 보였다.

롯데자이언츠의 공격 차례가 되자 관중들이 그들의 구호나 몸짓과 손짓을 따라 하면서 다 같이 열띤 응원전을 벌이고 있었다. 나도 어느새 몸이 저절로 들썩거려지며 빠져들어 갔다.

Track 58

3 한참 야구를 재미있게 보고 있는데 계단식으로 배치되어 있는 관람석과 조금 떨어진 곳에서 방송 카메라를 어깨에 짊어진 사람이 우리를 비추려 하⑧는 것 같았다. 그때 공격과 수비가 바뀌면서 큰 전광판에 '키스타임'이라는 글씨가 나타났다. 얼굴이 클로즈업된 커플에게 대중 앞에서 키스시키는 이벤트가 시작되었다. 키스할 때까지 커플의 얼굴을 계속 비추고 있었는데, 베스트 커플로 뽑힌 커플에게는 항공권을 선물로 준다는 것⑨ 때문인지 머뭇거리면서도⑩ 키스를 꺼리는 커플은 하나도 없었다.

Track 59

4 이 이벤트가 끝나자마자⑪ 방송 카메라를 어깨에 짊어진 사람이 눈 앞에서 감쪽같이 사라져 버렸다⑫. 결국 나의 지레짐작이었지만⑬ 만약에 우리 얼굴이 비추어졌

다면 남편이 어떤 반응을 보일지 궁금했다. 옆에서 남편은 생맥주를 마시면서 타자가 통쾌한 안타를 칠 때마다 마치 자신이 쳐 낸 것처럼 좋아하며 환호성을 질렀다. 내가 대중 앞에서 키스해야 할까 봐 헛된 망상에 사로잡혀 가슴이 두근거렸던 것을 남편은 꿈에도 모를 것이다.
⑭ ⑮ ⑯ ⑰ ⑱

Track 60

5 흥겹고 다양한 응원 문화가 자리잡고 있는 한국 프로야구! '남녀칠세부동석'이라는 말이 있어서 일본보다 보수적인 나라인 줄 알았는데 그렇지 않았다. 다음에라도 짜릿한 키스의 기회를 잡기 위해 다시 한번 꼭 찾아가 보아야겠다. 나로서는 푸짐한 추억을 안겨 준 부산여행이었다.
⑲ ⑳ ㉑ ㉒

★日本語訳

1 私は海外旅行が好きだ。その理由は、海外旅行に行くと予想していなかったことで、戸惑う状況に出くわすものだが、そんなとき、どう対処するかによって、私の新しい姿を発見したりするからである。

5月の連休のとき、野球マニアの夫のために釜山に行くことにした。旅行の初日の夜、夫は韓国のプロ野球中継を楽な姿勢で楽しんでいた。隣にいた私が、明日野球を見に行かないかと聞いてみたところ、行ってもいいし、行かなくてもいいという曖昧な返事がかえってきた。それで一応ホテルのスタッフに明日、野球の試合のチケットがあるか調べてみてくれと頼んだ。しばらくしてからチケットが多く残っているという連絡が来たので、行くことにした。

2 翌日の夕方、ロッテジャイアンツのホーム球場である社稷球場のチケット売り場で、ホーム側内野席のチケットを買った。すでに試合が始まって観客席は応援する観衆でいっぱいだった。混み合う中でやっと席を見つけ出したが、打席の方を見てみると応援をリードする２人のチアリーダーと応援団長が遠くに見えた。

ロッテジャイアンツの攻撃の順番になると観客が彼らの掛け声や身振り手振りを真似ながら皆で熱を帯びた応援を繰り広げていた。私もいつの間にか体が自然に揺れ動いて盛り上がっていた。

3 しばらく野球を楽しく見ていたら、階段式に配置されている観客席と少し離れたところで放送カメラを肩に担いだ人が私たちを映そうとしているようだった。その時、攻撃と守備が変わり、大きな電光掲示板に「キスタイム」という文字が現れた。顔がクローズアップされたカップルに大衆の前でキスさせるイベントが始まった。キスするまでカップルの顔を映し続けていたが、ベストカップルに選ばれたカップルには航空券をプレゼントするということからか、ためらいながらもキスを嫌がるカップルはだれもいなかった。

4 このイベントが終わるやいなや放送カメラを肩に担いだ人が目の前からさっと立ち去ってしまった。結局、私の早合点だったのだが、万一私たちの顔が映し出されたら夫がどんな反応を見せるのかが気になった。隣で夫は生ビールを飲みながら、打者が痛快なヒットを打つたびにまるで自分が打ちあげたかのように喜んで歓声を上げた。私がみなの前でキスしなければならないかもと余計な妄想に駆られて胸がドキドキしていたことを夫は夢にも思わなかっただろう。

5 楽しくて、様々な応援文化が根付いている韓国のプロ野球！「男女７歳にして席を同じうせず」という言葉があるので、日本より保守的な国であると思っていたが、そうではなかった。また今度、ドキドキのキスチャンスをつかむために、再び、ぜひ訪ねてみたいと思う。私としては盛りだくさんの思い出ができた釜山旅行だった。

★語句と活用〈3-1〉　＊覚えた単語には✓を入れよう！

1

□ 떠나다：出かける、発つ。
□ 예상하다〈予想―〉：予想する。

① 活用形Ｉ＋지 못하다：～することができない。

□ 당황스럽다〈唐慌―〉：困惑する、当惑する。
□ 상황〈状況〉。
□ 마주치다：出くわす、ぶつかる。

② 活用形Ｉ＋기 마련이다：～するに決まっている、～するものだ。

□ 어떻게：どのように。
□ 대처하다〈対処―〉：対処する、対応する。

③ 活用形Ｉ＋느냐에 따라：～するかによって。「젊을 때 어떻게 사느냐에 따라 나중의 인생이 좌우돼요.（若いとき、どのように生きるかによって、あとの人生が左右されます。）／라면은 수프를 언제 **넣느냐에 따라** 맛이 달라져요.（ラーメンはスープをいつ入れるかによって味が変わります。）」

□ 새로운：新しい。
□ 모습：姿。
□ 발견하다〈発見―〉：発見する、見つける。
□ 야구광〈野球狂〉：野球マニア。
□ 남편〈男便〉：夫。
□ 편하다〈便―〉：楽だ。

④ 活用形Ｉ＋겠냐고：～するかと、～したいかと。「좀 **쉬겠냐고** 물었어요.（ちょっと休みたいかと聞きました。）／뭘 **먹겠냐고** 물어 봤어요.（何を食べたいか聞いてみました。）」

□ 애매하다〈曖昧―〉：曖昧だ。
□ 직원〈職員〉。
□ 알아보다：調べてみる。

⑤ **活用形Ⅲ＋달라：～してくれ。～してほしい。**

□ 잠시〈暫時〉：しばらく、ちょっと。□ 후〈後〉。

□ 남다：残る。

⑥ **活用形Ⅰ＋기로 하다：～することにする。**「그 약속은 어떤 일이 있어도 **지키기로 했어요**.（その約束はどんなことがあっても**守ることにしました**。）／괴로웠던 일은 다 **잊기로 했어요**.（辛かったことは全部**忘れることにしました**。）」

2

□ 이튿날：翌日。

□ 저녁：夕方、夜。

□ 홈구장〈―球場〉：ホーム球場、ホームグラウンド。

□ 사직구장〈社稷球場〉：サジク野球場 # 釜山にある野球場。

□ 매표소〈売票所〉：切符売り場 #「표사는곳」、「표파는곳」とも言う。

□ 내야석〈内野席〉。

□ 티켓：チケット。

□ 이미：すでに。

□ 시합〈試合〉：競技。

□ 시작되다〈始作―〉：始まる。

□ 관람석〈観覧席〉：スタンド。

□ 응원하다〈応援―〉：応援する。

□ 관중〈観衆〉：観客。

□ 가득하다：いっぱいだ、あふれている。

□ 북적대다：込み合う。

⑦ **活用形Ⅰ＋는 가운데：～する中で、～するうちに。**「비가 **오는 가운데** 우산도 없이 돌아갔어요.（雨が**降っている中で**、傘もなしに帰りました。）／성경을 **읽는 가운데** 많은 감동을 받았어요.（聖書を**読んでいるうちに**多くの感動を受けました。）」

□ 겨우：やっと。

□ 좌석〈座席〉：席。

☐ 찾아내다：探し出す、見つけ出す。

☐ 一쪽：～の方。

☐ 리드하다：リードする。

☐ 응원단장〈応援団長〉。

☐ 차례〈次例〉：順番、順序。

☐ 몸짓：身振り。

☐ 따라 하다(←따르다の活用形Ⅲ＋하다)：ついてやる。

☐ 응원전〈応援戦〉：応援合戦。

☐ 어느새：いつの間にか。

☐ 들썩거려지다：ウキウキする。

☐ 타석〈打席〉。

☐ 바라보다：眺める。

☐ 치어리더：チアリーダー。

☐ 멀리：遠く。

☐ 구호〈口号〉：掛け声。

☐ 손짓：手振り。

☐ 열띠다〈熱―〉：熱を帯びる。

☐ 벌이다：繰り広げる。

☐ 저절로：自然と、自分も知らないうちに。

☐ 빠져들다：はまる。

3

☐ 한참：しばらく。

☐ 배치되다〈配置―〉：配置される。

☐ 방송〈放送〉。

☐ 비추다：映す。

☐ 계단식〈階段式〉。

☐ 떨어지다：離れる。

☐ 짊어지다：担ぐ、背負う。

⑧ **活用形Ⅱ＋려(고) 하다：～しようとする。**「시를 **쓰려고 했어요**.（詩を書こうとしました。）／편지를 우체통에 **넣으려고 했어요**.（手紙をポストに入れようとしました。）」

☐ 공격〈攻撃〉。

☐ 전광판〈電光板〉：電光掲示板。

☐ 나타나다：現れる。

☐ 수비〈守備〉。

☐ 글씨：字、文字。

☐ 클로즈업：クローズアップ。

☐ 커플：カップル。

☐ 대중〈大衆〉。

☐ 이벤트：イベント。

☐ 시작되다〈始作―〉：始まる。

☐ 뽑히다：選ばれる
#뽑다の受身形。

☐ 항공권〈航空券〉。

⑨ **活用形Ｉ＋ㄴ다는 것／는다는 것：～するということ。**

☐ ―때문인지：～のためなのか、～のせいなのか。

☐ 머뭇거리다：ためらう、躊躇する。

⑩ **活用形Ⅱ＋면서도：～しながらも、～するのにも、～（な）のにも。**

☐ 꺼리다：嫌う、いやがる。

☐ 하나：一人。

4

☐ 끝나다：終わる。

⑪ **活用形Ｉ＋자마자：～するやいなや、～するとすぐ。**

☐ 감쪽같이：跡形もなく、きれいに、あっという間に
#깜쪽같이［깜쪽까치］と
表記や発音することが多い。

☐ 사라지다：消える。

⑫ **活用形Ⅲ＋버리다：～してしまう。**

☐ 결국〈結局〉。

☐ 지레짐작：早合点。

⑬ **活用形Ⅲ＋ㅆ지만：～したけれど、～かったけれど、～だったけれど。**

☐ 만약에〈万若―〉：万が一、もしかして。

☐ 비추어지다：映る、映される、照らされる。

⑭ **活用形Ⅲ＋ㅆ다면：～したならば、～かったならば、～だったならば。**「어제 **갔다면** 만날 수 있었을 텐데 안타깝네요.（昨日、行ったならば会うことができたはずなのに、残念ですね。）／어릴 때 부모님의 말씀을 잘 **들었다**

면 얼마나 좋았을까.（子どものとき、両親の言うことをよく聞いたならばどんなによかっただろうか。）」

☐ 어떤：どんな、どのような。　☐ 반응〈反応〉。

⑮ **活用形Ⅱ＋ㄹ지**：〜するのか、〜なのか。

☐ 궁금하다：気になる、知りたい。　☐ 생맥주〈生麦酒〉：生ビール。

☐ 타자〈打者〉：バッター。　☐ 통쾌하다〈痛快—〉：痛快だ、気持ちいい。

☐ 안타〈安打〉：ヒット。　☐ 치다：打つ。

☐ 때：とき。　☐ —마다：〜ごとに。

☐ 마치：まるで。　☐ 자신〈自身〉：自分。

☐ 쳐내다：打ち上げる。

⑯ **活用形Ⅱ＋ㄴ 것처럼**：〜したように。「부모님이 **말씀하신 것처럼** 모든 일을 열심히 해야 해요.（両親がおっしゃったようにすべてのことを一生懸命しなければなりません。）／약속을 까맣게 **잊은 것처럼** 보였다.（すっかり約束を忘れたように見えた。）」

☐ 환호성〈歓呼声〉：歓声。　☐ 지르다：叫ぶ、怒鳴る、張り上げる。

⑰ **活用形Ⅲ＋야 할까 봐**：〜しなければならないかと思って。「앞에 나가서 이야기를 **해야 할까 봐** 가슴이 두근거렸어요.（前に出て話をしなければならないかと、胸がどきどきしました。）／상사로부터 잔소리를 **들어야 할까 봐** 지레 겁을 먹었어요.（上司から小言を言われなければならないかと、前もってびびりました。）」

☐ 헛되다：無駄だ、むなしい。　☐ 망상〈妄想〉。

☐ 사로잡히다：とらわれる。　☐ 두근거리다：どきどきする。

⑱ **活用形Ⅲ＋ㅆ던**：〜した、〜かった、〜だった。

☐ 꿈에도 모르다：（夢にも知らない→）夢にも思わない。

第3部 家族そしてお隣さん

5

□ 흥겹다：ワクワクする。

□ 다양하다〈多様―〉：多様だ、豊かだ。

□ 자리잡다：根を下ろす。

□ 프로야구〈―野球〉：プロ野球。

□ 남녀칠세부동석〈男女七歳不同席〉：男女7歳にして席を同じうせず。

□ 보수적〈保守的〉。

⑲ 指定詞の活用形Ⅰ＋ㄴ 줄 알다：～だと思う。「부장님의 따님은 아직 **대학생인 줄 알았는데** 회사원이었어요.（部長の娘さんはまだ、**大学生かと思っ**たら、会社員でした。）」

⑳ 活用形Ⅰ＋지 않다：～しない、～（で）ない。

□ 다음에라도：次にでも。

□ 짜릿하다：ぴりっとする。

□ 기회〈機会〉。

□ 잡다：つかむ。

㉑ 活用形Ⅰ＋기 위해：～するために。

□ 다시 한번〈―番〉：（再び一度→）もう一度。

□ 찾아가다：訪ねていく。

㉒ 活用形Ⅲ＋야겠다：～しなければならない、～（で）なければならない。

□ －(으)로서는：～としては。

□ 푸짐하다：たっぷりだ、満足だ。

□ 추억〈追憶〉：思い出。

□ 안기다：抱かせる
＃안다の使役形・受身形。

★읽고 나서

1 Q : **저자가 해외여행을 좋아하는 이유는 무엇인가?**

① 새로운 많은 것을 발견하고 친구도 많이 사귈 수 있기 때문에.

② 예상치 못한 일을 마주쳤을 때 자신의 대처 방법에 따라 새로운 모습을 발견할 수 있기 때문에.

2 Q : **본문의 내용과 같은 것에는 ○표, 틀린 것에는 ×표 하세요.**

① 관람석은 의외로 응원하는 사람들이 별로 많지 않았다.(　)

② 내가 대중 앞에서 키스해야 할까 봐 가슴이 두근거렸던 것을 남편은 눈치 챘던 것 같다.(　)

③ 한국의 프로야구엔 흥겹고 다양한 응원 문화가 있다.(　)

3 Q : **키스타임에 머뭇거리면서도 키스를 꺼리는 커플이 없었던 이유는?**

A :

4 Q : **남편은 야구장에서 어떻게 지냈나?**

A :

★이야기해 봅시다!

당신이 좋아하는 스포츠와 그 이유에 대해 설명해 보세요.

☆써 봅시다 ! ●書き写しトレーニング

1. 해외여행을 떠나면 예상하지 못한 일로 당황스러운 상황에 마주치기 마련인데 그때 어떻게 대처하느냐에 따라 나의 새로운 모습을 발견하기도 하기 때문이다.

2. 롯데자이언츠의 공격 차례가 되자 관중들이 그들의 구호나 몸짓과 손짓을 따라하면서 다 같이 열띤 응원전을 벌이고 있었다. 나도 어느새 몸이 저절로 들썩거려지며 빠져들어갔다.

3. 키스할 때까지 커플의 얼굴을 계속 비추고 있었는데, 베스트 커플로 뽑힌 커플에게는 항공권을 선물로 준다는 것 때문인지 머뭇거리면서도 키스를 꺼리는 커플은 하나도 없었다.

4. 이 이벤트가 끝나자마자 방송 카메라를 어깨에 짊어진 사람이 눈 앞에서 감쪽같이 사라져 버렸다. 결국 나의 지레짐작이었지만 만약에 우리 얼굴이 비추어졌다면 남편이 어떤 반응을 보일지 궁금했다.

…………………………………………………………………………………………

…………………………………………………………………………………………

…………………………………………………………………………………………

5. 다음에라도 짜릿한 키스의 기회를 잡기 위해 다시 한번 꼭 찾아가 보아야겠다. 나로서는 푸짐한 추억을 안겨 준 부산여행이었다.

…………………………………………………………………………………………

…………………………………………………………………………………………

…………………………………………………………………………………………

〈解答〉

☆읽고 나서

1. ②

2. (1)×　(2)×　(3)○

3. 베스트 커플로 뽑힌 커플에게는 항공권을 선물로 주기 때문에.

4. 생맥주를 마시면서 타자가 통쾌한 안타를 칠 때마다 마치 자신이 쳐낸 것처럼 좋아하며 환호성을 질렀다.

第2課 아내에게 못 다한 말

妻に言えなかったことば

Track 61

1 저만치서 허름한 바지를 입고 엉덩이를 들썩이며 방걸레질을 하는 아내…

"여보, 점심 먹고 나서 베란다 청소 좀 같이 하자."

"나 점심 약속 있어."

해외 출장 가 있는 친구를 팔아 한가로운 일요일, 아내와 집으로부터 탈출하려 집을 나서는데①양푼에 비빈 밥을 숟가락 가득 입에 넣고 우물거리던②아내가 나를 본다.

무릎 나온 바지에 한쪽 다리를 식탁 의자 위에 올려놓은 모양이 영락없이 내가 제일 싫어하는 아줌마 품새다.

"언제 들어올 거야?"

"나가 봐야 알지."

시무룩해 있는 아내를 뒤로 하고 밖으로 나가서 친구들을 끌어모아 술을 마셨다. 밤 12시가 다 될 때까지 그렇게 노는 동안, 아내로부터 몇 번이나 전화가 왔다. 받지 않고 버티다가 마침내는 배터리를 빼 버렸다.

Track 62

2 그리고 새벽 1 시쯤 난 조심조심 현관 문을 열고 들어갔다. 아내가 소파에 웅크리고 누워 있었다. 자나 보다③ 생각하고 조용히 욕실로 향하는데 힘없는 아내의 목소리가 들렸다.

"어디 갔다가 이제 와?"

"어. 친구들이랑 술 한잔…, 어디 아파?"

"낮에 비빔밥 먹은 게 얹혀 약 좀 사 오라고④ 전화했는데…"

"아… 배터리가 떨어졌어. 손 이리 내 봐."

여러 번 혼자 땄는지⑤ 아내의 손끝은 상처투성이였다.

"이거 왜 이래? 당신이 손 땄어?"

"어. 너무 답답해서…"

"이 사람아! 병원을 갔어야지⑥! 왜 이렇게 미련하냐⑦?"

나도 모르게 소리를 버럭 질렀다. 여느 때 같으면, 미련하냐는⑧ 말이 뭐냐며⑨ 대들만도 한데⑩, 아내는 그럴 힘도 없는 모양이었다⑪. 그냥 엎드린 채⑫, 가쁜 숨을 몰아쉬기만 했다⑬. 난 갑자기 마음이 다급해졌다. 아내를 업고 병원으로 뛰기 시작했다.

하지만 아내는 응급실 진료비가 아깝다며⑭, 이제 아무렇지도 않다고 애써 웃어 보이며⑮ 검사 받으라는⑯ 내 권유를 뿌리치고 병원을 나왔다.

3 다음날 출근하는데, 아내가 이번 추석 때 친정에부터 가고 싶다⑰는 말을 꺼냈다. 노발대발하실 어머니 이야기를 꺼내며 안 된다고⑱ 했더니⑲

"30 년 동안, 그만큼 이기적으로 부려먹었으면⑳ 됐잖아.

그럼 당신은 당신 집 가, 나는 우리 집 갈 테니깐㉑."

큰소리친 대로㉒, 아내는 추석이 되자㉓, 짐을 몽땅 싸서 친정으로 가 버렸다㉔.

나 혼자 고향 집으로 내려가자, 어머니는 세상천지에 며느리가 이러는 법은 없다고㉕ 호통을 치셨다. 결혼하고 처음 아내가 없는 명절을 보냈다.

집으로 돌아오자 아내는 태연하게 책을 보고 있었다. 여유롭게 클래식 음악까지 틀어 놓고 말이다.

"당신 지금 제정신이야㉖?"

"…"

"여보 만약 내가 지금 없어져도, 당신도, 애들도, 또 어머님도 사는 데 아무 지장 없을 거야㉗. 나 이번 명절 때 친정에 가 있었던 거 아니야. 며칠 동안 병원에 입원해서 정밀 검사 받았어. 당신이 한번이라도 전화만 해 봤어도㉘ 금방 알 수 있었을 거야㉙. 솔직히 당신이 그렇게 해 주길㉚ 바랬어㉛."

4 아내의 병은 가벼운 위염이 아니었던 것이다. 난 의사의 입을 멍하게 바라보았다.

'저 사람이 지금 뭐라고 말하고 있는 건가㉜, 아내가 위암이라고?㉝ 전이될 대로㉞ 전이가 돼서, 더이상 손을 쓸 수가 없다고?㉟ 삼 개월 정도 시간이 있다고…, 지금 그렇게 말하고 있지 않은가.'

아내와 함께 병원을 나왔다. 유난히 가을 햇살이 눈부시게 맑았다. 집까지 오는 동안 서로에게 한마디도 할 수가 없었다. 엘리베이터에 탄 아내를 보며, 앞으로 나 혼자 이 엘리베이터를 타고 집에 돌아가야 한다면 어떨까를 생각하니㊱ 눈앞이 캄캄했다.

문을 열었을 때, 펑퍼짐한 바지를 입은 아내가 없다면㊲, 방 걸레질을 하는 아내가 없다면㊲, 양푼에 밥을 비벼 먹는 아내가 없다면㊲, 술 좀 그만 마시라고 잔소리해 주는 아내가 없다면㊲, 나는 어떡해야 할까…

5 아내는 함께 아이들을 보러㊳ 가자고 했다㊴. 아이들에게는 아무 말도 말아 달라㊵는 부탁과 함께.

서울에서 공부하고 있는 아이들은 갑자기 찾아온 부모가 그리 반갑지만은㊶ 않은 모양이㊷었다. 하지만 아내는 살가워하지도 않㊸는 아이들의 손을 붙잡고,

공부에 관해, 건강에 관해, 수없이 늘 해 오던 말들을 또 되풀이하고 있다.
㊹

아이들의 표정에 짜증이 가득한데도, 아내는 그런 아이들의 얼굴을 사랑스럽게 바라보고만 있다. 난 더는 그 얼굴을 바라보고 있을 수 없어서 밖으로 나왔다.
㊺ ㊻

Track 66

6 "여보, 집에 내려가기 전에… 어디 코스모스 많이 피어 있는 데 들렀다가 갈까?"
㊼ ㊽

"코스모스?"

"그냥… 그러고 싶네. 꽃 많이 피어 있는 데 가서, 꽃도 보고, 당신이랑 걷기도 하고…"
㊾

아내는 얼마 남지 않은 시간에 이런 걸 해 보고 싶었나 보다.
㊿

비싼 걸 먹고, 비싼 걸 입어 보는 대신, 그냥 아이들 얼굴을 보고, 꽃이 피어 있는 길을 나와 함께 걷고…
51

"당신, 바쁘면 그냥 가고…"

"아니야. 가자."

코스모스가 들판 가득 피어 있는 곳으로 왔다. 아내에게 조금 두꺼운 스웨터를 입히고 천천히 걷기 시작했다.
52

7 "여보, 나 당신한테 할 말 있어."

"뭔데?"

"우리 적금, 올 말에 타는 거 말고, 또 있어. 3년 부은 거야. 통장, 싱크대 두 번째 서랍 안에 있어. 그리구… 나 생명보험도 들었거든⑬. 재작년에 친구가 하도 들라고 해서⑭ 들었는데, 잘했지 뭐⑮. 그거 꼭 확인해 보고…"

"당신 정말… 왜 그래?"

"그리고 부탁 하나만 할게. 올해 적금 타면 우리 엄마 한 이백만 원만 드려. 엄마 이가 안 좋으신데⑯ 틀니 하셔야 하거든. 당신도 알다시피⑰ 우리 오빠가 능력이 안 되잖아. 부탁해."

난 그 자리에 주저앉아 울고 말았다⑱. 아내가 당황스러워하는 걸 알면서도⑲, 소리 내어 엉엉 눈물을 흘리며 울고 말았다.

'이런 아내를 떠나 보내고… 어떻게 살아갈까….'

8 아내와 침대에 나란히 누웠다. 아내가 내 손을 잡는다. 요즘 들어 아내는 내 손을 잡는 걸 좋아한다.

"여보, 30년 전에 당신이 프러포즈하면서 했던 말 생각나?"

"내가 뭐라⑳ 그랬는데…"

"사랑한다 어쩐다 그런 말, 닭살 맞아서 질색이라⑳ 그랬잖아?"[61]

"그랬나?"[62]

"그전에도 그 후로도, 당신이 나보고 사랑한다 그런 적 한 번도 없는데, 그거 알지[63]? 어떨 땐 그런 소리 듣고 싶기도 하[64]더라[65]."

아내는 금방 잠이 들었다. 그런 아내의 얼굴을 바라보다가, 나도 깜빡 잠이 들었다. 일어나니 커튼의 틈새로, 아침 햇살이 쏟아져 들어오고 있었다.

"여보! 우리 오늘 장모님 뵈러 갈까?"

"장모님 틀니…, 연말까지 미룰 거 없[66]이 오늘 가서 해 드리자."

"…………….."

"여보… 장모님이 나 가면 좋아하실 텐데…, 여보, 안 일어나면, 안 간다! 여보?!… 여보!?…"

좋아하며 일어나야 할 아내가 꿈쩍도 하지 않는다. 난 떨리는 손으로 아내를 흔들었다. 이제 아내는 웃지도, 기뻐하지도, 잔소리하지도 않을 것이다.

난 아내 위로 무너지며 속삭였다. 사랑한다고…

어젯밤… 이 얘기를 해 주지 못해 미안하다고…

★日本語訳

1 そこらでよれよれのズボンをはいてお尻を揺らしながら部屋の雑巾がけをする女房…

「あなた、お昼のあと、いっしょにベランダの掃除やりましょ。」

「僕は昼食の約束があるよ。」

海外に出張中の友だちの名前を出して、のどかな日曜日、妻と家から逃げ出そうと家を出るのに、ボウルに混ぜたご飯をスプーンいっぱい口に入れ、もぐもぐ食べていた妻が僕の方を見ている。

膝が出たズボンに片足をイスの上に乗せた姿は間違いなく僕の一番嫌いなオバサンの格好だ。

「いつ帰るの？」

「行ってみないとわからない。」

不機嫌そうな妻を後にし、外に出て、友人を集め、お酒を飲んだ。夜12時になりかけるまでそうやって遊んでいる間、妻から何回も電話があった。出ないまま踏ん張り、ついには電池を抜いてしまった。

2 そして、午前1時頃、私はそっと玄関を開けて入った。妻がソファにうずくまって横たわっていた。寝ているかと思い、静かに浴室に向かっていると元気のない妻の声が聞こえた。

「一体どこに行っていたの？（←どこに行っていま帰るの？）」

「ああ。友だちと一杯飲んだ…具合が悪いのか。」

「昼間に食べたビビンバがもたれて、ちょっと薬を買ってきてと電話したのに…」

「あ…電池がなくなってさ。手を見せてごらん。」

一人で何回も(針で刺し)血を抜いたのか、妻の指先は傷だらけだった。

「これどうした？お前が血を抜いたのか。」

「ええ。あまりに苦しくて…」

「おい！病院に行かなきゃいけなかったのに！ どうしてこんなばかばかしいことを？」

思わず声を張り上げた。いつもなら、馬鹿だとは何だ、と食ってかかるはずが、妻はそんな力もないようだった。ただうつ伏せになったまま、荒い息を立てるばかりだった。僕は急に焦りはじめた。妻を背負って病院へ走り出した。

しかし、妻は救急室の診察費がもったいないといって、もう大丈夫だと無理やり笑みを浮かべて、検査を受けろと言う僕の勧めを振り切って病院から出た。

3 翌日、出勤のとき、妻が今度のチュソクは、まず実家に帰りたいと言い出した。激怒するはずの母の話を持ち出し、駄目だと言うと、

「30年もの間、あれほど自分勝手にこき使ってきたんだからいいじゃない。だったら、あなたはあなたの家に帰って、私は自分の家に帰るから。」

言い張ったとおり、妻はチュソクになるやいなや、荷物を全部まとめて実家に帰ってしまった。

僕一人で田舎に帰ったら、母は、いったい嫁は何を考えているのかと怒り出した。結婚して初めて妻がいないチュソクを過ごした。

家に帰ると、妻はのんびりと本を読んでいた。優雅にクラシック音楽まで聴きながら。

「お前、今、正気か。」

「……………。」

「あなた、もしかして今、私がいなくなっても、あなたも、子どもたちも、それにお義母さんも生活に何の問題もないでしょ。私、今回のチュソクに実家に帰ったんじゃないの。数日間、病院に入院して精密検査受けたのよ。あなたが一回でも電話をしたならすぐわかったはずよ。正直、そうしてほしかったわ。」

4 妻の病気は軽い胃炎ではなかったのだ。私は医者の口をぼうっと眺めた。

「あの人は今何を言っているんだろう、妻が胃がんだと？転移が広がりすぎ、もう手遅れだと？三か月ほど時間がある…。今、そのように言っているじゃないか。」

妻と一緒に病院を出た。秋の日差しがことさらまぶしく輝いていた。家に帰る間、お互いに一言も発することができなかった。エレベーターに乗った妻を見て、これから僕一人でこのエレベーターに乗って家に帰らなければならないとしたらどうだろうと考えると、目の前が真っ暗になった。

扉を開けたとき、よれよれのズボンをはいた妻がいなければ、部屋の雑巾がけをする妻がいなければ、ボウルにご飯を混ぜて食べる妻がいなければ、お酒もほどほどにと小言を言ってくれる妻がいなければ、僕はどうすればいいんだろう…

5 妻は一緒に子どもたちに会いに行こうと言った。子どもたちには何も言わないでほしいと言いながら。

ソウルで勉強している子どもたちは、突然やってきた両親がそれほどうれしいわけではないようだった。しかし、妻は喜んでもくれない子どもの手を握って、勉強について、健康について、数えきれないほどいつも言ってきた言葉をまた、繰り返している。

子どもたちが思いっきり嫌な顔をしているにもかかわらず、妻はそんな子どもたちの顔をいとしそうに見つめてばかりいる。僕はその顔をそれ以上見ていられず外に出た。

6「あなた！家に帰る前に…どこかコスモス(が)たくさん咲いているところに寄らない？」

「コスモス？」

「ただ…そうしたいの。花がたくさん咲いているところに行って、花も見て、あなたといっしょに歩いたり…」

妻は残り少ない時間にこんなことをしてみたかったようだ。

高い料理を食べて、高価なものを着る代わりに、ただ子どもたちの顔を見て、花が咲いている道を私と一緒に歩いて…

「あなた、忙しかったら先に帰って…」

「いや、行こう。」

コスモスが野原いっぱいに咲いているところに来た。妻に少し厚手のセーターを着せてゆっくり歩き始めた。

7「あなた、私はあなたに話したいことがあるの。」

「何だい？」

「うちの積立預金、今年末に満期になるものの他に、まだあるのよ。3年間、積み立てたもの。通帳、流し台の2番目の引き出しの中にあるわ。それと…私、生命保険も入っていたの。一昨年、友人からしつこく勧められて入ったんだけど、よかった。それも必ず確認してみて…。」

「お前は本当に…どうしてそんなことを？」

「それと、一つだけお願いがあるの。今年、積立預金をもらったら、うちのお母さんに200万ウォンくらいあげて。お母さんの歯の調子がよくなくて、入れ歯が必要なの。あなたも知っているとおり、兄さんは余裕がないでしょ。お願いね。」

僕は、その場に崩れ落ちて泣いてしまった。妻が当惑することを知りながらも、声を出して、わんわん涙を流しながら泣いてしまった。

「こんな妻と別れて…どうやって生きていけばいいんだろう…。」

8 妻とベッドに並んで横になった。妻が僕の手を握る。この頃、妻は僕の手を握るのが好きだ。

「あなた、30年前のプロポーズのとき、言った言葉を思い出せる？」

「僕は何と言ったっけ…」
「愛しているとか、何とか、そんなこと、鳥肌が立ってまっぴらごめんだと言ったでしょ？」
「そんなこと言ったかな？」
「後にも先にも、あなたが私に愛してるって、そんなこと言ったことは一度もなかったのに、知ってる？そんなことを言われたい時もあるのよ。」
妻はすぐに眠りに入った。そんな妻の顔を眺めながら、僕もうっかり眠りについた。目が覚めたら、カーテンの隙間から、朝の光が降り注いでいた。
「お前！今日、お義母さんに会いに行かないか。」
「お義母さんの入れ歯…年末まで延ばすまでもなく、今日行って作ってあげよう。」
「……………。」
「ほら…お義母さんも僕が行ったら喜んでくれるだろうし…。おい、起きないと行かないぞ。お前 !?…お前 !? …」
喜んで起きてくるはずの妻がびくともしない。私は震える手で妻を揺さぶった。
もう、妻は笑ったり、喜んだり、小言を言ったりもしないだろう。
僕は妻の上に倒れ込みながらささやいた。愛していると…
昨晩…この話をしてあげられず、ごめんと…

★語句と活用〈3-2〉

＊覚えた単語には✓を入れよう！

1

□ 저만치：むこう、あそこ。

□ 엉덩이：お尻。

□ 걸레질：雑巾がけ。

□ 한가롭다〈閑暇—〉：余裕だ、のどかだ。

□ 나서다：出かける。

□ 허름하다：みすぼらしい。

□ 들썩이다：上下する、動かす。

□ 친구를 팔다：（友だちを売る→）友だちのせいにする。

□ 탈출하다〈脱出—〉：脱出する、逃げ出す。

① 活用形Ⅰ＋는데：～していたら、～しているところ、～するが。

□ 양푼：金属製のボール。

□ 가득：いっぱい。

□ 비비다：（ご飯などを）混ぜる。

□ 우물거리다：もぐもぐする。

② 活用形Ⅰ＋던：～した、～かった、～だった。

□ 무릎：膝。

□ 식탁〈食卓〉。

□ 올려놓다：上げておく。

□ 모양〈模様〉：形、格好。

□ 품새：格好
＃空手やテコンドーなどの「型」も품새と言う。

□ 뒤로하다：（後ろにする→）後にする。

□ 다 되다：（全部なる→）なりかける。

□ 버티다：我慢する、耐える。

□ 나오다：出る。

□ 한쪽：片方。

□ 의자〈椅子〉。

□ 영락없다〈零落—〉：間違いない。そのとおりだ。

□ 시무룩하다：ぶすっとしている、ふくれっ面をしている。

□ 끌어모으다：かき集める。

□ 받다：（受ける→）電話に出る。

□ 마침내：とうとう、やがて。

☐ 배터리：バッテリー。

☐ 빼다：抜く。

2

☐ 새벽：明け方、未明。

☐ 조심조심：おそるおそる、抜き足差し足で。

☐ 현관〈玄関〉。

☐ 열다：開ける。

☐ 들어가다：入って行く。

☐ 아내：妻、家内。

☐ 소파：ソファ。

☐ 웅크리다：うずくまる。

☐ 눕다：横になる。

③ **活用形Ⅰ＋나 보다：～するみたいだ、～のようだ。**「오늘도 학교 운동장을 **달리나 보다**.（今日も学校のグラウンドを**走っているみたいだ**。）／매일 역에서 집까지 **걷나 봐요**.（毎日、駅から家まで**歩くみたいです**。）」

☐ 조용히：静かに。

☐ 욕실〈浴室〉。

☐ 향하다〈向―〉：向かう。

☐ 힘없다：力がない、元気がない。

☐ 목소리：声。

☐ 들리다：聞こえる。

☐ 이제：今。

☐ 한잔〈―盞〉：一杯。

☐ 어디：どこ（か）。

☐ 아프다：痛い、具合が悪い。

☐ 얹히다：もたれる、あたる。

④ **活用形Ⅱ＋라고：～しろと、～するようにと。**「발음은 선생님을 따라 **하라고** 했어요.（発音は先生について**やるようにと**言いました。）／CD도 열심히 **들으라고** 했어요.（CDも一生懸命**聞くようにと**言いました。）」

☐ 떨어지다：なくなる、切れる。

☐ 이리：こっちへ
＃あっちへは '저리'。

☐ 여러 번〈―番〉：何回、数回。

☐ 혼자：一人で。

□ 따다：(針を刺して)指先の血を抜く # 韓国の民間療法で食あたりのときなど行う。

⑤ **活用形Ⅲ＋ㅆ는지：～したのか。**

□ 손끝：指先。

□ 상처투성이〈傷処―〉：傷だらけ。

□ 이래?：こうなんだ?

□ 답답하다：退屈だ、苦しい。

□ 이 사람아!：(この人よ!→)あなた!

⑥ **活用形Ⅲ＋ㅆ어야지：～すべきであった、～しなければならなかった。**

□ 미련하다：愚鈍だ、馬鹿だ。

⑦ **活用形Ⅰ＋냐?：～するのか、～なのか。**「회사엔 몇 시까지 **가냐?**（会社には何時まで**行くの?**）／그 소시지는 맛이 **괜찮냐?**（そのソーセージは**おいしい?**）」

□ 나도 모르게：(私も知らないうちに→)思わず。

□ 버럭：かっと # いきなり大声を出したり、怒り出したりするようす。

□ 지르다：張り上げる。

□ 여느 때：いつも。

⑧ **活用形Ⅰ＋냐는：～（する、なの）かという。**「여자 친구가 **예쁘냐는** 질문에 당황했어요.（彼女が**きれいかという**質問に慌てました。）／신랑이 **멋있냐는** 물음에 대답을 하지 않는 것을 보니 별로 멋있지 않은가 보다.（新郎が**素敵かという**問いに、返事しないのを見るとあまり素敵ではないみたい。）」

⑨ **活用形Ⅰ＋냐며：～（する、なの）かと。**「언제부터 콘서트가 **시작하냐며** 물어봤어요.（いつからコンサートが**始まるかと**、聞いてみました。）／뭐가 더 필요한 게 **없냐며** 물었어요.（何かもっと**必要なものがないかと**、聞きました。）」

□ 대들다：くってかかる。

⑩ **活用形Ⅱ＋ㄹ 만도 하다**：～すべきだ、～するところだ。「그 소리를 듣고 **화낼 만도 한데** 아무 말도 안 했어요.（その話を聞いて**怒るべき**なのに、何も言いませんでした。）／이제 그만큼 시간이 지나서 **잊을 만도 한데** 아직도 잊을 수 없대요.（もうそれほど時間が経って**忘れるところ**なのに、まだ忘れられないそうです。）」

☐ 그럴：そのような、そんな、あんな。
☐ 힘：力、元気。

⑪ **活用形Ⅰ＋는 모양이다**：～するようだ。「휴대폰을 새것으로 **바꾸는 모양이에요**.（携帯を新しいものに**換えるようです**。）／싱크대에서 야채를 깨끗하게 **씻는 모양이야**.（流し台で野菜をきれいに**洗うみたいです**。）」

☐ 그냥：ただ。
☐ 엎드리다：うつ伏せになる、伏せる。

⑫ **活用形Ⅱ＋ㄴ 채**：～したまま。

☐ 가쁘다：息が苦しい、息切れがする。
☐ 숨：息。
☐ 몰아쉬다：激しく息をする。

⑬ **活用形Ⅰ＋ 기만 하다**：～するばかりである。「그 사람을 **생각하기만 해도** 가슴이 두근두근거려요.（彼のことを**考えただけでも**、胸がどきどきします。）／그녀하고 손을 **잡기만 해도** 숨이 막힐 것 같아요.（彼女と手を**握っただけでも**、息が詰まりそうです。）」

☐ 갑자기：急に。
☐ 다급해지다：気が急く、あわただしくなる。
☐ 업다：負ぶう、おんぶする。
☐ 뛰다：走る、駆ける。
☐ 하지만：でも。
☐ 응급실〈応急室〉：救急室。
☐ 진료비〈診療費〉。
☐ 아깝다：もったいない。

⑭ **形容詞の活用形Ⅰ＋다며**：～といって。「이 집 반찬들이 너무 **달거나 짜다며** 타박을 했다.（このお店のおかずは甘すぎたり、しょっぱすぎたりと難

癖をつけた。）／불이 **너무 밝다며** 전등을 껐어요.（明かりが明るすぎるといって、電灯を消しました。）」

□ 아무렇지도 않다：何でもない、全然平気だ。　□ 애써：無理やりに、強引に。

⑮ **活用形Ⅲ＋보이다：～して見せる。**

⑯ **活用形Ⅱ＋라는：～しなさいという、～しろという。**

□ 권유〈勧誘〉：勧め。　□ 뿌리치다：振り切る。

3

□ 다음날：翌日、次の日。　□ 출근하다〈出勤―〉：出勤する、出社する。

□ 이번〈―番〉：今度、今回。　□ 추석〈秋夕〉：旧暦8月15日。チュソク#日本の旧盆にあたる。

□ 친정〈親庭〉：(妻の)実家。

⑰ **活用形Ⅰ＋고 싶다：～したい。**「고장난 자전거를 빨리 **고치고 싶어요.**（故障した自転車を早く**修理したいです。**）／새처럼 하늘을 훨훨 **날고 싶어요.**（鳥のように空をふわりふわり**飛びたいです。**）」

□ 꺼내다：持ち出す、切り出す。　□ 노발대발하다〈怒発大発―〉：かんかんに怒る、激しく怒る。

⑱ **動詞活用形Ⅰ＋ㄴ다고／는다고 하다：～すると言う。**

⑲ **活用形Ⅲ＋ㅆ더니：～したら、～すると。**「백화점의 세일에 **들렀더니** 벌써 좋은 물건은 다 팔리고 없었어요.（デパートのセールに**寄ったら**、もういい商品は全部売り切れでした。）／자동차를 열심히 **닦았더니** 반짝반짝 빛나요.（自動車を一生懸命**磨いたら**、ピカピカ光ります。）」

□ 그만큼：それほど、そこまで。　□ 이기적〈利己的〉。

□ 부려먹다：こき使う。

⑳ **活用形Ⅲ＋ㅆ으면**：～したら、～すると。「조금 더 빨리 모임이 파해서 전철을 **탔으면** 편하게 집에 돌아갔을 텐데.（もう少し早めに集会が終わって電車に乗れたなら、楽に家に帰れたはずなのに。）／오늘 같은 날은 장화를 **신었으면** 좋았을 텐데 .（今日みたいな日は、雨靴を履けばよかったのに。）」

□ 그럼：では。

㉑ **活用形Ⅱ＋ㄹ 테니깐**：～するから。「내일쯤 외할머니께서 마당의 감을 **따실 테니깐** 좀 거들어 드려라.（明日あたり、おばあさんが庭の柿を取るでしょうから、ちょっとお手伝いなさい。）／매뉴얼을 잘 **알 테니깐** 매뉴얼대로만 하면 돼 .（マニュアルをよく**知っているだろうから**、マニュアルどおりにすればいいよ。）」

□ 큰소리치다：大口をたたく、怒鳴る。

㉒ **動詞活用形Ⅱ＋ㄴ 대로**：～したとおりに、～したままに。
「**약속한 대로** 빚을 다 갚았어요.（約束したとおりに借金を全部返しました。）／ 세상일은 **마음먹은 대로** 잘 안 돼요 .（世の中のことは思いどおりにうまくいきません。）」

㉓ **活用形Ⅰ＋자**：～するや（いなや）。

□ 짐：荷物。

□ 몽땅：全部、みんな、根こそぎ。

□ 싸다：（荷物を）まとめる、包む。

㉔ **活用形Ⅲ＋버리다**：～してしまう。

□ 내려가다：下りていく、帰省する。

□ 세상천지에〈世上天地〉：一体全体。

□ 며느리：嫁。

□ 이러는：（このようにする→）こういった。

□ 법〈法〉：やり方、こと。

㉕ **存在詞・形容詞活用形Ⅰ＋다고：～と(言って)**。「오늘은 길이 많이 밀리니까 택시보다 버스 전용 차선으로 다니는 버스가 더 **빠르다고** 했어요.（今日は道路が渋滞するから、タクシーよりバス専用車線を使うバスのほうがもっと**速いと**言いました。）／여기서 인천공항까지는 **멀다고** 해요.（ここから仁川空港までは**遠いそう**です。）」

- ☐ 호통을 치다：怒鳴りつける、叱り飛ばす。
- ☐ 결혼하다〈結婚―〉：結婚する。
- ☐ 명절〈名節〉：お正月や秋夕。
- ☐ 보내다：過ごす。
- ☐ 태연하다〈泰然―〉：泰然としている、平然としている。
- ☐ 여유롭다〈余裕―〉：余裕だ。
- ☐ 클래식：クラシック。
- ☐ 틀다：つける、かける。
- ☐ 말이다：(言葉である→)～だけどね、～ですがね　#語調を整えるときに使う。
- ☐ 제정신〈―精神〉：(自分の精神→)正気。

㉖ **指定詞の活用形Ⅰ＋야？：～なのか**。「결혼식이 모레인 줄 알았는데 **내일이야？**（結婚式が明後日だと思ったら、**明日なの？**）」

- ☐ 없어지다：なくなる。
- ☐ 어머님：お母さん #ここでは義理のお母さん。
- ☐ 아무：なんの。
- ☐ 지장〈支障〉。

㉗ **活用形Ⅱ＋ㄹ 거야：～（する）だろう**。「지금쯤 서울은 아침 저녁으로는 아주 **시원할 거야**.（今頃、ソウルは朝晩、とても**涼しいだろう**。）／후지산은 벌써 꽤나 **추울 거야**.（富士山はもうかなり**寒いだろう**。）」

- ☐ 며칠：何日、数日。
- ☐ ―동안：～の間。
- ☐ 입원하다〈入院―〉：入院する。
- ☐ 정밀 검사〈精密検査〉。
- ☐ 한번이라도〈―番―〉：一回でも。

㉘ **活用形Ⅲ＋봤어도**：～してみても。「엑셀 표만들기는 몇 번이나 **해 봤어도** 아직 잘 몰라요.（エクセルの表作成は何回も**やってみました**が、まだ、よくわかりません。）／이 노래는 한 두 번만 **들어 봤어도** 부를 수 있을 것 같아요.（この歌は 1，2 回**聞いただけでも**歌えそうです。）」

□ 금방〈今方〉：すぐ。

㉙ **活用形Ⅱ＋ㄹ 수 있다**：～することができる。

□ 솔직히〈率直―〉：率直に、正直に。□ 그렇게：そのように。

㉚ **活用形Ⅲ＋주다**：①～してくれる、②～してあげる。

㉛ **活用形Ⅰ＋기를／길 바라다**：～することを願う、～してほしいと思う。#話し言葉ではよく'바래다'も使われる。

4

□ 병〈病〉：病気。

□ 가볍다：軽い。

□ 위염〈胃炎〉。

□ 의사〈医師〉：医者。

□ 멍하게：ぼうっと。

□ 바라보다：見つめる、眺める。

□ 뭐라고：何と。

㉜ **動詞活用形Ⅰ＋는 건가?**：～するのか。「이 폭우로 또 홍수가 **나는 건가?**（この豪雨でまた、洪水が**起こるのか**。）／그 사람이 이번 선거에서 또 **뽑히는 건가?**（あの人が、今度の選挙で、また**選ばれるのか**。）」

□ 위암〈胃癌〉：胃がん。

㉝ **指定詞の活用形Ⅰ＋라고?**：～だって？「**뭐라고?** 내일이 **시험이라고?**（**何だって？** 明日が**試験だって？**）」

□ 전이되다〈転移―〉：転移する。

㉞ **活用形Ⅱ＋ㄹ 대로：～するとおりに、～（な）とおりに。**「안질이 생겨 눈이 **부을 대로** 부었어요.（眼病で、目が(**腫れるだけ**→)すごく腫れました。）／가고 안 가고는 **좋을 대로** 하세요.（行く、行かないは**好きなように**しなさい。）」

☐ 더이상〈─以上〉：（もっと以上→）これ以上。

☐ 손을 쓰다：（手を使う→）措置を取る。

㉟ **存在詞・形容詞の活用形Ⅰ＋다고？：～だって？、～だと？**「밀린 일이 이렇게 많이 남아 **있다고**？（たまった仕事がこんなにいっぱい**残っているって**？）／결혼식에 올 친구들이 그렇게도 **많다고**？（結婚式に来る友だちがそんなにも**多いって**？）」

☐ ─개월〈─個月〉：～か月。

☐ 정도〈程度〉：くらい。

☐ 유난히：ひときわ、際立って、特別に。

☐ 햇살：日差し。

☐ 눈부시다：まぶしい。

☐ 맑다：澄んでいる。

☐ 서로에게：（お互いに→）相手に。

☐ 한마디：一言。

☐ 엘리베이터：エレベーター。

㊱ **活用形Ⅱ＋니(까)：～（する）と、～（する）ので。**「너무 많이 걸어서 다리가 **아프니까** 여기서 좀 쉬었다 가요.（歩きすぎて脚が**痛いから**ここでちょっと休んでから行きましょう。）／이 밭은 **넓으니까** 농사 짓기 좋겠어요.（この畑は**広いから**農業をやるにはいいでしょうね。）」

☐ 눈앞이 캄캄하다：（目の前が暗い→）お先が真っ暗だ。

☐ 평퍼짐하다：平べったい。

☐ 그만：もう。

㊲ **存在詞・形容詞の活用形Ⅰ＋다면：～だったら、～ならば。**「용기가 **있다면** 도전해 보세요.（勇気が**あれば**挑戦してみてください。）／**늦다면** 늦고，**이르다면** 이른 시간이다.（**遅いと言ったら**遅く、**早いと言ったら**早い時間

である。)」

□ 잔소리하다 : 小言を言う。

□ 어떡해야 : (←어떻게 해야) どうすれば。

5

□ 함께 : いっしょに。

□ 보다 : 見る、会う。

㊳ **活用形Ⅱ＋러 : ～しに。**「설을 **쐬러** 고향에 돌아갔어요. (お正月を過ごしに故郷に帰りました。) ／이빨 치료를 **받으러** 치과에 갔어요. (歯の治療を受けに歯医者に行きました。)」

㊴ **活用形Ⅰ＋자고 하다 : ～しようと言う。**「목욕을 하러 사우나에 같이 **가자고 했어요.** (お風呂に入りにサウナにいっしょに行こうと言いました。) ／다음 주에 같이 당번을 **맡자고 했어요.** (来週、いっしょに当番をやろうと言いました。)」

㊵ **活用形Ⅲ＋달라 : ～してほしい。～しておくれ。**

□ 부탁〈付託〉: お願い。

□ 찾아오다 : 訪ねて来る。

□ 부모〈父母〉: 両親、親。

□ 그리 : そんなに。

□ 반갑다 : (会って)うれしい。

㊶ **活用形Ⅰ＋지만은 : ～ (する、である)ばかりでは。**「대표로 뽑힌 게 **싫지만은** 않은 모양이었어요. (代表として選ばれたのが、(嫌なばかりでは→)まんざらではなかったようです。) ／시어머니한테 구박을 받으면서 **참지만은** 않은 것 같았어요. (姑にいびられながら、我慢ばかりしていたのではなかったようです。)」

㊷ **形容詞の活用形Ⅱ＋ㄴ 모양이다 : ～のようだ。**「그 이야기를 듣고 기분이 아주 **불쾌한 모양이었어요.** (その話を聞いてとても不愉快だったようでした。) ／상을 받아서 아주 기분이 **좋은 모양이었다.** (賞をもらってとても上機嫌のようだった。)」

□ 하지만 : でも。

□ 살가워하다 : 身が入る、親身になる。

㊸ 活用形Ⅰ＋지도 않다：～でもない、～くもない、～もしない。

□ 붙잡다 : 握る、捕まえる。

□ 관해〈関―〉: 関して、ついて。

□ 수없이 : 何回も。

□ 늘 : いつも。

㊹ 活用形Ⅲ＋오다：～してくる。

□ 되풀이하다 : 繰り返す。

□ 표정〈表情〉。

□ 짜증 : 嫌気、うんざりするようす。

□ 가득하다 : いっぱいだ。

㊺ 形容詞の活用形Ⅱ＋ㄴ데도：～にもかかわらず。「**바쁘신데도** 와 주셔서 감사합니다.（**お忙しいところ**、来ていただきありがとうございます。）／방이 대낮같이 **밝은데도** 전기를 켜 두었어요.（部屋が真昼のように**明るいのに**電気をつけておきました。）」

□ 사랑스럽다 : いとしい、愛くるしい。

㊻ 活用形Ⅰ＋고만：～するばかり。

□ 더는 :（もっとは→）これ以上。

□ 바라보다 : 眺める。

6

□ 여보! : あなた! #夫婦同士の呼称。

□ 피다 : 咲く。

㊼ 活用形Ⅲ＋있다：～ている、～てある。

□ ―데 : ～のところ。

□ 들르다 : 立ち寄る。

㊽ 活用形Ⅲ＋ㅆ다가：～してから、～だったのが。「강남에서 친구를 **만났다가** 명동에 같이 갔어요.（江南で友達に**会って**、いっしょに明洞に行きました。）／부츠를 **신었다가** 금방 벗었어요.（ブーツを**履きましたが**、すぐ脱ぎました。）」

□ 그냥：まあ、なんとなく、ただ。 □ 그러고 싶다：そのようにしたい。

□ 걷다：歩く。

㊾ **活用形Ⅰ＋기도 하다**：～したりもする、とても～だ。

㊿ **活用形Ⅲ＋ㅆ나 보다**：～したようだ、～かったようだ、～だったようだ。

51 **動詞活用形Ⅰ＋는 대신**：～する代わり。「시험을 **치는 대신**에 리포트를 냈어요.（試験を受ける代わりにレポートを出しました。）／친구한테 **묻는 대신**에 인터넷을 찾았어요.（友だちに聞く代わりにインターネットを検索しました。）」

□ 길：道。 □ 들판：野原。

□ 가득：いっぱい。 □ 두껍다：厚い。

□ 스웨터：セーター。 □ 입히다：着せる ＃입다の使役形。

□ 천천히：ゆっくり。

52 **活用形Ⅰ＋기 시작하다**：～し始める。「공부하는 습관이 몸에 **배기 시작한** 것 같아요.（勉強する習慣が身に付き始めたようです。）／점점 실력이 **늘기 시작했어요**.（どんどん実力が伸び始めました。）」

7

□ 할 말：（話すべきことば→）話したいこと。 □ 뭔데?：何、何なの。

□ 적금〈積金〉：積立預金。 □ 올：今年。

□ 말〈末〉。 □ 타다：もらう。

□ ―말고：～ではなく。 □ 붓다：（掛け金などを）払い込む。

□ 통장〈通帳〉。 □ 싱크대：流し台。

□ 두 번째〈―番―〉：2番目。 □ 서랍：引き出し。

□ 그리구：そして＃그리고の話し言葉。　□ 생명보험〈生命保険〉。

□ 들다：入る。

(53) **活用形Ⅲ＋ㅆ거든**：～したんだよ、～かったんだよ、～だったんだよ。「젊을 때는 하루에 한 갑씩 담배를 **피웠거든**. （若いときは一日にひと箱ずつたばこを吸ってたよ。）／그 커플을 보고 있으면 닭살이 **돋거든요**.（あのカップルを見ていると鳥肌が立ちます。）」

□ 재작년〈再昨年〉：一昨年。　□ 하도：あまりにも。

(54) **活用形Ⅱ＋라고 하다**：～しろと言う、～するようにと言う。「매일 조금씩이라도 단어 공부를 **하라고 했어요**.（毎日、少しずつでも単語の勉強をしろと言いました。）／벤치에 **앉으라고 했어요**.（ベンチに座るようにと言いました。）」

(55) **活用形Ⅲ＋ㅆ지 뭐**：～したんだよ、～かったんだよ、～だったんだよ。＃驚いたり、嘆いたり、あきれたりするとき使う表現。「무슨 일이 있는가 해서 가 **봤지 뭐**.（何事があるかと思って行ってみたんだよ。）／그 사람이 그런 말을 하다니 참 **어이가 없었지 뭐**.（彼があんな話をしたなんて、本当にあきれたよ。）」

□ 확인하다〈確認―〉：確認する。

(56) **形容詞の活用形Ⅱ＋ㄴ데**：～（な）のに、～（な）ので。「손발은 **차가운데** 왜 발에서 땀이 나는 걸까요？（手足は冷たいのに、なぜ足から汗がでるのでしょうか。）／좀 **싱거운데** 간장을 좀 더 넣으면 어때요？（ちょっと味が薄いので、もう少し醤油を入れたらどうでしょうか。）」

□ 틀니：入れ歯。

(57) **活用形Ⅰ＋다시피**：～するとおり、～するように。「**보시다시피** 이 꽃은 향기도 좋고 색깔도 예뻐요.（ご覧のとおり、この花は香りもよく、色もきれいです。）／**아시다시피** 한반도의 통일은 쉽지 않아요.（ご存じのとお

り、朝鮮半島の統一は簡単ではありません。)」

☐ 능력〈能力〉。

☐ 주저앉다：座り込む。

☐ 울다：泣く。

(58) **活用形Ⅰ＋고 말다：～してしまう。**

(59) **活用形Ⅱ＋면서도：～しながらも、～するのにも、～（な）のにも。**

☐ 소리 내다：音を出す、声を出す。

☐ 엉엉：あんあん、わあわあ。

☐ 눈물을 흘리다：涙を流す。

8

☐ 침대〈寝台〉：ベッド。

☐ 나란히：並んで。

☐ 요즘 들어：(この頃入って→)最近になって。

☐ 프러포즈하다：プロポーズする。

(60) **指定詞の活用形Ⅱ＋라(←라고)：～だと。**

☐ 뭐라(←뭐라고)：何と。

☐ 그랬는데：言ったの？

☐ 어쩐다：何だの。

☐ 닭살 맞다：鳥肌が立つ＃'닭살이 돋다'という表現もよく使う。

☐ 질색〈窒塞〉：まっぴらごめん、とても嫌がること。

☐ 그랬잖아：そのように言ったじゃない。

(61) **活用形Ⅲ＋ㅆ잖아：～したのではないか、～だったのではないか。**「상처에 딱지가 앉을 때까지는 **주의하랬잖아**.（傷にかさぶたができるまでは、注意しなさいと言ったのではないか。）／마라톤에서 기록을 내는 건 너무 **어려웠잖아요**.（マラソンで記録を出すのはあまりにも難しかったのではないですか。）」

☐ 그랬나?：そう言ったの？

⑥② **活用形Ⅲ＋ㅆ나？：～したのか、～かったのか、～だったのか。**「언제 그렇게 열심히 **공부했나**？（いつそんなに一生懸命**勉強したの**？）／언제까지 독일에 **살았나**？（いつまでドイツに**住んでたの**？）」

□ 나보고：私に。

□ 그런：そんな。

□ 적：こと。

⑥③ **活用形Ⅰ＋지(?)：～するよ、～（だ）よ、～だろう？**「지금도 바깥에 비가 **오지**？（今も外に雨が**降るよね**。）／이 손목시계가 너무 **멋있지**？（この腕時計とても**すてきだろう**。）」

□ 어떨 땐(←어떨 때는)：あるときは。

□ 소리：話、ことば。

⑥④ **活用形Ⅰ＋고 싶기도 하다：～したい気持ちもする。**「하지만 솔직히 고백하면 빨리 이번 일에 한 걸음 **물러서고 싶기도 해요**.（でも正直に告白すると早く今回のことから一歩**身を退きたい気持ちもあります**。）／좋은 사진을 오랫동안 못 찍었으니 빨리 **찍고 싶기도 해요**.（長い間いい写真を撮れなかったから、早く**撮りたい気持ちもあります**。）」

⑥⑤ **活用形Ⅰ＋더라：～していたよ、～かったよ、～だったよ。**「한국은 여름에 비가 많이 **오더라**.（韓国では夏に雨がいっぱい**降っていた**。）／가을에 단풍이 든 설악산의 경치가 참 **좋더라**.（秋、紅葉したソラク山の景色がとても**よかったよ**。）」

□ 잠이 들다：眠りに入る、寝る。

□ 깜박：うっかり。

□ 커튼：カーテン。

□ 틈새：隙間。

□ 쏟아지다：降り注ぐ。

□ 장모님〈丈母―〉：義理の母親＃男性から見て妻の母親。妻の父親は장인〈丈人〉。

□ 뵈다：お目にかかる。

□ 연말〈年末〉。

□ 미루다：延ばす。

(66) 活用形Ⅱ＋ㄹ 거 없다：～することない。「먹고 사는 데 대해서는 아무런 걱정할 거 없어요.（食べていくことについては何の心配することはありません。）／뒷풀이에서 너무 술을 많이 먹으면 별로 좋을 건 없어요.（打ち上げで飲み過ぎると、あまりいいことはありません。）」

☐ 꿈쩍도 하지 않다：びくともしない。 ☐ 떨리다：震える。

☐ 흔들다：揺らす、揺すぶる。 ☐ 무너지다：倒れる、崩れ落ちる。

☐ 속삭이다：ささやく。

★읽고 나서

●練習問題〈3-2〉

1 **Q : 아내가 남편에게 전화한 이유는 무엇인가?**

① 들어올 때 약 좀 사다 달라고.

② 과음하지 말고 일찍 들어오라고.

2 **Q : 본문과 내용이 같은 것에는 ○표, 틀린 것에는 ×표 하세요.**

① 아내는 추석 때 짐을 몽땅 싸서 친정으로 가 버렸다. ( )

② 남편은 휴대폰 배터리가 떨어져서 아내의 전화를 못 받았다. ( )

③ 아내는 남편 모르게 적금과 생명보험을 들어 놓았다. ( )

3 **Q : 아내의 마지막 부탁은 무엇인가?**

A :

4 **Q 남편이 아내에게 못 다한 말은 무엇인가?**

A :

★이야기해 봅시다!

친구나 배우자에게 못 다한 말은 무엇인가?

☆써 봅시다 !

●書き写しトレーニング

1. 해외 출장 가 있는 친구를 팔아 한가로운 일요일, 아내와 집으로부터 탈출하려 집을 나서는데 양푼에 비빈 밥을 숟가락 가득 입에 넣고 우물거리던 아내가 나를 본다.

……………………………………………………………………………………

……………………………………………………………………………………

……………………………………………………………………………………

2. 나도 모르게 소리를 버럭 질렀다. 여느 때 같으면, 미련하냐는 말이 뭐냐며 대들만도 한데, 아내는 그럴 힘도 없는 모양이었다. 그냥 엎드린 채, 가쁜 숨을 몰아쉬기만 했다.

……………………………………………………………………………………

……………………………………………………………………………………

……………………………………………………………………………………

3. 큰소리친 대로, 아내는 추석이 되자, 짐을 몽땅 싸서 친정으로 가 버렸다. 나 혼자 고향 집으로 내려가자, 어머니는 세상천지에 며느리가 이러는 법은 없다고 호통을 치셨다.

……………………………………………………………………………………

……………………………………………………………………………………

……………………………………………………………………………………

4. 집까지 오는 동안 서로에게 한마디도 할 수가 없었다. 엘리베이터에 탄 아내를 보며, 앞으로 나 혼자 이 엘리베이터를 타고 집에 돌아가야 한다면 어떨까를 생각하니 눈앞이 캄캄했다.

……………………………………………………………………………………

……………………………………………………………………………………

……………………………………………………………………………………

5. 좋아하며 일어나야 할 아내가 꿈쩍도 하지 않는다. 난 떨리는 손으로 아내를 흔들었다. 이제 아내는 웃지도, 기뻐하지도, 잔소리하지도 않을 것이다.

……………………………………………………………………………………

……………………………………………………………………………………

……………………………………………………………………………………

〈解答〉

☆읽고 나서

1. ①

2. (1)○ (2)× (3)○

3. 적금 타면 어머니가 틀니를 할 수 있도록 200 만 원을 드리도록 하라는 것.

4. 어젯밤에 사랑한다는 얘기를 못 한 것.

第3課 우리 가족과 치매

うちの家族と認知症

Track 69

この文は駐日韓国大使館 韓国文化院主催「2018 全国学生韓国語スピーチコンテスト」で最優秀賞を受賞した宮本 香央里さんの「우리 가족과 치매」を転載したものである。

1 여러분은 선진국 중에서 치매 환자 수가 가장 많은 나라가 어디인지① 아십니까? 사실 일본 전체 인구 중 462만 명이 치매 환자이고 이것은 선진국 중에서 가장 많은 숫자에 해당합니다.

치매란 크게 나눠서 세 가지 종류가 있습니다. 가장 흔한 치매는 알츠하이머병이며, 두 번째는 혈관성 치매, 그리고 세 번째는 레비소체 치매란 게 있습니다. 저희 아버지가 걸리신 병은 바로 이 레비소체 치매입니다.

제가 치매라는 병에 관심을 가지게 된 계기는 바로 저희 아버지 때문입니다. 저희 아버지는 3년 전부터 치매를 앓고 계십니다②. 그래서 오늘은 치매에 대해 이야기하려고③ 합니다.

Track 70

2 치매는 누구나 걸릴 수 있는 질병입니다. 그렇다면 주변 사람이 치매에 걸리면 어떻게 대응하는 것이 좋을까요? 대응 방법은 여러 가지가 있습니다.

가장 중요한 것은 자신이 가족들에게 필요한 존재라는 것을 인식시키는 것이며, 자존심이 상하지 않게 조심해야 합니다. 가족 중에 치매 환자가 있다면④, 치매 환자의 이상한 행동을 잘 이해하고 대응하는 것이 환자한테도 가족한테도 좋을 것입니다.

Track 71

3 우리 가족 또한 아버지가 치매에 걸리신 후부터 모든 것이 달라졌습니다. 아버지는 환각, 환청의 증상이 심하시기 때문에⑤ 혼자 있는 시간이 매우 위험합니다. 그래서 저희 어머니께서도 24 시간 내내 아버지 옆에서 간호하게 되었습니다⑥. 가끔은 제 얼굴을 못 알아볼 때가 있고, 제 이름을 기억하지 못할⑦ 때도 있습니다.

옛날의 강하고 자상하신 아버지의 모습은 이제 영원히 볼 수가 없습니다. 처음에는 점점 약해지는 아버지 모습을 지켜보는 것이 너무 힘들어서 방에 들어가 혼자 엉엉 울곤 했습니다⑧.

하지만 이제는 가족이 다 같이 힘을 모아 아버지를 도와드리고⑨, 아버지 또한 치매라는 병을 이해하고 긍정적으로 지내고 계십니다.

Track 72

4 이렇게 사랑하는 가족이 치매에 걸리면 그 고통은 절대 견디기 쉬운 일이 아닙니다. 그래서 간호하는 사람들이 어떻게 견뎌 내야 하는지⑩, 지금부터 우리 가족이 해 온⑪ 방법을 소개하겠습니다.

첫 번째는 불안을 혼자 떠안지 말고⑫ 같은 상황에 있는 사람들과 이야기를 나누는 것이 좋습니다.

두 번째는 바로 눈앞의 상황만 좋게 만들려고 하는 것보다는 그 상황을 받아들이는 것이 중요합니다.

세 번째는 다른 사람들과 비교를 안 하는 것입니다. 환자의 증상이나 진행 속도가 다 같을 수는 없다⑬는 것을 이해하고 자신들이 할 수 있는 만큼⑭ 하면 됩니다.

네 번째는 언젠가는 마지막이 온다는⑮ 것을 생각하고 마지막이 되었을 때 환자도 간호하는 사람도 행복할 수 있게 지금 이 순간 순간을 소중하게 지내는 것이 중요합니다.

Track 73

5 저는 치매라는 병은 희귀한 병이 아니고 그냥 감기처럼 누구나 걸릴 수 있는 병이라고 생각합니다. 하지만 현재 우리 사회에서는 유감스럽게도 치매를 색안경을 끼고 보는 사람들이 많습니다.

저는 그런 분위기를 바꾸고 싶습니다. 저 혼자서의 힘으로는 불가능할지 모르겠지만⑯ 우리들 한 사람 한 사람의 의식이 바뀐다면⑰ 이 세상은 충분히 달라질 수 있을 것이라 믿습니다.

저희 아버지는 치매로 여러 가지 힘든 점도 많으시지만, 치매를 제외하면 다른 건강한 사람들과 전혀 다를 바⑱ 없습니다. 매일 매일 그런 보통의 생활을 보낼 수 있다는 것이 우리 가족에게는 큰 행복입니다.

★日本語訳

[1] 皆さんは先進国の中で認知症患者数が一番多い国がどこなのか、ご存じですか。実は、日本全体の人口のうち 462 万人が認知症患者であり、これは先進国の中で一番多い数に当たります。

認知症は大きく分けて 3 種類があります。一番多い認知症はアルツハイマー型病であり、2 つ目は血管性認知症、そして 3 番目はレビー小体型認知症というものがあります。私の父が患っている病気は、まさにこのレビー小体型認知症です。

私が認知症という病気に関心を持つようになったきっかけは、まさに私の父の影響です。私の父は 3 年前から認知症を患っています。なので、今日は認知症についてお話ししようと思います。

[2] 認知症は誰でもかかる可能性のある病気です。では、周りの人が認知症にかかったらどう対応しなければいけないでしょうか。対応の方法はいくつかあります。

最も大切なことは、自分が家族にとって必要な存在であることを認識させることであり、プライドが傷つかないように気をつけなければいけません。家族に認知症の患者がいるならば認知症患者の異常な行動をきちんと理解し、対応することが患者にとっても家族にとっても良いでしょう。

[3] 私たち家族も、父が認知症にかかってから、全てが変わりました。父は幻覚、幻聴の症状がひどく一人でいる時間はとても危ないです。なので、私の母も 24 時間ずっと父の側で介護するようになりました。時々私の顔がわからなくなる時があり、私の名前すらわからなくなる時があります。

昔の強くて優しい父の姿はもう永遠に見ることができません。初めは、どんどん弱っていく父の姿を見ることがとてもつらくて、部屋にこもって一人でわんわん泣いたりもしました。

ですが今は家族が皆で力を合わせて父をサポートし、また父も認知症という病気を理解し、前向きに過ごしています。

4 このように愛する家族が認知症にかかったら、その苦痛は絶対に耐えがたいものです。なので、看護する人たちがどのように接するべきなのか、今から、私たち家族がしてきた方法を紹介します。

一つ目は、不安を一人で抱え込まずに同じ状況にいる人たちと話をすることが良いのです。

二つ目は、目の前の状況を良くしようとすることよりも、その状況を受け入れることが大切です。

三つ目は、他の人たちと比較をしないことです。患者の症状や進行速度が皆同じではないことを理解し、自分ができる分だけ力を尽くせば良いのです。

四つ目は、いつかは最後が来るということを考え、最後が来た時、患者も看護する人も幸せでいられるように、今この瞬間瞬間を大切に過ごすことが大切です。

5 私は認知症という病気は、特別な病気ではなく、ただ風邪のように誰でもかかる可能性のある病気だと考えています。ですが残念ながら、現在の社会では認知症を色眼鏡で見る人が多いです。私はそのような雰囲気を変えたいです。私一人の力では不可能かもしれませんが、私たち一人一人の意識が変われば、世界は十分、変わると信じています。

私の父は、認知症を患ったことによって、色々大変な点もありますが、認知症を除けば、他の健康な人となんら変わりありません。毎日毎日、そのような普通の生活を送ることができることが私たちにとって、大きな幸せです。

★語句と活用〈3-3〉

＊覚えた単語には✓を入れよう！

1

- ☐ 선진국〈先進国〉。
- ☐ 치매〈痴呆〉：認知症。
- ☐ 환자〈患者〉。
- ☐ 가장：いちばん。

① 指定詞（이다）の活用形Ⅰ＋ㄴ지：～なのか。「생일이 내일인지 모레인지 잘 모르겠어요.（誕生日が明日なのか、明後日なのかよくわかりません。）」

- ☐ 사실〈事実〉：実は。
- ☐ 전체〈全体〉。
- ☐ 인구〈人口〉。
- ☐ 숫자〈数字〉。
- ☐ 해당하다〈該当—〉：該当する、当たる。
- ☐ 나누다：分ける。
- ☐ －가지：～種。
- ☐ 종류〈種類〉。
- ☐ 흔하다：よくある、多い。
- ☐ 알츠하이머병〈—病〉：アルツハイマー病。
- ☐ －(이)며：～であり。
- ☐ 두 번째〈—番—〉：2 番目。
- ☐ 혈관성〈血管性〉。
- ☐ 세 번째〈—番—〉：3 番目。
- ☐ 레비소체〈—小体〉：レビー小体。
- ☐ －(이)란：（←(이)라는）～という。
- ☐ 걸리다：かかる。
- ☐ 바로：すなわち、他ならぬ。
- ☐ 관심〈関心〉：興味。
- ☐ 계기〈契機〉：きっかけ。
- ☐ 앓다：患う。

② 活用形Ⅰ＋고 계시다：～していらっしゃる。「선생님은 지금 음악을 듣고 계세요.（先生は今音楽を聴いていらっしゃいます。）／저녁을 드시고 계셨어요.（夕食を召し上がっていらっしゃいました。）」

- ☐ 그래서：それで。

③ 活用形Ⅱ＋려고：～しようと。

2

- [ ] 누구나：誰でも。
- [ ] 질병〈疾病〉：病、病気。
- [ ] 그렇다면：それなら、そうであれば。
- [ ] 주변〈周辺〉：周り。
- [ ] 대응하다〈対応—〉：対応する。
- [ ] 방법〈方法〉。
- [ ] 중요하다〈重要—〉：重要だ。
- [ ] 필요하다〈必要—〉：必要だ。
- [ ] 존재〈存在〉。
- [ ] 인식시키다〈認識—〉：認識させる。
- [ ] 자존심〈自尊心〉：プライド。
- [ ] 이상하다〈異常—〉：異常だ、おかしい。
- [ ] 조심하다〈操心—〉：気をつける、注意する。

④ 存在詞・形容詞の活用形Ｉ＋다면：～ならば。

- [ ] 행동〈行動〉：ふるまい。
- [ ] 이해하다〈理解—〉：理解する。

3

- [ ] 또한：また。
- [ ] 후〈後〉。
- [ ] 모든：すべての、あらゆる。
- [ ] 달라지다：変わる。
- [ ] 환각〈幻覚〉。
- [ ] 환청〈幻聴〉。
- [ ] 증상〈症状〉。
- [ ] 심하다〈甚—〉：甚だしい、ひどい。

⑤ 活用形Ｉ＋기 때문에：～するために、～（な）ために。

- [ ] 매우：とても。
- [ ] 위험하다〈危険—〉：危険だ、危ない。
- [ ] 그래서：それで。
- [ ] 내내：ずっと。
- [ ] 간호하다〈看護—〉：看護する。

⑥ **活用形Ⅰ＋게 되다**：～するようになる。

□ 가끔 ：たまに。

□ 알아보다 ：(わかって見る→) 見分ける、覚えている。

□ 기억하다〈記憶―〉：記憶する、覚える。

⑦ **活用形Ⅰ＋지 못하다**：～することができない。

□ 옛날 ：昔。

□ 강하다〈強―〉：強い。

□ 자상하다〈仔詳―〉：優しい。

□ 모습 ：姿。

□ 이제 ：もう。

□ 영원히〈永遠―〉：永遠に。

□ 점점〈漸漸〉：段々。

□ 약해지다〈弱―〉：弱くなる、弱る。

□ 지켜보다 ：(守って見る→) 見守る。

□ 엉엉 ：わあわあ
声を張り上げて泣くようす。

⑧ **活用形Ⅰ＋곤 하다**：～したりする。

□ 하지만 ：でも、しかし。

□ 이제는 ：もう、今は。

□ 힘 ：力。

□ 모으다 ：集める。

⑨ **活用形Ⅲ＋드리다**：～してさしあげる。「이 짐을 **들어 드릴게요**.(この荷物をお持ちします。)／주소는 내일 **찾아 드릴게요**.(住所は明日、お調べします。)」

□ 긍정적〈肯定的〉。

4

□ 고통〈苦痛〉。

□ 절대〈絶対〉。

□ 견디다 ：耐える。

□ 그래서 ：それで。

□ 어떻게 ：どのように。

□ 견뎌 내다 ：(耐えて出す→) 耐えぬく。

⑩ 活用形Ⅰ＋는지：～するのか。

⑪ 活用形Ⅲ＋오다：～してくる。

□ 방법〈方法〉：やり方。
□ 소개하다〈紹介—〉：紹介する。
□ 첫 번째〈—番—〉：1番目、最初。
□ 불안〈不安〉。
□ 떠안다：抱える。

⑫ 活用形Ⅰ＋지 말다：～しない。「정식 결과가 나올 때까지 **포기하지 마세요**.（正式の結果が出るまで諦めないでください。）／그 엉터리 소문을 **믿지 말아요**.（あのでたらめな噂を信じないでください。）」

□ 나누다：交わす。
□ 두 번째〈—番—〉：2番目。
□ 받아들이다：受け入れる。
□ 중요하다〈重要—〉：重要だ、大事だ。
□ 세 번째〈—番—〉：3番目。
□ 비교〈比較〉。
□ 증상〈症状〉。
□ 진행〈進行〉。
□ 속도〈速度〉。

⑬ 活用形Ⅱ＋ㄹ 수(는) 없다：～はずがない、～でありえない。

⑭ 活用形Ⅰ＋는 만큼：する～分だけ。「꾸준히 **연습하는 만큼** 바둑 실력이 늘 거예요.（着実に練習する分だけ、囲碁の実力が伸びるでしょう。）／많이 **먹는 만큼** 살이 쪘어요.（たくさん食べる分だけ太りました。）」

□ 네 번째〈—番—〉：4番目。
□ 언젠가는：いつかは。
□ 마지막：終わり、最後。

⑮ 動詞活用形Ⅰ＋ㄴ다는／는다는：～するという。

□ 행복하다〈幸福—〉：幸せだ。
□ 순간〈瞬間〉。
□ 소중하다〈所重—〉：大事だ。

5

☐ 희귀하다〈稀貴―〉：まれだ。

☐ 누구나：誰でも。

☐ 현재〈現在〉。

☐ 색안경〈色眼鏡〉。

☐ 분위기〈雰囲気〉。

☐ 불가능하다〈不可能―〉：不可能だ。

☐ 감기〈感気〉：風邪。

☐ －(이)라고 생각하다：～だと思う。

☐ 유감스럽다〈遺憾―〉：遺憾だ。

☐ 끼다：かける。

☐ 혼자서：一人で。

⑯ **活用形Ⅰ＋겠지만：～だろうが。**「**바쁘겠지만** 한 번 만나 보세요.（忙しいだろうけど一度会ってみてください。）／**힘들겠지만** 참고 일하면 좋은 일이 있을 거예요.（大変でしょうが、我慢して働いているといいことがあるでしょう。）」

☐ 의식〈意識〉。

☐ 바뀌다：変わる
＃바꾸다の受身形。

⑰ **動詞の活用形Ⅰ＋ㄴ다면／는다면：～するならば。**「피아노 연습을 열심히 **한다면** 충분히 잘 칠 수 있을 거예요.（ピアノの練習を一生懸命にやるならば、十分うまく弾けるでしょう。）／바빠서 점심을 **못 먹는다면** 저녁이라도 제대로 먹어야지.（忙しくて昼ごはんが食べられなかったら、夕食でもしっかり食べなくちゃ。）」

☐ 세상〈世上〉：世の中。

☐ －(이)라 믿다：～だと信じる。

☐ 제외하다〈除外―〉：除外する。

☐ 전혀〈全―〉：まったく、全然。

☐ 충분히〈充分―〉：十分。

☐ 점〈点〉。

☐ 건강하다〈健康―〉：健康だ、元気だ。

⑱ **活用形Ⅱ＋ㄹ 바：～するところ。**「아무리 부자라 해도 건강을 잃으면 모든 것을 잃는 것과 **다를 바** 없어요.（いくら金持ちでも健康を失うとすべてを失うのと**変わるところ**がありません。）／이왕 욕을 **얻어먹을 바**에는 모두를 위해 데모에 앞장서겠다.（どうせ悪口を**言われる**んだったら、みんなのためにデモの先頭に立つよ。）」

□ 매일〈毎日〉。

□ 보통〈普通〉。

□ 생활〈生活〉。

★읽고 나서

1 **Q : 치매에 대한 대응방법으로 가장 적절한 것은 ?**

① 치매 환자가 이상한 행동을 하면 그냥 모른 척한다.

② 치매 환자의 자존심과 가족 내에서의 환자의 존재감을 인식하도록 하는 것이 중요하다.

2 **Q : 본문과 내용이 같은 것에는 ○표, 틀린 것에는 ×표 하세요.**

① 일본은 치매 환자가 많은 편이다.( )

② 지은이의 가족이 모두 힘을 모아 아버지를 도와 드리고 있으나 아버지는 치매라는 병을 인정하지 않으신다.( )

③ 같은 상황에 있는 사람들과 이야기를 나누는 것도 좋으나 다른 치매 환자와 비교를 안 하는 것 또한 중요하다.( )

3 **Q : 지은이는 왜 다른 치매 환자들과 비교하지 않는 것이 좋다고 했나 ?**

A :

4 **Q : 지은이는 치매를 어떠한 병이라고 생각하고 있나 ?**

A :

★이야기해 봅시다 !

치매라는 병에 어떻게 생각합니까 ? 만약 주위에 치매에 걸린 분이 있을 때 어떻게 대하는 것이 좋을 것 같습니까 ?

☆써 봅시다 !

●書き写しトレーニング

1. 제가 치매라는 병에 관심을 가지게 된 계기는 바로 저희 아버지 때문입니다 . 저희 아버지는 3 년 전부터 치매를 앓고 계십니다 . 그래서 오늘은 치매에 대해 이야기하려고 합니다 .

2. 그렇다면 주변 사람이 치매에 걸리면 어떻게 대응하는 것이 좋을까요 ? 가장 중요한 것은 자신이 가족들에게 필요한 존재라는 것을 인식시키는 것이며 , 자존심이 상하지 않게 조심해야 합니다 .

3. 처음에는 점점 약해지는 아버지 모습을 지켜보는 것이 너무 힘들어서 방에 들어가 혼자 엉엉 울곤 했습니다 .

4. 언젠가는 마지막이 온다는 것을 생각하고 마지막이 되었을 때 환자도 간호하는 사람도 행복할 수 있게 지금 이 순간 순간을 소중하게 지내는 것이 중요합니다.

....

....

....

5. 저는 치매라는 병은 희귀한 병이 아니고 그냥 감기처럼 누구나 걸릴 수 있는 병이라고 생각합니다. 하지만 현재 우리 사회에서는 유감스럽게도 치매를 색안경을 끼고 보는 사람들이 많습니다.

....

....

....

〈解答〉

☆읽고 나서

1. ②

2. (1)○　(2)×　(3)○

3. 환자의 증상이나 진행 속도가 다 같을 수는 없기 때문에.

4. 우리 사회에서는 유감스럽게도 치매를 색안경을 끼고 보는 사람들이 많지만 치매라는 병은 희귀한 병이 아니고 그냥 감기처럼 누구나 걸릴 수 있는 병이라고 생각한다.

第4課 감독네 옥상 텃밭엔…

監督さんちの屋上の菜園には

Track 74

この文は韓国の中央日報(2019.11.02)〈중앙선데이〉に掲載されたアン・チュンギ記者の「'님아 그 강을 건너지 마오' 진모영 감독네 옥상 텃밭엔…」(「안충기의 삽질일기」)から転載したものである。

1 전국 여기저기 흙이 모인 텃밭이 있다. 해남・고흥・횡성・대진에서 왔다. 텃밭은 8 가구가 사는 4 층 주택 옥상에 있다. 남자는 차 뒤에 삽을 싣고 다니며 흙을 퍼 나른다. 여자는 그 흙으로 꽃과 채소를 키워 낸다.

남자와 여자는 4 층에 산다. 계단을 몇 개 올라가면 옥상 텃밭이다. 텃밭 옆에는 물탱크를 치우고 만든 옥탑방이 있다. 서가에는 책들이 꽂혀 있고 한쪽에는 각종 캠핑 장비가 쌓여 있다. 남자와 여자가 그냥 좋아서 가꾸는 옥상에 주택 사람들은 수시로 오르내리며 논다.

Track 75

2 숨을 못 쉴 정도로 울었다.

-너무 울어서 옆에 모르는 여자분이 휴지 챙겨 주시고 그분이랑 대성통곡을 하고 나왔네요.

-남자인데① 여친보다 더 울었어요.

480만 명이 본 영화 ‘님아 그 강을 건너지 마오②’ 감상평은 대개 이렇다. 인생 영화라는 평도 많다. 76년을 함께 한 조병만 할아버지와 강계열 할머니 얘기다. 다큐멘터리 사상 최다 관객 기록을 세웠다.

나처럼 낯짝 두껍고 뻔뻔한 아저씨도 울었다. 나이 들면 여성호르몬 분비가 많아지고 머리와 몸이 따로 논다지만③ 콧물까지 흘리며 울었다.

데면데면하며 멀찌감치 떨어져서 들어간 부부가 손을 꼭 잡고 나오고, 괜히 핸드폰 바탕화면에 배우자 사진을 박아 넣고, 청춘들은 눈을 서로 들여다보며 손가락 도장을 찍었다.

진모영, 이 다큐를 찍은 감독이자 옥상에서 삽질하는 남자다. 김혜경, 이 다큐를 만든 ‘영화사 님아’의 대표이자④ 옥상에서 채소를 키우는 여자다. 진모영과 김혜경은 부부다. 호스피스로 일하던 아내가 영화사에 합류한 뒤 둘은 자석처럼 붙어 다닌다. 둘 다 시골에서 태어났지만 어려서부터 도시 학교에 다녀 흙을 만져 본 적⑤은 없다.

Track 76

3 2008년 지금 집으로 이사 왔을 때 옥상은 휑했다. 어린이날, 초등학교 다니는 아이들을 위해 화분 두 개를 샀다. 요거는 아들 거, 요거는 딸 거, 이름을 붙여 옥상에 놓고 물을 주며 돌봤다.

화분이 매년 몇 개씩 늘어났다. 동네 사람들이 버리려고⑥

내놓은 화분들을 낑낑대며 끌고 왔다. 채소를 키우고 싶은 생각이 들었다. 동네 신문에 난 마포 도시농부학교 기사를 보고 등록했다. 구청에서 소개하는 텃밭 두 이랑을 얻어 실전 경험을 쌓았다. 밭에 오가는 일이 번거로웠다.

아무 때나 들여다볼 수 있는 옥상에 눈이 갔다. 고향 흙을 담아 오고, '님아'를 찍은 횡성 흙을 퍼 오고, '올드 마린보이'를 찍은 대진 항구 흙도 가져왔다.

흙은 제가 살던 동네의 씨앗들을 품고 왔다. 봄이면⑦ 화분마다 다른 풀들이 고개를 내민다. 옥상 한쪽에서는 시골 방앗간에서 가져온 깻묵을 삭힌다. 화분에 쓸 거름이다.

Track 77

4 아내는 가는 곳마다 꽃씨를 받는다. 얼마 전엔 경주에 가서 노랑 채송화 씨를 얻었다. 해외영화제에 나가서는⑧ 그곳의 꽃씨를 담아온다. 동네 마실 다니며 빈 땅을 봐 뒀다가⑨ 밤에 나가 씨를 뿌리고 모종을 심는다.

올해는 할머니를 뵈러 횡성에 다녀오며 농협 앞 5일 장터에서 옥수수 모종을 구했다. 가장자리 담벼락에 심으니⑩ 바람에 잎들이 부딪치며 서걱거리는 소리가 그렇게 좋다. 담벼락을 타고 올라가며 열리는 오이도 꽤 따 먹었다.

오늘은 얼마나 컸을까⑪, 더위는 먹지 않았나⑫, 목이 마르지는 않을까…. 손전등을 들고 밤중에도 올라가 본다. 출장을 갈 때면 마음이 놓이지 않는다. 아이들이나 이웃들이 돌봐

주지만 자꾸 눈에 밟힌다.

Track 78

5 아래층에 불이 날 뻔한⑬ 일이 있었다. 공동주택이라 남의 일이 아니었다. 집을 오가며 모임을 가지게 된⑭ 계기였다. 텃밭이 서로의 경계를 무너뜨렸다. 옥상 가운데 널찍한 평상을 만들었다. 동네 초등학교 수영장 공사를 할 때 나온 나무로 짰다.

평상은 사랑방이 됐다. 나이도 다르고 하는 일도 다르지만, 이웃들은 틈만 나면 평상에 앉아 논다. 함께 고기를 굽고 밥을 먹고 수다를 떤다. 여름이면 수박을 쪼개고, 호박이며 파 송송 썰어 전을 부쳐 번개를 친다.

아래층에 사는 셰프는 밭에서 나온 재료로 뚝딱뚝딱 음식을 만들어 낸다. 말복을 앞두고는 닭백숙을 하고 닭죽을 끓여 둘러앉았다. 날이 싸늘해지면 참나무 장작으로 모닥불을 피운다.

십여 년을 어울리며 컸으니 아이들은 형제처럼 지낸다. 옥상에 텐트를 치고 함께 잔다. 엄마•아빠가 출근한 아랫집에 내려가 아이를 깨워 학교에 보내기도 한다⑮.

"애들 손님이 오는데 시끄러우면 어쩌지요?"

"신경쓰지 말고⑯ 맘껏 놀라고⑰ 해요."

편하게 지내니 층간 소음 문제로 다툴 일이 없다.

6 공동공간인 옥상을 양보해 준 이웃들이 고맙다. 부부는 계단을 오르내리며 집집이 현관 손잡이에 채소 봉지를 걸어 둔다. 내려보낸 부추가 전이 돼서 돌아오고, 복숭아 봉지가 올라오고, 김치를 담가 오기도 한다.

옥상 텃밭은 도심의 녹색 점이다. 점들이 선이 되고 면이 되어 도시가 녹색 모자를 쓰면 그 안에 사는 이들 마음도 녹색으로 물들지 않을까.

"파프리카와 피망은 어떻게 달라?"

"작두콩이 얼마나 큰 줄 아십니꺼?" ⑱

"파전 부칠 때 콩기름이 좋아, 카놀라유가 좋아?"

"형님네 큰애는 여친이 그렇게 착하다면서유!" ⑲

"동생이 3 년 전에 담근 매실주는 언제 개봉하는겨?"

동네 평상에 모여 앉아 소곤소곤 얘기하다 보면⑳, 결론도 안 나는 정치 얘기가 발 붙일 틈이 없겠지.

넘치는 채소는 동네 슈퍼에 가져가서 콩나물로 바꾸고, 가게 한쪽에선 삽과 호미를 팔면㉑ 되겠구나㉒. 동네마다 텃밭을 만들어 노인들 놀이터를 만들면, 유튜브 가짜뉴스에 넘어갈 일㉓ 없을 테고㉔ 병원 출입도 줄어들 테다㉔. 옥상에 텃밭 만드는 집은 시에서 수도세 팍팍 깎아 주고. 동네 자투리땅을 보면, 잡동사니 뒹구는 건물 옥상을 보면 텃밭 생각이 먼저 난다. 이미 그렇게 사는 진모영 김혜경 부부에게 삼삼칠 박수 짝짝짝 짝짝짝 짝짝짝짝짝짝짝.

★日本語訳

1 全国のあちこちから土が集まってきた家庭菜園がある。海南・高興・横城・大津から来た。家庭菜園は、8世帯が住んでいる4階建て住宅の屋上にある。男は車の後ろにシャベルを積んで行ったり来たりしながら土を運ぶ。女は、その土で花や野菜を育てあげる。

男と女は、4階に住んでいる。階段を数段上がると屋上の菜園である。家庭菜園の隣には、水タンクを片付けて作った屋上小屋がある。書架には、本が並べられており、傍らには、各種キャンプ用品が積まれている。男と女がただ好きで手入れしている屋上に、住宅の人々がしばしば行き来して遊ぶ。

2 - 息ができないほど泣いた。

- 泣きすぎて隣の知らない女性の方がティッシュをくださり、その方と大泣きしながら出ましたよ。

- 男なのに彼女よりももっと泣きました。

480万人が見た映画「あなた、その川を渡らないで」の大半の感想はこうだ。人生で一番の映画という評価も多い。76年間一緒に過ごしてきたチョ・ビョンマンおじいさんとカン・ゲヨルおばあちゃんの話だ。ドキュメンタリー史上最多観客動員記録を打ち立てた。

私のように面の皮が厚く、ずうずうしいおじさんも泣いた。年をとれば、女性ホルモンの分泌が増えてきて、頭と体が別々に動くと言われるが、鼻水まで流して泣いた。

よそよそしく距離をおいて入ってきた夫婦がぎゅっと手を握って出て行き、わけもなく携帯電話の待ち受け画面を配偶者の写真にし、若者は見つめ合いながら、約束の指切りをした。

チン・モヨン、このドキュメンタリーを撮った監督であり、屋上で家庭菜園を営む男だ。キム・ヘギョンは、このドキュメンタリーを作った「映画会社ニマ」の代表であり、屋上で野菜を育てる女だ。チン・モヨンとキム・ヘギョンは夫婦だ。ホスピスの職員として働いていた妻が映画会社に入社した後、2人は磁石のように付いて回るようになった。2人とも田舎で生まれたが、幼いころから都市の学校に通ったので、土を触ったことはなかった。

3 2008年、今の家に引っ越してきたとき、屋上はがらんとしていた。子どもの日、小学校に通う子どもたちのために植木鉢を2つ買った。これは息子のもの、これは娘のもの、名前を付けて屋上に置き、水やりをしながら世話をした。

植木鉢が毎年、数個ずつ増えた。近所の人が捨てようと出しておいた植木鉢をうんうん言いながら運んできた。野菜を育てたいと思った。地域の新聞に載っていた麻浦都市農夫学校の記事を見て登録した。区役所で紹介する家庭菜園2畝（うね）を貸してもらって実践経験を積んだ。畑に行き来するのが面倒だった。

いつでものぞくことのできる屋上に目をつけた。田舎の土を入れてきて、「ニマ」を撮影した横城の土を運び、「オールドマリンボーイ」を撮影した大津港の土も持ってきた。

土は、自分が住んでいた町の種を運んできた。春になると鉢ごとに異なる草が顔を出す。屋上の片隅では、田舎の精米所から持ってきた油かすを発酵させる。植木鉢に使う肥料である。

4 妻はどこへ行っても花の種をもらってくる。先日は慶州に行って、黄色マツバボタンの種をもらってきた。海外の映画祭に出たときは、そこの花の種をもらってくる。近所を廻りながら目星をつけておいて、夜、出かけて種をまき苗を植える。

今年は、おばあちゃんに会いに横城に行った帰りに、農協の前の五日市でトウモロコシの苗を手に入れた。端の壁際に植えたので、風にそよぐ葉擦れの音がとても心地いい。壁を伝って上がって実るキュウリもかなり取って食べた。

今日はどれだけ大きくなっただろうか、夏バテはしていないだろうか、のどが渇いたりしていないだろうか…。懐中電灯を持って夜中にも上がってみる。出張に行くときは心配だ。子どもたちや近所の人たちが世話をしてくれるが、ずっと頭から離れない。

5 階下で火事になりかけたことがあった。集合住宅なので他人事ではなかった。家を行き来しながら会合を持つようになったきっかけであった。家庭菜園がお互いの境界を崩した。屋上の真ん中に広めの縁台を作った。近所の小学校のプール工事をする際に出てきた木で組み立てた。

縁台は応接間になった。年齢も違い、仕事も異なるが、近所の人は、暇さえあれば縁台に座って遊ぶ。一緒に肉を焼き、ご飯を食べ、おしゃべりをする。夏になるとスイカを割り、カボチャやネギをザクザク切ってチヂミを作って集合をかける。

階下に住むシェフは畑で取れた材料でささっと料理を作り出す。末伏（まっぷく）の前には鶏の水炊きをし、鶏のおかゆを作って囲んだ。気温が下がると、楢の木で焚き火をする。

10年あまり、いっしょに育っただけあって、子どもたちは兄弟のように過ごしている。屋上にテントを張って一緒に寝る。親が出勤した下の家に降りて行って、子どもを起こして学校に送ることもある。子どもの友だちが来るのにうるさくしたらどうしましょ、気にせず思う存分遊んでいいと伝えてよ。気楽に付き合っているため、騒音問題で争うことがない。

6 共同空間である屋上を譲ってくれた隣人がありがたい。夫婦は階段を上り降りしながら、家々のドアノブに野菜の袋をかけておく。下に送ったニラがチヂミになって戻ってきたり、桃の袋が上がってきたり、キムチを漬けてきたりもする。

屋上の菜園は都心の緑の点である。点が線になって、面になって都市が緑の帽子をかぶれば、その中に住んでいる、彼らの心も緑色に染まるのではないだろうか。

「パプリカとピーマンはどう違う？」

「タチナタマメがどんだけ大きいか知っとるか。」

「ネギチヂミを作るとき、大豆油がいいか、キャノーラ油がいいか。」

「兄ちゃんの長男の彼女がものすごくいい子なんやってね？」

「お前が3年前に漬けた梅酒はいつ開けるんだい？」

縁台に集まって仲良く話をしていると、結論も出ない政治の話が首を突っ込む隙なんてないだろう。

有り余る野菜は近所のスーパーに持って行ってもやしに変え、お店の片隅ではシャベルとホミ（草取り鎌）を売るといいだろうな。村ごとに家庭菜園を作り、老人の遊び場を作ったら、YouTubeの偽ニュースに騙されることもなければ、病院への出入りも減っていくだろう。屋上に家庭菜園を作る家には市で水道料金をどんどん値引きしてやって。近所の狭い空き地を見ていると、がらくたが転がっている建物の屋上を見ていると、真っ先に家庭菜園が思い出される。すでにそうやって暮らすチン・モヨン、キム・ヘギョン夫婦へ、三三七拍子で拍手。チャ・チャ・チャ、チャ・チャ・チャ、チャ・チャ・チャ・チャ・チャ・チャ・チャ。

★語句と活用〈3-4〉

＊覚えた単語には✓を入れよう！

1

□ 전국〈全国〉。

□ 흙：土。

□ 텃밭：家庭菜園。

□ 고흥〈高興〉：コフン＃地名。

□ 대진〈大津〉：テジン＃地名。

□ 주택〈住宅〉。

□ 차〈車〉：自動車。

□ 싣다：載せる。

□ 푸다：すくう、汲む。

□ 채소〈菜蔬〉：野菜。

□ 계단〈階段〉。

□ 물탱크：水タンク。

□ 옥탑방〈屋塔房〉：屋上に建て増した部屋。

□ 꽂히다：並べられる
＃꽂다の受身形。

□ 각종〈各種〉：いろいろ。

□ 장비〈装備〉：道具。

□ 그냥：ただ。

□ 수시로〈随時―〉：随時、気が向けば。

□ 놀다：遊ぶ。

□ 여기저기：(こっちあっち→)あっちこっち。

□ 모이다：集まる。

□ 해남〈海南〉：ヘナム＃地名。

□ 횡성〈横城〉：フェンソン＃地名。

□ 가구〈家口〉：世帯。

□ 옥상〈屋上〉。

□ 삽：シャベル。

□ 다니다：通う。

□ 나르다：運ぶ。

□ 키워내다：育て上げる。

□ 올라가다：登っていく。

□ 치우다：片付ける。

□ 서가〈書架〉：本棚。

□ 한쪽：片方、隅っこ。

□ 캠핑：キャンプ。

□ 쌓이다：積まれる
＃쌓다の受身形。

□ 가꾸다：育てる。

□ 오르내리다：上り下りする、出入りする。

2

□ 숨：息。

□ 쉬다：息をする。

□ 여자분〈女子—〉：女性の方。

□ 휴지〈休紙〉：ちり紙、トイレットペーパー。

□ 챙기다：用意する。

□ 대성통곡〈大声痛哭〉：声を出して泣くこと。

① **指定詞の活用形Ⅰ＋ㄴ데：～であるが。**「이게 오늘 **숙제인데** 너무 어려운 것 같아요.（これが今日の宿題ですが、難しすぎるようです。）」

□ 여친〈女親〉：（←女子親旧）彼女、ガールフレンド
＃ボーイフレンドは남친。

□ —아：～よ、～や
＃人や動物に親しみを込めて呼びかけるときに用いる。子音終わりの名詞につく。

□ 님：恋人、いとしい人、あなた。

□ 강〈江〉：川。

□ 건너다：渡る。

② **活用形Ⅰ＋지 마오：～しないでくれ、～しないでほしい。**「**가지 마오**, **가지 마오**. 나를 두고 **가지를 마오**!（行かないで、行かないで、私をおいて行かないでほしい。）／내 나이는 **묻지 마오**. 사랑하기 딱 좋은 나이오.（僕の歳は聞かないで、恋するにぴったりの歳だよ。）」

□ 감상평〈鑑賞評〉：映画評。

□ 대개〈大概〉：大体、大半。

□ 이렇다：こうだ。

□ 인생〈人生〉。

□ -(이)라는：～という。

□ 평〈評〉：評価。

□ 얘기：話。

□ 다큐멘터리：ドキュメンタリー。

□ 사상〈史上〉。

□ 최다〈最多〉。

□ 관객〈観客〉。

□ 기록〈記録〉。

□ 세우다：立てる。

□ 낯짝：面の皮。

□ 두껍다：厚い。

□ 뻔뻔하다：ずうずうしい。

□ 나이 들다：(歳が入る→)年を取る。
□ 여성〈女性〉。
□ 호르몬：ホルモン。
□ 분비〈分泌〉。
□ 많아지다：多くなる。
□ 따로：別々に。

③ 活用形Ｉ＋ㄴ다지만／는다지만：～すると言うけど。「아파트 값이 내린다지만 우리 같은 서민한테는 그림의 떡이야. (マンションの値段が下がると言っても、うちのような庶民には絵に描いた餅だよ。) ／개가 멍멍 짖는다지만 물지는 않을 거야. (犬がワンワン吠えると言っても噛みはしないだろう。)」

□ 콧물：鼻水。
□ 데면데면하다：よそよそしい。
□ 멀찌감치：遠くに、かなり離れて＝멀찍이。
□ 떨어지다：離れる。
□ 꼭：しっかり、ぎゅっと。
□ 괜히：何となく。
□ 핸드폰：携帯電話。
□ 바탕화면〈—画面〉：待ち受け画面。
□ 배우자〈配偶者〉。
□ 박다：打ち込む、撮る。
□ 청춘〈青春〉：若者。
□ 들여다보다：見つめ合う。
□ 손가락 도장을 찍다〈－図章－〉：(指のハンコを押す→)指を切る、約束をする。
□ 다큐：ドキュメンタリー。

④ 指定詞(이다)の活用形Ｉ＋자：～であると同時に。「그분은 의사이자 유명한 소설가예요. (あの方は医師であり、有名な小説家です。)」

□ 삽질하다：シャベルを使って畑仕事をする。
□ 대표〈代表〉
□ 호스피스：ホスピス。
□ －(으)로：～として。
□ 일하다：働く。
□ 영화사〈映画社〉：映画会社。
□ 합류하다〈合流—〉：合流する。
□ 자석〈磁石〉。

□ 붙어 다니다：(くっついて通う→)いつもいっしょにいる。

□ 시골：田舎。

□ 태어나다：生まれる。

□ 어려서부터：幼いときから、子どものときから。

□ 만지다：触る、触れる。

⑤ **活用形Ⅱ＋ㄴ 적**：〜したこと。「터키와 그리스에 **간 적**이 있어요.（トルコとギリシャに**行ったこと**があります。）／우리 할머니는 한 번 **들은 적**이 있는 것은 잘 잊어버리지 않아요.（うちの祖母は一度**聞いたこと**があるものはなかなか忘れないです。）」

3

□ 이사 오다［移徙—］：(引っ越しくる→)引っ越す。

□ 휑하다：がらんとする。

□ 어린이날：子どもの日。

□ 초등학교〈初等学校〉：小学校。

□ —위해〈為—〉：〜のために。

□ 화분〈花盆〉：植木鉢。

□ 요거：これ ＃이것の話し言葉。

□ —거：〜のもの ＃것の話し言葉。

□ 붙이다：付ける。

□ 돌보다：世話をする、面倒を見る。

□ 늘어나다：増えてくる、増える。

□ 동네：近所。

□ 버리다：捨てる。

⑥ **活用形Ⅱ＋려고**：〜しようと、〜するために。

□ 내놓다：出しておく。

□ 낑낑대다：うんうん言う。

□ 끌다：引く、引っ張る、運ぶ。

□ 나다：出る、載る。

□ 마포〈麻浦〉：マポ ＃ソウルの地名。

□ 농부〈農夫〉：農民、百姓。

□ 기사〈記事〉。

□ 등록하다〈登録—〉：登録する。

☐ 구청〈区庁〉:区役所。

☐ ―이랑 : ～畝。

☐ 경험〈経験〉。

☐ 오가다 :行き来する。

☐ 들여다보다 :覗き込む。

☐ 고향〈故郷〉:古里。

☐ 찍다 :撮る。

☐ 가져오다 :持ってくる。

☐ 씨앗 :種。

☐ 소개하다〈紹介―〉:紹介する。

☐ 실전〈実戦〉。

☐ 쌓다 :積む、積みあげる。

☐ 번거롭다 :煩雑だ、面倒だ。

☐ 눈이 가다 :(目が行く→)気になる。

☐ 담다 :盛る、入れる。

☐ 항구〈港口〉:港。

☐ 제 :自分の。

☐ 품다 :抱く。

⑦ **指定詞(이다)の活用形Ⅰ＋면 : ～になると。**「외로운 **밤이면** 밤마다 네 모습 떠올리기 싫어!(寂しい(**夜になると**、夜毎→)夜という夜は、あなたの姿を思い出したくない。)」#時を表す名詞につく。

☐ －마다 : ～ごとに。

☐ 풀 :草。

☐ 내밀다 :突き出す。

☐ 깻묵 :油粕。

☐ 거름 :肥やし、肥料。

☐ 다르다 :違う。

☐ 고개 :頭、首。

☐ 방앗간〈―間〉:精米所。

☐ 삭히다 :発酵させる。

4

☐ 꽃씨 :花の種。

☐ 노랑 :黄色。

☐ 해외영화제〈海外映画祭〉。

☐ 경주〈慶州〉:キョンジュ#韓国の地名。

☐ 채송화〈菜松花〉:松葉ボタン。

⑧ **活用形Ⅲ＋서는**：～しては。「이번 선거에 **져서는** 안 돼요.（今回の選挙に負けてはいけません。）／여기에 고구마를 **심어서는** 안 돼요.（ここにサツマイモを植えてはいけません。）」

☐ 마실：（田舎での）近所。 ☐ 빈 땅：空き地。

⑨ **活用形Ⅲ＋ㅆ다가**：～してから、～だったのが。

☐ 뿌리다：播く。
☐ 모종：苗。
☐ 심다：植える。
☐ 올해：今年。
☐ 뵈다：お目にかかる。
☐ 농협〈農協〉。
☐ 장터：（五日市の）市場。
☐ 옥수수：トウモロコシ。
☐ 구하다〈求—〉：求める、手に入れる。
☐ 가장자리：端。
☐ 담벼락：塀（の壁面）。

⑩ **活用形Ⅱ＋니**：～するので、～（な）ので、～すると。

☐ 부딪치다：ぶつかる。
☐ 서걱거리다：そよぐ、カサカサする。
☐ 그렇게：あんなに、とても。
☐ 타다：伝う。
☐ 올라가다：登っていく。
☐ 열리다：みのる＃열다の受身形。
☐ 꽤：かなり。
☐ 따다：取る。
☐ 크다：大きくなる。

⑪ **活用形Ⅲ＋ㅆ을까？**：～しただろうか。「여독이 남았을 텐데 푹 **쉬었을까**？（旅の疲れが残っていただろうにゆっくり休んだだろうか。）／누가 내 치즈를 **옮겼을까**？（誰が私のチーズを移したのだろうか。）」

☐ 더위：暑さ。

⑫ **活用形Ⅲ＋ㅆ나？**：～したのか、～かったのか、～だったのか。

☐ 목：喉。
☐ 마르다：乾く。

□ 손전등〈―電灯〉:懐中電灯。

□ 출장〈出張〉。

□ 자꾸 :ずっと、しきりに。

□ 밤중〈―中〉:真夜中。

□ 마음이 놓이다 :(心が置かれる→)安心する # 놓이다は놓다の受身形。

□ 눈에 밟히다 :(目に踏まれる→)目に浮かぶ、思い出される # 밟히다は밟다の受身形。

5

□ 아래층〈―層〉:下の階。

□ 불이 나다 :(火が出る→)火事が起きる。

⑬ **活用形Ⅱ+ㄹ 뻔하다**:~するところだ、~しかける。「**자칫하면 불이 날 뻔했어요.**(下手すれば火事になるところでした。)/**너무 허겁지겁 먹다가 얹힐 뻔했어요.**(あまりにもあたふた食べていてもたれるところでした。)」

□ 공동주택〈共同住宅〉:集合住宅。

□ 남의 일이 아니다 :(人のことではない→)人さまのことではない、他人事ではない。

□ ―(이)라 :~なので。

□ 모임 :会合。

⑭ **活用形Ⅰ+게 되다**:~(する)ようになる。

□ 계기〈契機〉:きっかけ。

□ 무너뜨리다 :倒す、壊す。

□ 널찍하다 :広々としている。

□ 수영장〈水泳場〉:プール。

□ 짜다 :組む、組み立てる。

□ 틈 :暇。

□ 경계〈境界〉。

□ 가운데 :真ん中。

□ 평상〈平床〉:移動用の広い縁側、縁台。

□ 공사〈工事〉。

□ 사랑방〈舍廊房〉:客間。

□ ―만 :~だけ、~さえ。

☐ 나다：出る、ある。

☐ 굽다：焼く。

☐ 쪼개다：割る。

☐ −(이)며：〜や。

☐ 송송：さくさく。

☐ 전〈煎〉：チヂミ。

☐ 번개를 치다：(雷を打つ→)(急に)招集をかける、集まる。

☐ 밭：畑。

☐ 재료〈材料〉。

☐ 음식〈飲食〉：食べ物、料理。

☐ 앞두다：(前におく→)控える。

☐ 닭죽：鶏のおかゆ。

☐ 둘러앉다：車座に座る。

☐ 참나무：楢の木。

☐ 모닥불：焚火。

☐ 어울리다：付き合う。

☐ 텐트를 치다：テントを張る。

☐ 아랫집：下の家、階下。

☐ 깨우다：(寝る人を)起こす
#깨다の使役形。

☐ 앉다：座る。

☐ 수다를 떨다：おしゃべりをする。

☐ 호박：カボチャ。

☐ 파：ネギ。

☐ 썰다：切る。

☐ 부치다：(フライパンで)焼く。

☐ 셰프：シェフ。

☐ 나오다：出てくる、取れる。

☐ 뚝딱뚝딱：てきぱき。

☐ 말복〈末伏〉：韓国の土用の丑の日。

☐ 닭백숙〈—白熟〉：鶏の水煮。

☐ 끓이다：沸かす、炊く。

☐ 싸늘해지다：冷える。

☐ 장작：薪。

☐ 피우다：燃やす、燃す。

☐ 형제〈兄弟〉。

☐ 출근하다〈出勤—〉：出勤する、出社する。

☐ 내려가다：下りていく。

☐ 보내다：送る。

⑮ 活用形Ⅰ＋기도 하다：〜したりもする。とても〜だ。

☐ 시끄럽다：うるさい。

☐ 어쩌지요：どうしますか、どうすればいいですか。

□ 신경〈神経〉。

⑯ **活用形Ⅰ＋지 말고**：～しないで。「너무 남에 대해 신경 **쓰지 말고** 자기가 하고 싶은 대로 하세요.（あまり人に対して神経を使わないで、自分がやりたいようにしなさい。）／**너무** 액셀을 **밟지 말고** 좀 천천히 운전하세요.（アクセルを踏み過ぎないで、ちょっとゆっくり運転してください。）」

□ 맘껏：（←마음껏）思いっきり、心行くまで。

⑰ **活用形Ⅱ＋라고**：～しろと、～するようにと。

□ 편하다〈便―〉：楽だ。

□ 층간 소음 문제〈層間騒音問題〉：（マンションの上下階や隣同士の）騒音問題。

□ 다투다：争う。

□ 일：こと。

6

□ 공동공간〈共同空間〉：共用空間。

□ 이웃：近所、お隣。

□ 집집이：家ごとに。

□ 손잡이：ノブ、取っ手。

□ 걸다：かける。

□ 부추：ニラ。

□ 복숭아：桃。

□ 담그다：漬ける。

□ 녹색〈緑色〉。

□ 선〈線〉。

□ 도시〈都市〉。

□ 양보하다〈譲歩―〉：譲歩する。

□ 계단〈階段〉。

□ 현관〈玄関〉。

□ 봉지〈封紙〉：（レジ）袋。

□ 내려보내다：下に送る。

□ 돌아오다：帰ってくる。

□ 올라오다：上がってくる。

□ 도심〈都心〉。

□ 점〈点〉。

□ 면〈面〉。

□ 모자〈帽子〉。

□ 쓰다：被る。

□ 이들：人たち、彼ら。

□ 물들다：染まる。

□ 파프리카：パプリカ。

□ 피망：ピーマン。

□ 작두콩：タチナタマメ。

□ 얼마나：どんなに。

⑱ **形容詞の活用形Ⅱ＋ㄴ 줄 알다：～ことがわかる。**

□ 아십니꺼?：(←아십니까)
おわかりですか＃慶尚道の方言。

□ 파전：ネギチヂミ。

□ 콩기름：大豆油。

□ 카놀라유：キャノーラ油。

□ 형님네：兄貴のところ。

□ 큰애：(大きな子ども→)長男、長女。

□ 착하다：優しい、善良だ。

⑲ **形容詞の活用形Ⅰ＋다면서!：～(だ)って。**「그 집 라면은 맵고 **짜다면서**!(あのお店のラーメンは辛くてしょっぱいって。)／그 사람 동생은 잘 생긴데다가 성격도 아주 **좋다면서**!(彼の弟はイケメンのうえに、性格もとてもいいって。)」

□ －유：(←- 요)です、
ます＃忠清道の方言。

□ 매실주〈梅実酒〉：梅酒。

□ 개봉하다〈開封―〉：開封する、封を切る。

□ －는겨?：(←―는 거야)
～のか＃全羅道の方言。

□ 모이다：集まる。

□ 소곤소곤：ひそひそ
＃静かに仲良く話すようす。

⑳ **活用形Ⅰ＋다 보면：～してみたら、～だったら、～していたら、～しているうちに。**

□ 결론〈結論〉。

□ 발 붙이다：(足をつける→)
根をおろす、首をつっこむ。

□넘치다：あふれる。　□슈퍼：スーパー。

□가져가다：持っていく。　□콩나물：豆もやし。

□호미：ホミ＃草取り鎌。

㉑ **活用形Ⅱ＋면 되다**：～すればいい、～だったらいい。「호텔은 안 넓어도 조용하고 **깨끗하면 돼요**.（ホテルは広くなくても、静かできれいだったらいいです。）／저기 위의 먼지는 이 먼지떨이로 **털면 될** 거예요.（あそこの上のほこりはこのはたきではたけばいいでしょう。）」

㉒ **活用形Ⅰ＋겠구나**：～（する）だろうな。「자식들이 다 출가를 해서 집안이 **조용하겠구나**.（子どもたちがみな結婚して家の中が静かだろうね。）／외국계 회사에 들어갔으니 월급을 많이 **받겠구나**.（外資系企業に入ったのでたくさん給料がもらえるだろう。）」

□노인〈老人〉。　□놀이터：（子ども向けの）公園。

□유튜브：ユーチューブ。　□가짜：偽物。

□넘어가다：騙される。

㉓ **活用形Ⅱ＋ㄹ 일(이) 없다**：～することがない。「다시는 그런 은혜를 원수로 갚는 사람을 **만날 일 없을 거야**.（二度とあんな恩を仇で返す人に会うことはないだろう。）／앞으로 꽃가루가 많이 생기는 이런 삼나무는 **심을 일이 없을 거예요**.（今後、花粉がいっぱいできるこんなスギは植えることがないでしょう。）」

㉔ **活用形Ⅱ＋ㄹ 테다**：～してみせる、～する、～するはずである。「무슨 일이 있어도 보란 듯이 꼭 **성공할 테다**.（何事があっても見事に必ず成功してみせる。）／그 대통령은 얼토당토않은 정책으로 국민을 불행하게 **만들 테다**.（あの大統領はとんでもない政策で国民を不幸にするはずだ。）」

□병원〈病院〉。　□출입〈出入〉：出入り。

□줄어들다：減っていく、減る。　□시〈市〉。

□ 수도세〈水道税〉：水道料金。

□ 깎다：負ける、値引きする。

□ 잡동사니：がらくた。

□ 생각이 나다：(考えが出る→)思い出される。

□ 이미：先に。

□ 짝짝짝：チャチャチャ
#拍手の音。

□ 팍팍：思いっきり。

□ 자투리땅：狭い空き地。

□ 뒹굴다：転がる。

□ 먼저：先に。

□ 삼삼칠 박수〈三三七拍手〉：三三七拍子の拍手。

★읽고 나서

1 **Q : 옥탑방에 사는 남자와 여자는 옥상에서 무엇을 하는가 ?**

① 다큐멘터리를 찍는다 .

② 텃밭을 만들어 꽃과 채소를 가꾼다 .

2 **Q : 본문과 내용이 같은 것에는 ○표 , 틀린 것에는 ×표 하세요 .**

① 둘 다 시골에서 태어나 흙을 만지는 일은 익숙하다 .(　)

② 옥상 텃밭의 시작은 어린이날에 화분 두 개를 사 온 데서부터였다 .(　)

③ 4 층 건물에 사는 이웃들은 옥상에서 정을 나누며 지낸다 .(　)

3 **Q : 출장을 가서도 옥상의 식물이 걱정되는 이유는 ?**

A :

4 **Q : 공동주택의 8 가구는 층간 소음문제가 없다 . 왜인가 ?**

A :

★이야기해 봅시다 !

이웃과 친하게 지내기 위해서 어떻게 하면 좋을 것 같습니까 ?

☆써 봅시다 !

●書き写しトレーニング

1. 텃밭 옆에는 물탱크를 치우고 만든 옥탑방이 있다 . 서가에는 책들이 꽂혀있고 한쪽에는 각종 캠핑 장비가 쌓여 있다 . 남자와 여자가 그냥 좋아서 가꾸는 옥상에 주택 사람들은 수시로 오르내리며 논다 .

....

....

....

2. 나처럼 낯짝 두껍고 뻔뻔한 아저씨도 울었다 . 나이 들면 여성호르몬 분비가 많아지고 머리와 몸이 따로 논다지만 콧물까지 흘리며 울었다 .

....

....

....

3. 흙은 제가 살던 동네의 씨앗들을 품고 왔다 . 봄이면 화분마다 다른 풀들이 고개를 내민다 . 옥상 한쪽에서는 시골 방앗간에서 가져온 깻묵을 삭힌다 . 화분에 쓸 거름이다 .

....

....

....

4. 가장자리 담벼락에 심으니 바람에 잎들이 부딪치며 서걱거리는 소리가 그렇게 좋다 . 담벼락을 타고 올라가며 열리는 오이도 꽤 따 먹었다 .

....

....

....

5. 십여 년을 어울리며 컸으니 아이들은 형제처럼 지낸다 . 옥상에 텐트를 치고 함께 잔다 . 엄마・아빠가 출근한 아랫집에 내려가 아이를 깨워 학교에 보내기도 한다 .

....

....

....

〈解答〉

☆읽고 나서

1. ②

2. (1)×　(2)○　(3)○

3. 식물이 얼마나 자랐는지 , 더위는 먹지 않았는지 , 목이 마르지는 않은지 여러가지로 걱정이 돼서 .

4. 다 같이 편하게 지내니까 .

第 5 課　행색 초라한 아빠

みすぼらしい身なりの父親

Track 80

この文は韓国の中央日報（2018.08.12 付け）「〈더 , 오래〉송미옥의 살다 보면」のソン・ミオクさんの「행색 초라한 아빠 숨었지만…사춘기 딸은 달려와 안겼다」を転載したものである。

1 뚝섬역 근처에 살 때 이야기이다. 아침 뉴스에 비가 온다고 했지만① 화창한 아침이라 아이들에게 우산을 챙겨 가라고② 하니③ 딸아이는 휭하니 그냥 나가 버렸다. 아들놈은 아직 초등학생이라 시키는 대로④ 따라 주었지만, 늘 살갑고 애교가 많아 우리의 기쁨인 딸아이는 중학생이 되어서부터 사춘기라 삐딱하게 행동하는 중이었다⑤.

학교는 집에서 가까워 딸은 동쪽으로 10 분, 아들은 서쪽으로 10 분만 걸어가면 되는⑥ 위치라 맹모삼천지교를 행한 엄마라 자찬했다. 아무리 부모의 일터가 가깝다지만⑦ 아이들 입장에선 집에 오면 빈집이고 밥도 챙겨 먹고 가방도 혼자 싸며 큰애는 동생까지 챙겨야 하는⑧ 자신의 삶이 힘들었을 것이다⑨.

2 우리 입장은 또 달랐다. 이제 빚도 다 갚고 돈만 있으면 무엇이든 할 수 있는 상황에 접어들었으니 일이 곧 돈이었다. 그땐 아이들도 너무 빨리 커 주었다.⑩

'너희는 하고 싶은 공부 다 해라. 돈은 우리가 벌어서 대마⑪'라며 우리가 못 다한, 하고 싶은 것을 누리게 해⑫ 주고 싶은 평범한 부모 마음으로 죽을 둥 살 둥 일만 했다.

지금 와 생각해 보니 아이들이 하고 싶은 건 공부보다는 아침 밥상에서 온 가족이 함께 떠드는 게 아니었을까? 그렇게 말은 안 해도 서로의 마음은 아는지라⑬ 어디서든 큰소리치고 힘자랑하던 남편도 사춘기에 접어든 딸 앞에서는 조심스러웠다. 그리고 젊든 늙든⑭ 여자는 말로는 못 이기는 그 무엇 때문에 집 안에서도 만나면 대화를 피해서 서로가 소 닭 보듯 스쳐 지냈다.

Track 82

3 배달 갔던 남편이 급하게 들어오더니 우의를 입고 우산을 챙겨 후닥닥 나갔다. 밖으로 나가 보니 하늘이 컴컴하게 변해 있고 비가 억수같이 쏟아지고 있었다.

아들은 우산을 챙겨 갔으니 걱정을 덜었는데 오후에 비가 갑자기 오니 예전과 같이 여중학교 수위실에 우산을 맡겨 놓고 돌아올 참이⑮었다.

시커먼 우의를 입고 오토바이를 타고 다니면 비 오는 날엔 행색이 처량하기 그지없는 몰골이어서 가끔 그 모습을 마주보며 벽에 붙은 현상범 같다며 웃곤 했다. 그러니 만나도 못 본 척해야 할 판인데 하필 그날 수위실에 사람이 없어 기다리는 중에 한 무리가 우르르 나오는 중에 딸아이가 있었단다.

Track 83

4 놀란 남편이 수위실 뒤쪽으로 급하게 숨으려는데 멀리서 딸아이의 음성이 들렸다. "아빠~ 아빠~ 우리 아빠야"라며 우르르 달려와서는 아이들이 덩달아 "안녕하세요" 인사하는 중에 딸이 가슴에 매달려 볼에 쪽쪽 입을 맞추며 호들갑을 떨었단다.

"옷 다 버리는구먼. 다 큰 기 와 카노"하며 우산을 들려주고는 도망치듯 빠져나왔는데 공장에 돌아와서도 자기를 보고는 못 본 척하거나 숨을 줄 알았던 딸이 끌어안고 호들갑을 떠는 모습을 이야기하며 그 흥분을 감추지 못했다.

더 웃기는 것은 저녁에 퇴근해 집에서 만난 두 사람의 표정이었다. 낮의 그 애틋한 만남은 어디로 가고 둘은 아무 일 없는 듯 다시 소와 닭이 되어 지냈다. 딸아이가 쇼를 했든 연기를 했든 그날은 아빠란 어깨에 커다란 뽕을 넣어 주었다.

5 세월이 지나 아들이 대학생이 되고 영장이 나왔는데 가족이 오랜만에 저녁을 먹는 자리에서 자기는 아빠 닮은 남자가 되고 싶어서 아빠 나온 해병대를 지원했으니 그리 알라고 했다.㉜

호랑이 같은 아빠가 여우 같은 엄마에게 바가지 긁히는 모습이 애잔했는지㉝ 아이들이 커서는 모두 아빠의 편이 되어줬다. 나만 나쁜 엄마가 되었지만, 기분은 나쁘지 않았다.

세상에서 겁나는 건 아무것도 없지만, 자식은 가장 무서운 존재라고 남편은 늘 말했다. 아이들이 집에 오는 날엔 그들 앞에서는 품위를 잃지 않으려고 그 좋아하던 술도 자제했다. 죽을 때까지 남편은 자식에게 인정받은 그 두 번의 시간을 최고의 자랑으로 생각했다.

★日本語訳

1 トゥクソム駅の近くに住んでいたときの話だ。朝のニュースで雨が降ると言っていたが、晴れやかな朝だったので子どもたちに傘を持っていくようにと言うと、娘はさっとそのまま出て行ってしまった。息子はまだ小学生だったので素直に言うことを聞いてくれたが、いつも優しく、愛嬌があって私たちに喜びを与えてくれた娘は、中学生になってから思春期のせいなのか、何やらつっけんどんに振る舞っていた。

学校は家から近く、娘は東へ 10 分、息子は西の方へ 10 分ばかり歩いて行けば間に合う位置だから、孟母三遷の教えを守る母親だと自画自賛した。いくら親の仕事場が近いと言っても子どもたちとしては家に帰れば留守番をしなければならず、ご飯も自分で用意して食べ、学校の用意も一人でやり、上の子は弟の面倒まで見なければならない大変な日々だっただろう。

2 私たちの立場はまた違っていた。もう借金も全て返して、お金さえあれば何でもできる状況になったので、仕事はすなわちお金だった。あの時は子どもたちもとても早く大きくなってくれた。

「お前たちはやりたい勉強はなんでもやりなさい。お金はパパたちが稼ぐ」と言って、自分たちにはできなかった、やりたいことをやらせてあげたいと、平凡な親の気持ちで死に物狂いで働くばかりだった。

今になって考えてみると、子どもたちがしたいことは勉強よりは朝、家族で食卓を囲みいっしょに会話することではなかっただろうか。そんなことは言わなくてもお互いの気持ちはわかっていたので、どこでも大声を上げ、力自慢をしていた夫も、思春期の娘の前では控えめだった。そして若くても老いていても女性には言葉では勝てないという何かのために、家の中ですれ違うときも会話を避け、お互いがよそよそしい態度で過ごしていた。

3 配達から急いで帰ってきた夫がカッパを羽織り、傘を用意してバタバタと出て行った。外に出てみたら空が暗くなっていて、どしゃ降りの雨が降っていた。
息子は傘を持って行ったので心配しなくても良かったが、午後急に雨が降りだしたので、いつものように女子中学校の守衛室に傘を預けておいて帰ってくるつもりだった。
真っ黒なカッパを着てバイクに乗ると、雨が降る日には身なりがみすぼらしいことこの上ない恰好なので、時々その姿を見ながら壁に貼ってある指名手配犯みたいだと笑ったりした。だから会っても知らんぷりをしなければいけないはずなのに、何故かその日は守衛室にだれもおらず、待っていると、集団でどっと出てくる中に娘がいたそうだ。

4 驚いた夫は守衛室の後ろに急いで隠れようとしたが、遠くから娘の声が聞こえた。「パパ〜パパ〜うちのお父さんだよ」と言って、わっと駆け付けてきて、子どもたちがつられて「こんにちは」と挨拶する中で娘は胸にぶらさがって頬にチューをしながら大げさに騒いだそうだ。
「服が汚れるぞ。子どもでもないのに何するんだい」と言いながら傘を渡して逃げるように帰ってきたが、工場に戻ってからも自分を見かけて知らんぷりをしたり、隠れたりすると思っていた娘が抱きついてきて、大げさに騒いだ話をして興奮を抑えきれなかった。
さらにおかしかったことは、夕方に仕事から帰って家で会ったときの2人の表情だった。昼間のあの切ない出会いはどこへやら、2人は何事もなかったかのように再びよそよそしくなっていた。娘がショーをしたのであれ、芝居をしたのであれ、あの日、パパは大いに花を持たせてもらった。

5 月日が流れて息子が大学生になり、軍隊の招集状が出されて、家族が久しぶりに夕食を食べる席で、自分はパパのような男になりたくてパパが入っていた海兵隊を志願することにしたのでよろしくと言った。
トラのようなパパがキツネのような(ちゃっかりしている)ママにがみがみ小言を言われるのをかわいそうに思ったのか、子どもたちが大きくなってからは何でもパパの肩を持ってくれた。私だけが悪いママになったが、悪い気はしなかった。
世の中で怖いものは何もないけど、子どもだけは最も怖い存在だと夫はいつも話していた。子どもたちが家に来る日には彼らの前では威厳を失うまいとあんなに好きだったお酒も控えていた。死ぬ時まで夫は子どもに認められたあの２回の出来事をいちばんの誇りとしていた。

★語句と活用〈3-5〉

＊覚えた単語には✓を入れよう！

1

- □ 뚝섬역〈一駅〉：トゥクソム駅 # ソウルの駅名。
- □ 근처〈近処〉：近く。

① 活用形Ⅰ＋ㄴ다고／는다고 하다：～すると言う。

- □ 화창하다〈和暢―〉：晴れやかだ、晴れ渡る。
- □ ―(이)라：～なので。

② 活用形Ⅱ＋라고：～しろと、～するようにと。

③ 活用形Ⅱ＋니：～するので、～(な)ので、～すると。

- □ 딸아이：(娘の子→)娘 # 딸を親しげに表現することば。
- □ 휭하니：さっと # 風を切るよううす。
- □ 그냥：ただ。
- □ 아들놈：(息子のやつ→)息子。
- □ 아직：まだ。
- □ 시키다：させる。言われる。

④ 活用形Ⅰ＋는 대로：～するとおりに、～するままに、～し次第。

- □ 따라 주다：(ついてくれる→)従う。
- □ 살갑다：人懐っこい、(気立てが)優しい。
- □ 애교〈愛嬌〉。
- □ 기쁨：喜び。
- □ 사춘기〈思春期〉。
- □ 삐딱하다：ひねくれている。
- □ 행동하다〈行動―〉：行動する、ふるまう。

⑤ 活用形Ⅰ＋는 중이다：～するところだ。「지난주부터 플라멩코를 배우는 중이에요.（先週からフラメンコを習っているところです。）／아까는 점심을 먹는 중이었어요.（さっきは昼ご飯を食べているところでした。）」

- □ 동쪽〈東―〉：東(側)。
- □ 서쪽〈西―〉：西(側)。
- □ 걸어가다：歩いていく。

⑥ **活用形Ⅱ＋면 되다：～すればいい、～だったらいい。**

☐ 위치〈位置〉。

☐ 맹모삼천지교〈孟母三遷之教〉：孟母三遷の教え。

☐ 행하다〈行―〉：行う。

☐ 자찬하다〈自賛―〉：自賛する。

☐ 일터：仕事場、働き先。

⑦ **形容詞の活用形Ⅰ＋다지만：～（だ）というが。**「집이 **크다지만** 식구가 많으니까 별로 넓지도 않아요.（家が**大きいというけれど**、家族が多いから、大して広くもありません。）／요즘 날씨가 **춥다지만** 옛날에 비하면 별 거 아니에요.（最近、天気が**寒いというけれど**、昔に比べたら大したことではありません。）」

☐ 입장〈立場〉。

☐ 빈집：（空いている家→）留守。

☐ 혼자：一人で。

☐ 싸다：包む、準備する。

⑧ **活用形Ⅲ＋야 하다：～（し）なければならない。**「이번 결승전에서 꼭 **이겨야 해요.**（今度の決勝戦で必ず**勝たなければなりません**。）／다음 역에서 **내려야 해요**.（次の駅で**降りなければなりません**。）」

☐ 자신〈自身〉：自分。

☐ 삶：生活、生き方、人生。

☐ 힘들다：大変だ。

⑨ **活用形Ⅲ＋ㅆ을 것이다：～しただろう、～かっただろう、～だっただろう。**

2

☐ 빚：借金。

☐ 갚다：返す。

☐ 무엇이든：何でも。

☐ 상황〈状況〉。

☐ 접어들다：さしかかる。

☐ 곧：すなわち。

☐ 돈：お金。

⑩ **活用形Ⅲ＋주다**：①～してくれる、②～してあげる。

□너희：君たち、お前たち。　□벌다：稼ぐ。

□대다：賄う。

⑪ **活用形Ⅱ＋마**：～するよ。

□못 다하다：果たせない、まっとうできない。　□누리다：享有する。

⑫ **活用形Ⅰ＋게 하다**：～するようにする。

□평범하다〈平凡―〉：平凡だ。　□죽을 둥 살 둥：（死ぬかのように生きるかのように→）死に物狂いで。

□지금 와〈只今―〉：（今に来て→）今になって。　□밥상〈―床〉：食卓。

□온 가족〈―家族〉：（全家族→）家族みな。　□떠들다：騒ぐ、賑やかに過ごす。

⑬ **活用形Ⅰ＋는지라**：～するので。「늘 아침에 건포마찰을 **하는지라** 겨울에도 감기에 안 걸리고 건강하게 지내고 있어요.（いつも朝、乾布摩擦を**するので**、冬にも風邪を引かず健康に過ごしています。）／워낙 잘 **먹는지라** 금방 키도 많이 컸어요.（あまりにもよく**食べるので**、すぐ身長もだいぶ伸びました。）」

□어디서든：どこでも。　□큰소리치다：大口をたたく、でっかい声で話す。

□힘자랑하다：力自慢をする。　□조심스럽다〈操心―〉：注意深い。

□젊든 늙든：若くても年老いても。

⑭ **活用形Ⅰ＋든 活用形Ⅰ＋든**：～しても～しても、～くても～くても。「노래를 **잘 부르든 못 부르든** 다 같이 즐기면 돼요.（歌が**うまくても、下手でも**、みなで楽しめばいいです。）／**좋든 나쁘든** 같은 회사에서 일하게 됐으니 사

이좋게 지내세요.（いい悪いは別にして(←**良くても悪くても**)、同じ会社で働くようになったから仲良く過ごしなさい。)」

☐ 이기다：勝つ。

☐ 대화〈対話〉：会話。

☐ 소 닭 보듯：(牛が鶏を見るように→)よそよそしく、つっけんどんな態度で。

☐ 그 무엇：(その何)なにがしかの。

☐ 피하다〈避—〉：避ける。

☐ 스치다：すれ違う。

3

☐ 배달〈配達〉。

☐ 들어오다：入ってくる、帰ってくる。

☐ 후닥닥：ぱっと＃急に勢いよく動くようす。

☐ 변하다〈変—〉：変わる。

☐ 쏟아지다：降り出す、降り注ぐ。

☐ 덜다：減らす。

☐ 예전：昔、ずっと前。

☐ 수위실〈守衛室〉。

☐ 급하게〈急—〉：急いで。

☐ 우의〈雨衣〉：カッパ。

☐ 컴컴하다：暗い。

☐ 억수같이：バケツをひっくり返したように。

☐ 걱정：心配。

☐ 갑자기：急に。

☐ 여중학교〈女中学校〉：女子中学校。

☐ 맡기다：預ける。

⑮ **活用形Ⅱ＋ㄹ 참이다：～するところだ。**「따르릉 시계가 울릴 때는 막 **일어날 참이었어요.**（目覚まし時計が鳴るときはちょうど**起きるところでした。**）／막 저녁을 **먹을 참이었는데** 전화가 걸려 왔어요.（ちょうど夕食を**食べようとしていたところに**、電話がかかってきました。)」

☐ 시커멓다：真っ黒だ。

☐ 행색〈行色〉：身なり、身だしなみ、姿。

☐ 오토바이：オートバイ。

☐ 처량하다〈凄涼—〉：哀れだ、もの悲しい。

⑯ 形容詞の活用形Ⅰ＋기 그지없다：とても〜だ。「시험에 떨어져서 **분하기 그지없어요**.（試験に落ちたので実にくやしいです。）／창 밖으로 보이는 바다의 경치는 **아름답기가 그지없었다**.（窓の外に見える海の景色はとても美しかった。）」

□ 몰골：（みすぼらしい）恰好。
□ 가끔：たまに。
□ 모습：姿。
□ 마주보다：向き合う。
□ 벽〈壁〉：塀。
□ 붙다：張る。
□ 현상범〈懸賞犯〉：指名手配犯。
□ ─같다：〜みたいだ、〜のようだ。

⑰ 活用形Ⅰ＋곤 하다：〜したりもする。

□ 그러니：それで。
□ 못 본 척하다：（見なかったふりをする→）知らんぷりをする。

⑱ 活用形Ⅱ＋ㄹ 판이다：〜するところだ。「그 사람한테 대들었다간 언제까지나 **미움을 당할 판이다**.（彼に歯向かっていては、いつまでも憎まれるところだ。）／요즘은 기억력이 많이 떨어져 열심히 외운 단어도 다 **잊을 판이에요**.（最近は記憶力がだいぶ落ちて、一生懸命覚えた単語も全部忘れるところです。）」

□ 하필〈何必〉：よりによって。
□ 무리：群れ、グループ。
□ 우르르：わーっと。

⑲ 活用形Ⅲ＋ㅆ단다：〜した（そうだ）、〜かった（そうだ）、〜だった（そうだ）。「우리 부모님들께서는 힘든 시절을 참 열심히 **살아오셨단다**.（うちの親たちは大変な時代を本当に一生懸命生きてきたよ。）／이 군고구마는 아주 **맛있었단다**.（この焼き芋はとてもおいしかったよ。）」

4

□ 뒤쪽：裏側、後ろ。　□ 숨다：隠れる。

⑳ **活用形Ⅱ＋려는데：～しようとしたら。**「막 **뛰려는데** 갑자기 신발 끈이 끊어졌어요.（ちょうど**走り出そうとしたら**、急に靴の紐が切れました。）／잠자리를 **잡으려는데** 갑자기 바람이 세게 불었어요.（トンボを**つかもうとしたら**、急に風が強く吹きました。）」

□ 멀리서：遠くから。　□ 음성〈音声〉：声。

□ 들리다：聞こえる。　□ －(이)라며：～と言いながら。

□ 달려오다：(走ってくる→)駆けつける。

㉑ **活用形Ⅲ＋서는：～（して）からは。**

□ 덩달아：つられて。　□ 인사하다〈人事―〉：挨拶する。

㉒ **活用形Ⅰ＋는 중에：～する途中で。**「시험 **공부를 하는 중에** 게임을 하면 안 돼요.（テスト**勉強をしている途中で**ゲームをしたらいけません。）／목욕을 **하는 중에** 친구한테 전화가 걸려 왔어요.（お風呂に**入っている途中で**、友だちから電話がかかってきました。）」

□ 매달리다：ぶら下がる。　□ 볼：ほお、ほっぺた。

□ 쪽쪽：チュッチュッ。　□ 입을 맞추다：(口を合わせる→)キスする。

□ 호들갑을 떨다：大騒ぎをする。　□ 다：全部、すっかり。

□ 버리다：汚れる、損なう。

㉓ **活用形Ⅰ＋는구먼：～するんだね。**「앞에서는 아무 말도 안 하더니 다들 뒤에서 **수근대는구먼**.（表では何も言ってないが、みな陰ではいろいろ**言っているんだね**。）／내용에 대해서는 잘 **아는구먼**.（内容についてはよく**知っているんだね**。）」

□큰 기：(←큰 게)
大きいのが、子どもじゃないのに＃慶尚道の方言。

□와：(←왜)なぜ、何で
＃慶尚道の方言。

□카노：(←하니)するの？
＃慶尚道の方言。

□들리다：持たせる＃들다の使役形。

㉔ **活用形Ⅰ＋고는：～してから(は)。**

□도망치다〈逃亡―〉：逃げる。

㉕ **活用形Ⅰ＋듯：～するように。**

□빠져나오다：(抜けて出る→)抜け出す、逃げ出す。

㉖ **活用形Ⅲ＋서도：～してからも。**

㉗ **活用形Ⅰ＋거나：～したり。**

㉘ **活用形Ⅱ＋ㄹ 줄 알다：～すると思う。**

□끌어안다：抱きしめる。

□흥분〈興奮〉。

□감추다：隠す。

㉙ **活用形Ⅰ＋지 못하다：～することができない。**

□웃기다：笑わせる
＃웃다の使役形。

□퇴근하다〈退勤―〉：退社する。

□표정〈表情〉。

□낮：昼間。

□애틋하다：切ない、懇切だ。

□어디로 가고：(どこかへ行って→)消え、どこへ行ったやら。

□아무 일 없다：
(何のこともない→)何もない。

㉚ **活用形Ⅰ＋는 듯：～するかのように。**

□쇼：ショー。

㉛ **活用形Ⅲ＋ㅆ든：～したとしても、～だったとしても。**「어릴 때 공부를 **잘했든 못 했든** 관계 없어요.（子どものとき、勉強ができたとしても、できなかったとしても、関係ありません。）／밥을 **먹었든** 죽을 **먹었든** 굶지 않는 것만 해도 다행이에요.（ご飯を食べたのであれ、おかゆを食べたのであれ、食事を欠かさないだけでも幸いです。）」

- □ 연기를 하다：芝居をする。
- □ －(이)란：(←(이)라는)～という。
- □ 커다랗다：大きい。
- □ 뽕을 넣다：(肩パッドを入れる→)花を持たせる。

5

- □ 세월〈歳月〉。
- □ 영장〈令状〉。
- □ 오랜만에：久しぶりに。
- □ 자리：席。
- □ 자기〈自己〉：自分。
- □ 닮다：似る、似ている。
- □ 해병대〈海兵隊〉。
- □ 지원하다〈志願―〉：志願する。
- □ 그리：(←그렇게)そのように。

㉜ **活用形Ⅱ＋라고 하다：～しろと言う、～するようにと言う。**

- □ 호랑이：トラ。
- □ 여우：キツネ。
- □ 호랑이 같은 아빠, 여우 같은 엄마:（トラのようなパパ、キツネのようなママ→）怖いお父さん、ずる賢いお母さん。
- □ 바가지 긁히다：(ひさごを掻かれる→)(妻から)愚痴をこぼされる＃긁히다は긁다の受身形。
- □ 모습：姿。
- □ 애잔하다：もの悲しい。

㉝ **活用形Ⅲ＋ㅆ는지**：～したのか、～かったのか、～だったのか。「현관문은 잘 **닫혔는지**, 가스 밸브를 **잠갔는지**, 휴대폰은 **충전했는지**, 설거지는 다 **해 놨는지**, 빨래는 다 **걸어 놨는지** 걱정이 많아요.（玄関の扉はちゃんと閉まったのか、ガスのバルブを閉めたのか、携帯電話は充電しておいたのか、食器洗いは全部済ませたのか、洗濯物は全部取り込んでおいたのか、心配が多いです。）」

- □ 모두：みな。
- □ 세상〈世上〉：世の中。
- □ 자식〈子息〉：子ども。
- □ 존재〈存在〉。
- □ 자제하다〈自制―〉：自制する。
- □ 최고〈最高〉。
- □ 편이 되다：(方になる→) 肩を持つ、味方になる。
- □ 겁나다〈怯―〉怖がる。
- □ 무섭다：怖い。
- □ 품위〈品位〉：プライド。
- □ 인정받다〈認定―〉：認定される、認められる。
- □ 자랑：自慢。

★읽고 나서

●練習問題〈3-5〉

1 Q : **부모가 죽을 둥 살 둥 일만 한 이유는 무엇인가 ?**

① 돈을 많이 벌어 가족들이 모두 행복하게 살기 위해 .

② 자기들이 못 다한 공부를 자식들이 마음껏 할 수 있도록 뒷바라지 하기 위해 .

2 Q : **본문의 내용과 같은 것에는 ○표 , 틀린 것에는 ×표 하세요 .**

① 아들과 딸은 엄마에게 바가지 긁히는 아빠를 안쓰러워했다 . (　)

② 남편은 아들 , 딸을 가장 무서워했다 . (　)

③ 딸은 아빠의 초라함이 부끄러워 못 본 척했다 . (　)

3 Q : **왜 비 오는 날 남편의 모습이 현상범 같다고 했나 ?**

A :

4 Q : **남편은 아들로부터 무엇을 인정 받아 기뻐했나 ?**

A :

★이야기해 봅시다 !

부모 또는 배우자 , 자식이 자랑스럽고 사랑스러울 때는 언제입니까 ?

☆써 봅시다 !

●書き写しトレーニング

1. 아무리 부모의 일터가 가깝다지만 아이들 입장에선 집에 오면 빈집이고 밥도 챙겨 먹고 가방도 혼자 싸며 큰애는 동생까지 챙겨야 하는 자신의 삶이 힘들었을 것이다.

2. '너희는 하고 싶은 공부 다 해라. 돈은 우리가 벌어서 대마' 라며 우리가 못 다한, 하고 싶은 것을 누리게 해 주고 싶은 평범한 부모 마음으로 죽을 둥 살 둥 일만 했다.

3. 만나도 못 본 척해야 할 판인데 하필 그날 수위실에 사람이 없어 기다리는 중에 한 무리가 우르르 나오는 중에 딸아이가 있었단다.

4. 낮의 그 애틋한 만남은 어디로 가고 둘은 아무 일 없는 듯 다시 소와 닭이 되어 지냈다. 딸아이가 쇼를 했든 연기를 했든 그날은 아빠란 어깨에 커다란 뽕을 넣어 주었다.

....

....

....

5. 호랑이 같은 아빠가 여우 같은 엄마에게 바가지 긁히는 모습이 애잔했는지 아이들이 커서는 모두 아빠의 편이 되어 줬다. 나만 나쁜 엄마가 되었지만, 기분은 나쁘지 않았다.

....

....

....

〈解答〉

☆읽고 나서

1. ②

2. (1)○ (2)○ (3)×

3. 비 오는 날엔 시커먼 우의를 입고 오토바이를 타고 다니는 행색이 처량하기 그지없는 몰골이었기 때문에.

4. 아들이 대학생이 되고 영장이 나왔는데 아빠 닮은 남자가 되고 싶어서 아빠 나온 해병대를 지원한다고 했기 때문에.

韓国語の間接話法

「話法」とは、「人のセリフの伝え方」のことです。「**直接話法**」と「**間接話法**」の２種類がありますが、伝える意味は同じでもニュアンスが変わってきます。

たとえば、「**直接話法**」とは、「本人のセリフをそのまま」伝えるもので、

철수가 "배고파요 !" 라고 했어요 .
（チョルスが「お腹空きました！」と言いました。）

などのように、本人のセリフを１字１句全部正確に再現するものです。

他方、「間接話法」とは、伝達者である話し手の立場に合わせて引用する文で、相手のセリフを自分の言葉で簡単に言い直すものです。おおむね、

철수가 배고프다고 했어요 .
（チョルスがお腹空いたと言いました。）

の形をとります。引用される終止形は「간다고 해요」や「좋다고 해요」などのように「한다体」でなければなりません。

つまり、

「**철수가 "배고파요 !" 라고 했어요 .**」を「間接話法」にすると、
「**철수가 배고프다고 했어요 .**」になります。

間接話法に転換する場合、「主語」だけでなく「場所・時間」も文脈に応じて変えなければいけませんが、ここではおもに、「한다体の終止形＋語尾(- 고)＋引用動詞(하다など)」を中心に調べてみることにします。

なお、文体は、①平叙文、②疑問文、③命令文、④勧誘文の四種類の文に分けて確認しましょう。

〈①平叙文の間接話法〉

動詞	過去完了	動詞の活用形Ⅲ＋ㅆ었다고 해요 → ㅆ었대요 （～したそうです）（～したんですって） 動詞の活用形Ⅲ＋ㅆ었다고 합니다 → ㅆ었답니다
	過去	動詞の活用形Ⅲ＋ㅆ다고 해요 → ㅆ대요 （～したそうです）（～したんですって） 動詞の活用形Ⅲ＋ㅆ다고 합니다 → ㅆ답니다
	現在	動詞の活用形Ⅰ＋ㄴ다고 / 는다고 해요 → ㄴ대요 / 는대요 （～するそうです）（～するんですって） 動詞の活用形Ⅰ＋ㄴ다고 / 는다고 합니다 → ㄴ답니다 / 는답니다
	未来	動詞の活用形Ⅱ＋ㄹ 거라고 해요 → ㄹ 거래요 （～するそうです）（～するんですって） 動詞の活用形Ⅱ＋ㄹ 거라고 합니다 → ㄹ 거랍니다
	意志	活用形Ⅰ＋겠다고 해요 → 겠대요 （～するそうです）（～するんですって） 活用形Ⅰ＋겠다고 합니다 → 겠답니다
形容詞	過去	形容詞の活用形Ⅲ＋ㅆ다고 해요 → ㅆ대요 （～だったそうです）（～だったんですって） 形容詞の活用形Ⅲ＋ㅆ다고 합니다 → ㅆ답니다
	現在	活用形Ⅰ＋다고 해요 → 대요 （～だそうです）（～ですって） 活用形Ⅲ＋다고 합니다 → 답니다
	推測	活用形Ⅱ＋ㄹ 거라고 해요 → ㄹ 거래요 （～だそうです）（～ですって） 活用形Ⅱ＋ㄹ 거라고 합니다 → ㄹ 거랍니다
指定詞	過去	名詞＋이었 / 였다고 해요 → 이었 / 였대요 （～だったそうです）（～だったんですって） 名詞＋이었 / 였다고 합니다 → 이었 / 였답니다
	現在	名詞＋(이) 라고 해요 → (이) 래요 （～だそうです）（～ですって） 名詞＋(이) 라고 합니다 → (이) 랍니다
	推測	名詞＋일 거라고 해요 → 일 거래요 （～だろうと言っています）（～だろうということです） 名詞＋일 거라고 합니다 → 일 거랍니다

〈②疑問文の間接話法〉

疑問形	**뭐라고 해요？** → **뭐래요？** （何と言いますか）　（何ですって） **뭐라고 합니까？** → **뭐랍니까？**
疑問形の伝聞	**뭐냐고 해요** → **뭐내요** （何？と言います）　（何？ですって） **뭐냐고 합니다** → **뭐냡니다**

〈③命令文の間接話法〉

命令形の伝聞	活用形Ⅱ＋**라고 해요** → **래요** （～しろと言います）　（～しろですって） 活用形Ⅱ＋**라고 합니다** → **랍니다**

〈④勧誘文の間接話法〉

勧誘形の伝聞	活用形Ⅰ＋**자고 해요** → **재요** （～しようと言います）　（～しようですって） 活用形Ⅰ＋**자고 합니다** → **잡니다**

＊→の右は縮約形で、会話ではよく使われます。

《間接話法の練習問題》

〈練習〉 上記の表を参考にして、次の文の下線部を例のように縮約形に直しなさい。

① 平叙文

《動詞の過去完了形》

〈例〉 철수는 어제 친구를 만났었다고 해요 .→(만났었대요 .)
チョルスは昨日、友だちに会ったそうです。

(1) 작년에 서울에 갔었다고 해요 .→(   )
昨年、ソウルに行ったそうです。

(2) 점심은 비빔밥을 먹었었다고 해요 .→(   )
お昼はビビンバを食べたそうです。

(3) 지난달에 결혼했었다고 해요 .→(.)
先月、結婚したそうです。

(4) 어제 비가 많이 왔었다고 합니다 .→(   )
昨日、雨がたくさん降ったそうです。

《動詞の過去形》

〈例〉 철수는 어제 친구를 만났다고 해요 .→(만났대요 .)
チョルスは昨日、友だちに会ったそうです。

(1) 작년에 서울에 갔다고 해요 .→(.)
昨年、ソウルに行ったそうです。

(2) 점심은 비빔밥을 먹었다고 해요 .→(.)
お昼はビビンバを食べたそうです。

(3) 지난달에 결혼했다고 해요 .→(.)
先月、結婚したそうです。

(4) **어제 비가 많이 왔다고 합니다**.→(　　　　.)
昨日、雨がたくさん降ったそうです。

《動詞の現在形》

〈例〉 **철수는 오늘 친구를 만난다고 해요**.→(**만난대요**.)
チョルスは今日、友だちに会うそうです。

(1) **오늘 서울에 간다고 해요**.→(　　　　.)
今日、ソウルに行くそうです。

(2) **오늘 비빔밥을 먹는다고 해요**.→(　　　　.)
今日、ビビンバを食べるそうです。

(3) **지금 공부한다고 해요**.→(　　　　.)
今、勉強しているそうです。

(4) **지금 비가 많이 온다고 합니다**.(　　　　.)
今、雨がたくさん降っているそうです。

《動詞の未来形》

〈例〉 **철수는 내일 친구를 만날 거라고 해요**.→(**만날 거래요**.)
チョルスは明日、友だちに会うそうです。

(1) **내일 서울에 갈 거라고 해요**.→(　　　　.)
明日、ソウルに行くそうです。

(2) **내일 비빔밥을 먹을 거라고 해요**.→(　　　　.)
明日、ビビンバを食べるそうです。

(3) **내일 공부할 거라고 해요**.→(　　　　.)
明日、勉強するそうです。

(4) **내일 비가 많이 올 거라고 합니다**.→(　　　　.)
明日、雨がたくさん降るそうです。

《動詞の意志形》

〈例〉 철수는 내일 친구를 만나겠다고 해요.→(만나겠대요.)
チョルスは明日、友だちに会うそうです。

(1) 내일 서울에 가겠다고 해요.→(　　　　　　　　.)
明日、ソウルに行くそうです。

(2) 내일 비빔밥을 먹겠다고 해요.→(　　　　　　　　.)
明日、ビビンバを食べるそうです。

(3) 내년에 유학 가겠다고 해요.→(　　　　　　　　.)
来年、留学するそうです。

(4) 내일 청소를 하겠다고 합니다.→(　　　　　　　　.)
明日、掃除をするそうです。

《形容詞の過去形》

〈例〉 어제 날씨는 좋았다고 해요.→(좋았대요.)
昨日の天気はよかったそうです。

(1) 작년에는 추웠다고 해요.→(　　　　　　　　.)
昨年は、寒かったそうです。

(2) 그 비빔밥은 맛있었다고 해요.→(　　　　　　　　.)
そのビビンバはおいしかったそうです。

(3) 그 호텔은 조용했다고 해요.→(　　　　　　　　.)
そのホテルは静かだったそうです。

(4) 그 꽃은 예뻤다고 합니다.→(　　　　　　　　.)
その花はきれいだったそうです。

《形容詞の現在形》

〈例〉 오늘 날씨는 좋다고 해요.→(좋대요.)
今日の天気はよいそうです。

(1) **오늘은 춥다고 해요**.→(　　　　　　　.)
今日は、寒いそうです。

(2) **그 비빔밥은 맛있다고 해요**.→(　　　　　　　.)
そのビビンバはおいしいそうです。

(3) **그 호텔은 조용하다고 해요**.→(　　　　　　　.)
そのホテルは静かだそうです。

(4) **그 꽃은 예쁘다고 합니다**.→(　　　　　　　.)
その花はきれいだそうです。

《形容詞の推測形》

〈例〉 **내일 날씨는 좋을 거라고 해요**.→(**좋을 거래요**.)
明日の天気はいいだろうということです。

(1) **내일은 추울 거라고 해요**.→(　　　　　　　.)
明日は、寒いだろうということです。

(2) **그 비빔밥은 맛있을 거라고 해요**.→(　　　　　　　.)
そのビビンバはおいしいだろうということです。

(3) **그 호텔은 조용할 거라고 해요**.→(　　　　　　　.)
そのホテルは静かだろうということです。

(4) **그 꽃은 예쁠 거라고 합니다**.→(　　　　　　　.)
その花はきれいだろうということです。

《指定詞の過去形》

〈例〉 **작년까지 학생이었다고 해요**.→(**학생이었대요**.)
昨年まで学生だったそうです。

(1) **입학은 작년이었다고 해요**.→(　　　　　　　.)
入学は昨年だったそうです。

(2) **생일은 그저께였다고 해요.** →(.)
誕生日は一昨日だったそうです。

(3) **친구 형은 회사원이었다고 해요.** →(.)
友だちのお兄さんは会社員だったそうです。

(4) **친구 아버지는 의사였다고 합니다.** →(.)
友だちのお父さんは医者だったそうです。

《指定詞の現在形》

〈例〉 **지금은 학생이라고 해요.** →(**학생이래요.**)
今は学生だそうです。

(1) **입학은 올해라고 해요.** →(.)
入学は今年だそうです。

(2) **생일은 오늘이라고 해요.** →(.)
誕生日は今日だそうです。

(3) **친구 형은 회사원이라고 해요.** →(.)
友だちのお兄さんは会社員だそうです。

(4) **친구 아버지는 의사라고 합니다.** →(.)
友だちのお父さんは医者だそうです。

《指定詞の推測形》

〈例〉 **지금도 학생일 거라고 해요.** →(**학생일 거래요.**)
今も学生だろうと言っています。

(1) **입학은 내년일 거라고 해요.** →(.)
入学は来年だろうと言っています。

(2) **생일은 내일일 거라고 해요.** →(.)
誕生日は明日だろうと言っています。

(3) **친구 형은 회사원일 거라고 해요.**→(　　　　　　　　　　.)
友だちのお兄さんは会社員だろうと言っています。

(4) **친구 아버지는 의사일 거라고 합니다.**→(　　　　　　　　　　.)
友だちのお父さんは医者だろうと言っています。

② 疑問文

《疑問形》

〈例〉 **뉴스에서 뭐라고 했어요?**→(**뭐랬어요?**)
ニュースで何と言いましたか。

(1) **그 사람은 누구라고 해요?**→(　　　　　　　　　　?)
彼は誰だと言っていますか。

(2) **생일은 언제라고 해요?**→(　　　　　　　　　　?)
誕生日はいつだと言っていますか。

(3) **회사는 어디라고 했어요?**→(　　　　　　　　　　?)
会社はどこだと言いましたか。

(4) **지금 뭐라고 합니까?**→(　　　　　　　　　　?)
今、何と言っていますか。

《疑問形の伝聞》

〈例〉 **그 사람 이름이 뭐냐고 했어요.**→(**뭐냈어요.**)
彼の名前は何かと言いました。

(1) **그 사람은 누구냐고 해어요.**→(　　　　　　　　　　.)
彼は誰かと言っています。

(2) **기말 시험이 언제냐고 했어요.**→(　　　　　　　　　　.)
期末試験がいつかと言いました。

(3) **서울역이 어디냐고 해요.**→(　　　　　　　　　　.)
ソウル駅がどこかと言っています。

(4) **오늘 저녁은 뭐냐고 했습니다**. →(　　　　　　　　　　.)
今日の夕食は何かと言いました。

③ 命令文

《命令形の伝聞》

〈例〉 **철수는 내일 도서관에서 만나라고 했어요**. →(**만나랬어요**.)
チョルスは明日、図書館で会うようにと言いました。

(1) **같이 저녁을 먹으라고 했어요**. →(　　　　　　　　.)
いっしょに夕食を食べるようにと言いました。

(2) **조금만 더 기다리라고 해요**. →(　　　　　　　　.)
もう少し待つようにと言っています。

(3) **바쁘니까 오늘은 만나지 말라고 했어요**. →(　　　　　　.)
忙しいから、今日は会わないようにと言いました。

(4) **학교에 일찍 오라고 합니다**. →(　　　　　　　　　　.)
学校に早く来るようにと言っています。

④ 勧誘文

《勧誘形の伝聞》

〈例〉 **철수는 내일 도서관에서 만나자고 했어요**. →(**만나잤어요**.)
チョルスは明日、図書館で会おうと言いました。

(1) **같이 저녁을 먹자고 했어요**. →(　　　　　　　　.)
いっしょに夕食を食べようと言いました。

(2) **조금만 더 기다리자고 해요**. →(　　　　　　　　.)
もう少し待とうと言いました。

(3) **바쁘니까 오늘은 만나지 말자고 했어요**. →(　　　　　　.)
忙しいから今日は会わないようにしようと言いました。

(4) **같이 서울에 가자고 합니다**. →(　　　　　　　　　　.)
いっしょにソウルに行こうと言っています。

「韓国語の間接話法」《解答》

① 平叙文

《動詞の過去完了形》

(1)(갔었대요) (2)(먹었었대요) (3)(결혼했었대요)
(4)(왔었답니다)

《動詞の過去形》

(1)(갔대요) (2)(먹었대요) (3)(결혼했대요) (4)(왔답니다)

《動詞の現在形》

(1)(간대요) (2)(먹는대요) (3)(공부한대요) (4)(온답니다)

《動詞の未来形》

(1)(갈 거래요)(2)(먹을 거래요) (3)(공부할 거래요)
(4)(올 거랍니다)

《動詞の意志形》

(1)(가겠대요) (2)(먹겠대요) (3)(유학 가겠대요)
(4)(하겠답니다)

《形容詞の過去形》

(1)(추웠대요) (2)(맛있었대요) (3)(조용했대요)
(4)(예뻤답니다)

《形容詞の現在形》

(1)(춥대요) (2)(맛있대요) (3)(조용하대요) (4)(예쁘답니다)

《形容詞の推測形》

(1)(추울 거래요) (2)(맛있을 거래요) (3)(조용할 거래요)
(4)(예쁠 거랍니다)

《指定詞の過去形》

(1)(작년이었대요) (2)(그저께였대요) (3)(회사원이었대요)
(4)(의사였답니다)

《指定詞の現在形》

(1)(**올해래요**) (2)(**오늘이래요**) (3)(**회사원이래요**)
(4)(**의사랍니다**)

《指定詞の推測形》

(1)(**내년일 거래요**) (2)(**내일일 거래요**) (3)(**회사원일 거래요**)
(4)(**의사일 거랍니다**)

② 疑問文

《疑問形》

(1)(**누구래요**) (2)(**언제래요**) (3)(**어디랬어요**) (4)(**뭐랍니까**)

《疑問形の伝聞》

(1)(**누구내요**) (2)(**언제냈어요**) (3)(**어디내요**) (4)(**뭐냈습니다**)

③ 命令文

《命令形の伝聞》

(1)(**먹으랬어요**) (2)(**기다리래요**) (3)(**만나지 말랬어요**)
(4)(**오랍니다**)

④ 勧誘文

《勧誘形の伝聞》

(1)(**먹잿어요**) (2)(**기다리재요**) (3)(**만나지 말쟀어요**)
(4)(**가잡니다**)

韓国語助詞一覧表

韓国語	日本語	例
-같이	～のように (比況)	지금까지 너무 바보같이 살았어요. (今まであまりにも馬鹿みたいに生きてきました)
-(이)거나	～でも (羅列)	주부거나 사원이거나 다 괜찮아요. (主婦でも、社員でもみな大丈夫です)
-(이)구나	～だね (感嘆)	콘서트가 내일이구나. (コンサートが明日だね)
-까지	～まで (範囲)	서울에서 부산까지 갔어요. (ソウルから釜山まで行きました) 어젯밤부터 오늘 아침까지 드라마를 봤어요. (昨晩から今朝までドラマを見ました)
-께*	～に(対象)	이건 선생님께 드릴 선물이에요. (これは先生にさしあげるプレゼントです) *-에게の尊敬表現
-께서*	～が	내일 아버지께서 오세요.(明日、父が来ます) *-이/가の尊敬表現
-(이)나	～も(強調)	한 시간이나 기다렸어요. (1時間も待ちました)
-(이)나마	～だけでも (認定)	너나마 와 줘서 다행이다. (君だけでも来てくれて幸いだ)
-대로	～とおり、 ～なりに (根拠、区別)	앞으로 나는 나대로 살 거예요. (これから私は私なりに生きていきます)
-도	～も (追加､許容)	빵도 먹고 싶어요. (パンも食べたいです)
-(이)라도	～でも (次善)	라면이라도 먹을 거예요. (ラーメンでも食べます)
-(이)라야	～でこそ (特定)	학생이라야 해요. (学生でなければなりません)

-(이)랑	～と、～や(並立)	밥이랑 빵을 먹어요.(ご飯やパンを食べます)
-(으)로	①～で(道具・手段、材料、原因・理由) ②～へ(方向) ③～として(資格)	① 전철로 가요. (電車で行きます)/콩으로 만들어요. (豆で作ります)/추위로 떨고 있어요. (寒さで震えています) ② 역으로 가요. (駅へ行きます) ③ 감독으로 가요. (監督として行きます)
-(으)로부터	～から(起点)	형으로부터 받았어요.(兄からもらいました)
-(으)로서*	～として(資格)	의사로서 해야 할 일이 있어요. (医者としてやるべきことがあります) *-(으)로より意味がはっきりしている
-(으)로써*	～で(道具・手段、材料)	글로써 표현해 보세요. (文章で表現してみてください) *-(으)로より意味がはっきりしている
-마다	～ごとに、毎～(全部、間隔)	요즘은 날마다 바빠요. (最近は毎日忙しいです)
-마저	～まで、～さえ(追加)	비가 오는데 바람마저 세게 불어요. (雨が降るのに、風まで強く吹きます)
-만	～だけ、～ばかり(限定)	잠만 자면 안 돼요. (寝てばかりではだめです)
-만큼	～くらい、～ほど(程度)	장미꽃만큼 예뻐요. (バラほどきれいです)
-(이)며	～や、～だったり(羅列)	수박이며 참외며 과일이 많이 있어요. (スイカだったり、マクワウリだったり、果物がたくさんあります)
-밖에	～しか(限定)	돈은 이것밖에 없어요. (お金はこれしかありません)

-보고	～に (対象)	친구가 나보고 같이 여행을 가자고 했어요. (友だちが私にいっしょに旅行に行こうと言いました)
-보다	～より (比較)	부산은 서울보다 작아요. (釜山はソウルより小さいです)
-부터	～から (起点)	한 시부터 두 시까지예요. (1時から2時までです)
-뿐	～だけ (制限)	오늘 숙제는 이것뿐이에요. (今日の宿題はこれだけです)
-서*	～から (場所)	시장서 사요. (市場で買います)/ 서울서 왔어요. (ソウルから来ました) *-에서の縮約形
-아/-야	～よ！ (呼びかけ)	용준아! 이리 와! (ヨンジュン！ こっちにおいで！)/ 철수야! (チョルス！)
-(이)야말로	～こそ (確認)	오늘이야말로 날씨가 좋아요. (今日こそいい天気です)
-에	～に (場所、時間)	회사에 가요. (会社に行きます)/ 여덟 시에 와요. (8時に来ます)
-에게	～に (対象)	형에게 물어요. (兄に聞きます)/ 누나에게 이야기해요. (姉に話します)
-에게서	～から (起点)	친구에게서 온 편지예요. (友だちから来た手紙です)
-에다가*	～に (位置・対象)	가방에다가 넣으세요. (カバンに入れなさい) *-에の強調表現
-에서	①～で (場所) ②～から (起点)	① 카페에서 만났어요. (カフェで会いました) ② 서울에서 왔어요. (ソウルから来ました)
-에서부터	～から (起点)	서울에서부터 부산까지 갔어요. (ソウルから釜山まで行きました)
-와/과	～と(相手・対等、並立)	오늘 친구와 만나요. (今日、友だちと会います)/ 수박과 참외를 샀어요. (スイカとマクワウリを買いました)

巻末

-은/는	～は〈主題、対照・対比〉	오늘은 바빠요.（今日は忙しいです）/ 어제는 바빴어요.（昨日は忙しかったです）
-을/를	～を①対象、②場所、③起点、④目的	①밥을 먹어요.（ご飯を食べます）②길을 건너요.（道路を渡ります）③집을 나서요.（家を出ます） ④ 여행을 가요.（旅行に行きます）
-의	～の（属格・所有格））	우리의 소원은 통일이에요.（我々の願いは統一です）
-이/가	～が（主語）	바람이 불어요.（風が吹きます）/ 비가 와요.（雨が降ります）
-조차	～さえ（限定）	밥조차 못 먹어요.（ご飯さえ食べられません）
-(이)지만	～けど（逆接）	어려운 일이지만 해 봐요. （大変なことですが、やってみます）
-처럼	～のように（比況）	오늘은 여름처럼 더워요. （今日は夏のように暑いです）
-치고(는)	～に/として（は）	오늘은 겨울 날씨치고는 따뜻해요. （今日は冬の天気にしては暖かいです）
-은/는커녕	～どころか（否定）	밥은커녕 죽도 못 먹어요. （ご飯どころか、おかゆも食べられません）
-하고	～と（対象） ～と（相手・対等、並立）	친구하고 같이 가요.（友だちといっしょに行きます）
-한테	～に（相手）	동생한테 책을 줬어요.（弟に本をあげました）/ 누나한테 책을 받았어요.（姉に本をもらいました）
-한테서	～から（対象）	친구한테서 들은 이야기예요. （友だちから聞いた話です）

本気で学ぶ上級韓国語　活用形目録

活用形Ⅰ

韓国語	日本語	活用形の該当項目
— 거나	～したり、～かったり、～だったり	1－2－4 2－1－1 3－5－4
— 거나 — 거나 하다	～したり～したりする	1－5－4
— 거라	～しなさい	2－2－4
— 건만	～するが、～であるが	1－4－4
— 게나	～しなさい	2－2－2
— 게 되다	～するようになる、～くなる	1－1－2 1－2－4 1－3－4 1－5－2 3－3－3 3－4－5
— 게 마련이다	～するものだ、～するに決まっている	1－3－4
— 게 하다	～するようにする、～させる、～くする	1－2－1 2－3－4 3－5－2
— 게 한 후에	～するようにしたあとで、～くしたあとで	1－2－6
— 게 함으로써	～するようにすることによって、 ～くすることによって	1－2－3
— 게 해야	～するようにしなければ、 ～するようにしてこそ	1－3－4
— 겠구나	～(する)だろうな	3－4－6

巻末

— 겠냐고	～するかと、～したいかと	3－1－1
— 겠네	～するね、～だろうね	2－3－1
— 겠노라	～するのだ	2－3－4
— 겠느냐	～するか、～したいか、～だろうか	1－1－5
— 겠다구요(?)	～(したい)ですって(？)	2－3－3
— 겠소이다	～と存じます、～したいと存じます	2－2－2
— 겠지만	～だろうが	3－3－5
— 고 계시다	～していらっしゃる	3－3－1
— 고는	～してから(は)	2－4－1 3－5－4
— 고는 하다	～したりはする	1－2－4
— 고만	～するばかり	3－2－5
— 고 말다	～してしまう、～してみせる	1－4－5 2－3－4 3－2－7
— 고 말란다	～してしまうよ	2－5－4
— 고 보니	～してみたら	2－2－4
— 고서	～ながら、～のに	1－4－4
— 고 싶기도 하다	～したい気持ちもする	3－2－8
— 고 싶네요	～したいですね	2－5－5
— 고 싶다	～したい	3－2－3
— 고야	～して(から)、～して初めて	1－4－4
— 고야 말다	～してしまう、～してみせる	1－3－4
— 고 어쩌고	～だのなんだの	2－5－1
— 고자	～しようと	1－2－1
— 곤(←고는)	～しては、～してからは	1－1－2

— 곤 하다	～したりする、～したりもする	2－1－4 3－3－3 3－5－3
— 구나 （形容詞の活用）	～(だ)ね！	2－2－1
— 구려	～しなさい、～(だ)ね	2－3－2
— 기 그지없다 （形容詞の活用）	とても～だ	3－5－3
— 기도 하다	～したりもする、 ～だったりもする、とても～だ	1－1－4 1－2－4 1－5－3 2－3－3 3－2－6 3－4－5
— 기도 하다 （指定詞の活用）	～でもある	2－1－5
— 기 때문에	～するために、～なために	1－1－2 2－1－4 3－3－3
— 기로 하다	～することにする	2－3－4 3－1－1
— 기를	～することを	1－5－7
— 기를/길 바라다	～してほしい、～することを願う	1－3－3 1－5－7 2－4－4 3－2－3
— 기 마련이다	～するに決まっている	1－3－4 3－1－1
— 기만 하다	～するばかりである	3－2－2
— 기만 하면 되다	～さえすればいい	1－1－2
— 기 쉽다	～しやすい	1－1－2

─ 기 시작하다	～し始める	3－2－[6]
─ 기 어렵다	～しにくい	1－3－[3]
─ 기에 달리다	～し方次第だ	1－3－[4]
─ 기 위해	～するために	1－1－[4] 1－5－[2] 2－1－[1] 3－1－[5]
─ 기 전까지는	～する前までは	2－2－[4]
─ 기 전에	～する前に	1－2－[6]
─ 기 힘들다	～しにくい	1－3－[4]
─ ㄴ다고 / 는다고 하고서	～するといって	2－5－[5]
─ ㄴ다고 / 는다고 하다	～するという、～するそうだ	1－1－[1] 1－2－[3] 3－2－[3] 3－5－[1]
─ ㄴ다고 / 는다고 하지만	～するといっても	1－5－[1]
─ ㄴ다고 / 는다고 해서	～するからといって	2－5－[2]
─ ㄴ다는/는다는	～するという	1－1－[5] 1－3－[2] 1－4－[8] 3－3－[4]
─ ㄴ다는 / 는다는 건	～するということは	2－5－[2]
─ ㄴ다는 / 는다는 것	～するということ	1－4－[1] 3－1－[3]
─ ㄴ다는 / 는다는 게	～するというのが	2－5－[6]

― ㄴ다는 / 는다는 게 아니라	～するということではなく	2－5－2
― ㄴ다면 / 는다면	～するならば	3－3－5
― ㄴ다지만 / 는다지만	～するというけれど	3－4－2
― ㄴ단 / 는단 말이냐?	～ということなのか？	2－3－1
― ㄴ데 (指定詞の活用)	～であるが	3－4－2
― ㄴ 줄 알다 (指定詞の活用)	～だと思う	3－1－5
― 나?	～するのか？、～(な)のか？	1－4－3
― 나 보다	～するみたいだ、～のようだ	3－2－2
― 냐?	～するのか？、～なのか？	3－2－2
― 냐는	～(する、なの)かという	3－2－2
― 냐며	～(する、なの)かと	3－2－2
― 느냐	～するか	1－5－4
― 느냐에 따라	～するかによって	3－1－1
― 느라	～するために	2－2－2
― 는 가운데	～する中で、～するうちに	3－1－2
― 는 건가	～するのか	3－2－4
― 는 것 같다	～するようだ	1－1－5
― 는 것도	～するのも	1－1－2
― 는 것으로/거로	～することで、～することと	1－1－1
― 는 게	～するのが	1－3－4
― 는구먼	～するんだね	3－5－4

― 는 대로	～するとおりに、～するままに、～し次第	3－5－1
― 는 대신	～する代わり	3－2－6
― 는 데	～するのに、～すること	1－3－1
― 는데	～していたら、～しているところ、～するが	3－2－1
― 는 데 대하여	～することについて	1－4－4
― 는데서	～することで	2－1－5
― 는 듯	～するように、～するみたいに	1－4－6 3－5－4
― 는 듯이	～するかのように	1－3－4
― 는 만큼	～する分だけ	3－3－4
― 는 모양이다	～するようだ	3－2－2
― 는 바이다	～するところである	1－5－7
― 는 법	～する方法、～し方(かた)	2－5－2
― 는 법이 없다	～することがない	1－4－4
― 는 중에	～する途中で	3－5－4
― 는 중이다	～するところだ	3－5－1
― 는지	～するのか	2－2－3 3－3－4
―는지라	～するので	3－5－2
― 는지 모르다	～するのかわからない	1－1－5
― 니	～するの、～なの	2－5－6
― 다가도	～していても	1－3－4
― 다고 (形容詞・存在詞の活用)	～だと(いって)	2－4－3 3－2－3

― 다고? （形容詞・存在詞 の活用）	～だって？、～だと？	3－2－[4]
― 다고 하다 （形容詞・存在詞 の活用）	～(だ)という	1－1－[5] 1－5－[3] 2－1－[4]
― 다고 하여 （存在詞の活用）	～(だ)といって	1－3－[4]
― 다(고) 할까 （形容詞の活用）	～(だ)というか	1－4－[5]
― 다고 해도 （形容詞の活用）	～(だ)といっても	1－3－[4]
― 다고 해서 （形容詞の活用）	～(だ)といって	2－4－[3]
― 다는 （形容詞・存在詞 の活用）	～(だ)という	1－3－[4] 1－5－[1]
― 다는 말이냐? （存在詞の活用）	～ということなのか？	2－3－[3]
― 다는 적이 （形容詞の活用）	～ということが	1－4－[3]
― 다니	～するとは、～(だ)とは、～なんて	2－1－[3] 2－3－[2]
― 다며 （形容詞の活用）	～といって	3－2－[2]
― 다면 （形容詞・存在詞 の活用）	～たら、～と、～ならば、～だったら	1－1－[2] 3－2－[4] 3－3－[2]
― 다면서! （形容詞の活用）	～(だ)って！	3－4－[6]

― 다 보면	～してみたら、～だったら、～していたら、～しているうちに	1－1－5 1－4－7 3－4－6
― 다시피	～するとおり、～するように	3－2－7
― 다시피 하다	(まるで)～のようにする、～同然だ	2－2－3
― 다지만	～(だ)というが	3－5－1
― 단 말이냐？ (存在詞の活用)	～ということなのか？	2－3－1
― 더니	～していいると、～だったが	2－2－1
― 더라	～していたよ、～かったよ、～だったよ	3－2－8
― 더라도	～するとしても、～(だ)としても	1－3－4 1－4－3 2－2－5
― 던	～した、～かった、～だった	1－4－3 3－2－1
― 던 중이다	～していたところだ	2－3－3
― 도록	～するように	1－2－3
― 든	～しても、～くても、～でも	2－5－3
― 든 ― 든	～しても～しても、～くても～くても	3－5－2
― 듯	～するかのように	3－5－4
― 듯이	～するかのように、～であるかのように	1－4－7 2－1－5
― 라고？ (指定詞の活用)	～だって？	3－2－4
― 랍니다 (指定詞の活用)	～ですよ、～だそうですよ	1－5－2
― 면(指定詞(이다)の活用)	～になると	3－4－3

― 사옵니다 (存在詞の活用)	～でございます	2－3－1
― 소 (存在詞の活用)	～ます(か)、～です(か)	2－3－2
― 야 (指定詞の活用)	～は、～だけは、～こそ	1－1－2
― 야? (指定詞の活用)	～なのか？	3－2－3
― 옵니다 (指定詞の活用)	～でござります、～でございます	2－3－1
― 자	～するや(いなや)	1－3－4 3－2－3
― 자 (指定詞の活用)	～であると同時に	3－4－2
― 자고 하다	～しようという	3－2－5
― 자구	～しようよ、～しようってば	1－4－3
― 자꾸나	～しようよ、～しようじゃないか	2－2－4
― 자마자	～するやいなや、～するとすぐ	1－1－2 3－1－4
― 지	～するのであって、～(な)のであって	1－3－4
― 지(?)	～するよ、～(だ)よ、～だろう？	3－2－8
― 지도 않는데	～もしないのに	1－3－4
― 지도 않다	～もしない、～くもない、～でもない	1－4－5 3－2－5
― 지 마오	～しないでくれ、～しないでほしい	3－4－2
― 지만	～するが、～であるが	1－1－1 1－3－4
― 지만은	～(する、である)ばかりでは	3－2－5

— 지 말고	～しないで	3－4－5
— 지 말다	～しない	3－3－4
— 지 못하다	～することができない	1－3－2 1－4－1 2－1－1 3－1－1 3－3－3 3－5－4
— 지 못하도록	～することができないように	1－5－5
— 지 뭐	～するよ	2－5－4
— 지 아니하다	～しない、～(で)ない	1－4－5
— 지 않고	～しないで、～(で)なくて	2－4－1
— 지 않다	～しない、～(で)ない	1－2－6 3－1－5
— 지 않도록	～しないように、～(で)ないように	1－5－2 2－2－2
— 지 않아도	～しなくても、～(で)なくても	1－2－6
— 지 않았기 때문이다	～しなかったからである、～(で)なかったからである	2－4－1
— 지 않은 것 같다	～しなかったようだ	1－2－5

活用形Ⅱ

韓国語	日本語	活用形の 該当項目
― ㄴ 것 같다	～したようだ	2－1－5
― ㄴ 것처럼	～したかのように	3－1－4
― ㄴ 다음	～したあと	1－1－1
― ㄴ 대로 （形容詞の活用）	～なりに、～(な)ままに	1－3－4
― ㄴ 대로	～したとおりに、～したままに	3－2－3
― ㄴ데	～(な)のに、～(な)ので	3－2－7
― ㄴ데도	～にもかかわらず	3－2－5
― ㄴ데도 불구하고 （形容詞の活用）	～にもかかわらず	2－5－2
― ㄴ 데서 （形容詞の活用）	～なことから	1－1－3
― ㄴ 데서부터	～したことから	1－5－6
― ㄴ 뒤	～したあと	2－4－2
― ㄴ 뒤에라야	～したあとで(やっと)	1－3－4
― ㄴ 만큼 （形容詞の活用）	～な(分)だけ	1－1－5
― ㄴ 모양이다	～のようだ	3－2－5
― ㄴ 바	～したところ	1－4－6
― ㄴ 바가 있다	～したことがある	2－2－4
― ㄴ 적	～したこと	3－4－2
― ㄴ 줄 모르다 （形容詞の活用）	～(な)ことを知らない、～とは思わない	1－3－4

―ㄴ 줄 알다 （形容詞の活用）	～(な)ことがわかる、～と思う	1―3―4 3―4―5
―ㄴ 지	～してから	1―4―2
―ㄴ지 （指定詞の活用）	～なのか	3―3―1
―ㄴ지라	～なので	2―3―3
―ㄴ지 모르다	～かわからない	2―3―2
―ㄴ 채	～したまま	1―4―5 2―1―6 3―2―2
―나	～(する、である)が、～(する、である)けれど	1―4―6
―나마	～だけでも、～ながら	1―4―6
―니	～するので、～(な)ので、～すると	2―2―2 3―4―4 3―5―1
―니(까)	～(する)と、～(する)ので	3―2―4
―ㄹ 거라고	～(する、である)はずだと、～(する、である)だろうと	1―4―1
―ㄹ 거야	～するだろう、～であるだろう	3―2―3
―ㄹ 거/것 없다	～することない	3―2―8 2―2―4
―ㄹ 거외다	～であるでしょう、～するでしょう	1―4―7
―ㄹ 걸 생각하다	～することを考える	2―2―2
―ㄹ 것 같다	～するようだ、～(な)ようだ	1―3―2 1―5―3
―ㄹ 것이다	～するだろう、～するつもりだ	1―3―1
―ㄹ 것처럼	～するかのように	1―3―4

― ㄹ게	～するよ	2－1－[2]
― ㄹ 게다	～するはずだ	2－2－[4]
― ㄹ게요	～します	2－5－[5]
― ㄹ까	～(する)だろうか	1－3－[4]
― ㄹ까 싶다	～しようかと思う、～したいと思う、～ではないかと思う	1－1－[5]
― ㄹ 대로	～するとおりに、～(な)とおりに	3－2－[4]
― ㄹ 듯하다	～するようだ、～(な)ようだ	1－4－[7]
― ㄹ 때가 있다	～するときがある	1－2－[6]
― ㄹ랬더니	～しようと思ったら	2－5－[4]
― ㄹ 만도 하다	～すべきだ、～するところだ	3－2－[2]
― ㄹ 만하다	～すべきだ、～するに値する	1－5－[1]
― ㄹ 바	～するところ	3－3－[5]
― ㄹ 바가 아니다	～するところではない	1－3－[1]
― ㄹ 바가 없다	～ところがない、～はずがない	1－5－[3]
― ㄹ 뻔하다(形容詞・存在詞の活用)	～するところだ、～しかける	3－4－[5]
― ㄹ 뿐만 아니라	～(する、な)ばかりでなく	1－2－[1]
― ㄹ수록	～するほど、～(な)ほど	1－1－[2] 1－3－[4]
― ㄹ 수 없다	～はずがない、～でありえない	1－3－[4] 3－3－[4]
― ㄹ 수 있는	～することができる	1－4－[2]
― ㄹ 수 있다	～することができる	1－3－[1] 3－2－[3]
― ㄹ 수 있도록	～(することが)できるように	2－2－[1]

― ㄹ 일(이) 없다	～することがない	3－4－6
― ㄹ 정도이다	～するくらいだ、～なくらいだ	1－1－2
― ㄹ 줄 알다	～することができる ～すると思う	2－5－1 3－5－4
― ㄹ지	～するのか、～なのか	3－1－4
― ㄹ지라도	～しても、～でも、～しようとも、 ～かろうとも、～だろうとも	1－1－3 2－2－4
― ㄹ 참이다	～するところだ	3－5－3
― ㄹ 터이다	～(する、である)はずである	1－4－1
― ㄹ 테니	～する(はずだ)から、～だから	2－2－4
― ㄹ 테니깐	～するから	3－2－3
― ㄹ 테다	～してみせる、～する、～するはずである	3－4－6
― ㄹ 텐데	～するはずなのに	2－5－4
― ㄹ 판이다	～するところだ	3－5－3
― 라	～だと	3－2－8
― 라고	～しろと、～するようにと	3－2－2 3－4－5 3－5－1
― 라고 하다	～しろという、～するようにという	3－2－7 3－5－5
― 라는	～しろという、～してほしいという、～しなさいという	1－3－4 3－2－2
― 러	～しに	3－2－5
― 려고	～しようと、～するために	1－3－4 3－3－1 3－4－3
― 려(고) 하다	～しようとする	1－4－6 3－1－3

— 려고 했거든요	～しようとしていました	2－5－5
— 려는	～しようとする	1－4－8
— 려는데	～しようとしたら	3－5－4
— 려니와	～するだろうが、～だが、 ～するだろうけど	1－4－5
— 려다가	～しようと思って、～しようとしたが	1－4－2
— 려무나	～しなさい、～してもよい	2－2－2
— 려 하다니	～しようとするなんて	2－3－3
— 려 했으나	～しようとしたが	1－4－2
— 마	～するよ	2－5－4 3－5－2
— 며	～しながら、～で、～であり	1－1－2 1－3－3
— 면 되다	～すればいい、～だったらいい	3－4－6 3－5－1
— 면서도	～しながらも、～するのにも、～(な)のにも	1－3－4 2－4－3 3－1－3 3－2－7
— 므로	～するので、～(な)ので	1－5－2
— ㅂ시다	～しましょう	2－3－2
— 오	～ますよ、～ですよ、お～なさい	2－3－2

活用形Ⅲ

韓国語	日本語	活用形の該当項目
― 놓다	～しておく	1－3－4 1－5－4
― 다오	～しておくれ	2－5－6
― 달라	～してほしい、してくれ、～しておくれ	1－5－7 3－1－1 3－2－5
― 도	～しても、～くても	1－2－5 1－3－2
― 도 되다	～してもいい	1－1－2
― 도 좋다	～してもいい、～でもいい	1－1－2
― 두다	～しておく	1－5－4
― 드리다	～してさしあげる	3－3－3
― 라	～しなさい	2－3－4
― 버리니	～してしまうので	1－4－6
― 버리다	～してしまう	1－2－2 1－5－5 3－1－4 3－2－3
― 보다	～してみる	1－3－3 1－4－2
― 보면	～してみると	1－3－1
― 보이다（形容詞の活用）	～く見える	1－3－2
― 보이다	～してみせる	3－2－2
― 봤어도	～してみても	3－2－3

— 서	～して(から)、～(な)ので	1－5－[5]
— 서는	～しては、～(して)からは	3－4－[4] 3－5－[4]
— 서다	～するからである	1－4－[1]
— 서도	～してからも	1－3－[4] 3－5－[4]
— ㅆ거든	～したんだよ、～かったんだよ、 ～だったんだよ	3－2－[7]
— ㅆ건만	～したけれど、～だったけれど、 ～かったけれど	1－4－[3]
— ㅆ고요	～しました(し)、～かったです(し)、 ～でした(し)	1－5－[5]
— ㅆ기 때문이다	～したためである、～かったためである、 ～だったためである	1－3－[1] 1－5－[3]
— ㅆ나?	～したのか？、～かったのか？、 ～だったのか？	3－2－[8] 3－4－[4]
— ㅆ나 보다	～したようだ、～かったようだ、 ～だったようだ	1－4－[6] 3－2－[6]
— ㅆ나요?	～したのでしょうか？、～かったのでしょうか？、～だったのでしょうか？	2－4－[3]
— ㅆ네	～したね、～だったね	2－2－[2]
— ㅆ네요	～しましたね、～でしたね	2－5－[5]
— ㅆ느니라	～したのだ、～かったのだ、～だったのだ	1－4－[6] 2－3－[3]
— ㅆ는지	～したのか、～かったのか、～だったのか	3－2－[2] 3－5－[5]
— ㅆ다가	～していて、～していたが、～かったが、 ～だったが	3－2－[6] 3－4－[4]

― ㅆ다고 하다	～したそうだ、～かったそうだ、 ～だったそうだ	1－1－2 1－5－5 2－1－3
― ㅆ다는	～したという、～だったという	1－4－2
― ㅆ다면	～したならば、～かったならば、 ～だったならば	3－1－4
― ㅆ단다	～した(そうだ)、～かった(そうだ)、 ～だった(そうだ)	3－5－3
― ㅆ대요	～したそうです、～かったそうです、 ～だったそうです	1－5－6
― ㅆ더니	～したら、～すると	3－2－3
― ㅆ던	～した、～かった、～だった	1－3－1 2－1－2 3－1－4
― ㅆ던가	～したのか、～かったのか、～だったのか	1－4－5
― ㅆ던 것 같다	～したようだ、～かったようだ、 ～だったようだ	1－4－7
― ㅆ든	～したとしても、～だったとしても	3－5－4
― ㅆ듯이	～したように、～だったように	1－1－5
― ㅆ어야지	～すべきであった、～しなければならなかった	3－2－2
― ㅆ으나	～したが、～かったが、～だったが	1－2－5 2－1－5 2－2－2 2－3－1
― ㅆ으니	～したから、～かったから、～だったから	1－1－5 2－2－2
― ㅆ으며	～したし、～かったし、～だったし	1－1－5 2－1－1
― ㅆ으면	～したら、～すると	3－2－3

— ㅆ으면 좋겠다	～したらいい、～かったらいい、 ～だったらいい	1－1－5
— ㅆ을 것이다	～しただろう、～かっただろう、 ～だっただろう	1－2－5 3－5－1
— ㅆ을까？	～しただろうか？	3－4－4
— ㅆ을 때	～したとき、～だったとき	1－1－2 1－3－4 2－1－2
— ㅆ을 터이다	～したはずだ、～であったはずだ	2－1－1
— ㅆ을 텐데	～(した)はずなのに	2－2－3
— ㅆ잖아	～したのではないか、～だったのではないか	3－2－8
— ㅆ지만	～したけれど、～かったけれど、 ～だったけれど	2－2－2 3－1－4
— ㅆ지 뭐	～したんだよ、～かったんだよ、～だったんだよ	3－2－7
— 야	～してこそ、～でこそ	1－3－4 1－5－6
— 야겠다	～しなければならない、～(で)なければならない	1－4－8 3－1－5
— 야만	～してこそ、～でこそ	1－3－4
— 야 맞다	～すべきである	2－5－1
— 야지	～しなければならない	2－2－3
— 야 하다	～しなければならない	3－4－1
— 야 하오	～しなければなりません(か)	2－3－2
— 야 할	～(す、である)べき、～(し、く)なければならない	1－3－4
— 야 할까 봐	～しなければならないかと思って	3－1－4

巻末

― 오다	～してくる	1－2－5 1－5－7 3－2－5 3－3－4
― 있다	～している、～してある	1－2－6 3－2－6
― 있으면	～していると、～していれば	1－2－6
― 주다	～してくれる、～してあげる	1－1－4 1－3－3 3－2－3 3－5－2
― 주마	～してあげるよ	2－2－1

用言活用一覧表

〈正則用言〉

語幹など＼活用		基本形	活用形Ⅰ	活用形Ⅱ	活用形Ⅲ
語幹は基本形から「-다」を取った形。		用言の基本形はすべて語尾「-다」で終わる	語幹と同じ	母音語幹はそのまま、子音語幹には「으」をつける	語幹の母音が陽母音(ㅏ, ㅗ, ㅑ)の場合は「아」、陰母音(ㅏ, ㅗ, ㅑ以外)の場合は「어」をつける
子音語幹		받다 もらう	받-	받으-	받아
		좋다 よい	좋-	좋으-	좋아
		얕다 浅い	얕-	얕으-	얕아
		먹다 食べる	먹-	먹으-	먹어
		있다 ある・いる	있-	있으-	있어
ㄹ語幹*1		놀다 遊ぶ	놀-／노-*2		놀아
		만들다 作る	만들-／만드-*2		만들어
		열다 開く	열-／여-*2		열어
		길다 長い	길-／기-*2		길어
母音語幹	ㅏ	가다 行く	가-		가(←가아*3)
	ㅐ	내다 出す	내-		내(←내어)
	ㅓ	서다 立つ	서-		서(←서어*3)
	ㅔ	세다 数える	세-		세(←세어)
	ㅕ	펴다 開く	펴-		펴(←펴어*3)
	ㅗ	보다 見る	보-		봐(←보아)
		오다 来る	오-		와(←오아*3)
	ㅚ	되다 成る	되-		돼(←되어)
	ㅜ	주다 与える	주-		줘(←주어)
	ㅟ	쉬다 休む	쉬-		쉬어
	ㅢ	띄다 (目に)つく	띄-		띄어
	ㅣ	마시다 飲む	마시-		마셔(←마시어)
		치다 打つ	치-		쳐(←치어*3)
		-이다 ～である	-이-		-여(←-이어)
後に続く語尾、接尾辞など			-겠-, -고, -기, -는, -는데, -니?, -죠, -지 など	-ㄴ, -니(까), -ㄹ, -러, -ㅁ, -며, -면, -면서, -세요, -시-など	-도, -라, -ㅆ-, -서, -야, -요 など

＊1…ㄹ語幹：語幹末が「ㄹ」で終わるすべての動詞や形容詞。

〈動　詞〉 걸다(かける)、날다(飛ぶ)、놀다(遊ぶ)、돌다(回る)、만들다(作る)、불다(吹く)、살다(住む・暮らす)、알다(知る・分かる)、열다(開く)、울다(泣く)、팔다(売る)など。

〈形容詞〉 가늘다(細い)、길다(長い)、달다(甘い)、둥글다(丸い)、멀다(遠い)など。

＊2…後にs(ㅅ), p(ㅂ), o(오), r(パッチムのㄹ), n(ㄴ)などで始まる語尾が続くときは語幹のパッチムの「ㄹ」はスポ〜ン(sporn)と抜ける。

＊3…必ず矢印の左の形を用い、この形は使用しない。

〈変則用言〉

活用 語幹など			基本形	活用形Ⅰ	活用形Ⅱ	活用形Ⅲ
語幹は基本形から「―다」を取った形			用言の基本形はすべて語尾「―다」で終わる	語幹と同じ	母音語幹はそのまま、子音語幹には「으」をつける	語幹の母音が陽母音(ㅏ, ㅗ, ㅑ)の場合は「아」, 陰母音(ㅏ, ㅗ, ㅑ以外)の場合は「어」をつける
子音語幹	ㄷ[*1]変則	陽	깨닫다 気づく	깨닫-	깨달으-	깨달아
		陰	듣다 聞く	듣-	들으-	들어
	ㅂ[*2]変則	陽	가깝다 近い	가깝-	가까우-	가까워
			돕다 助ける	돕-	도우-	도와
			아름답다 美しい	아름답-	아름다우-	아름다워
		陰	굽다 焼く	굽-	구우-	구워
			춥다 寒い	춥-	추우-	추워
	ㅅ[*3]変則	陽	낫다 治る	낫-	나으-	나아
		陰	짓다 建てる	짓-	지으-	지어
	ㅎ[*4]変則	陽	빨갛다 赤い	빨갛-	빨가-	빨개
			하얗다 白い	하얗-	하야-	하얘
		陰	그렇다 そうだ	그렇-	그러-	그래
			부옇다 ぼやけている	부옇-	부여-	부얘
母音語幹	르[*5]変則	陽	빠르다 速い	빠르-		빨라
		陰	부르다 呼ぶ	부르-		불러
	러[*6]変則	陰	푸르다 青い	푸르-		푸르러
	여[*7]変則		하다 する	하-		해(←하여)
			공부하다 勉強する	공부하-		공부해(←하여)
			조용하다 静かだ	조용하-		조용해(←하여)

母音語幹	우[*8] 変則	陰	푸다 汲む	푸-		퍼
	으[*9] 変則	陽	바쁘다 忙しい	바쁘-		바빠
		陰	치르다 支払う	치르-		치러
			쓰다 書く・使う	쓰-		써
後に続く語尾、接尾辞など				-겠-, -고, -기, -는, -는데, -니?,-죠, -지 など	-ㄴ, -니(까), -ㄹ, -러, -ㅁ, -며, -면, -면서, -세요, -시-など	-도, -라, -ㅆ-, -서, -야, -요 など

〈変則活用について〉

＊1　ㄷ変則：語幹末が「ㄷ」で終わる一部の動詞。形容詞はない。

語幹末が「ㄷ」で終わる場合、あとに母音が続くとパッチムの「ㄷ」が「ㄹ」に変わる。

〈例〉　☆ㄷ＋으→ㄹ＋으：깨닫다-깨달으면, 듣다-들으면

☆ㄷ＋아/어→ㄹ＋아/어：깨닫다-깨달아요, 듣다-들어요

〈動　詞〉 걷다(歩く)、깨닫다(悟る)、듣다(聞く)、묻다(尋ねる)、싣다(載せる)など。

※닫다(閉める)、묻다(埋める)、믿다(信じる)、받다(受け取る)、얻다(得る)は正則。

＊2　ㅂ変則：語幹末が「ㅂ」で終わる形容詞の大部分。ㅂ変則の動詞は굽다, 눕다, 돕다などわずか。

語幹末が「ㅂ」で終わる場合、あとに母音「으」が続くと、「ㅂ＋으」は「우」になる。なお、母音「아/어」が続くと、「ㅂ＋아/ㅂ＋어」は「워」に変わる。

〈例〉　☆ㅂ＋으→우：가깝다-가까우면、덥다-더우면

☆ㅂ＋아/어→워：가깝다-가까워요、덥다-더워요

ただし、돕다(助ける)、곱다(きれいだ)の2語だけは「아/어」が続くと、「워」ではなく、도와요, 고와요という具合に「와」に変わる。

〈動　詞〉 굽다(焼く)、눕다(横になる)、돕다(助ける)、줍다(拾う)など。

〈形容詞〉 가깝다(近い)、가볍다(軽い)、고맙다(ありがたい)、곱다(きれいだ)、괴롭다(苦しい)、귀엽다(かわいい)、더럽다(汚い)、덥다(暑い)、두껍다(厚い)、뜨겁다(熱い)、맵다(辛い)、무겁다(重い)、무섭다(怖い)、밉다(憎い)、반갑다(嬉しい)、부끄럽다(恥ずかしい)、부드럽다(柔らかい)、부럽다(うらやましい)、새롭다(新しい)、쉽다(易しい)、시끄럽다(うるさい)、아름답다(美しい)、어둡다(暗い)、어렵다(難しい)、즐겁다(楽しい)、춥다(寒い)など。

※動詞の굽다(曲がる)、뽑다(抜く)、씹다(噛む)、업다(背負う)、입다(着る)、잡다(捕まえる・取る)、접다(折る)、집다(掴む)など、形容詞の수줍다(内気だ)、좁다(狭い)などは正則。

＊3　ㅅ変則：語幹末が「ㅅ」で終わる動詞の一部。形容詞は낫다(ましだ)のみ。
語幹末が「ㅅ」で終わる場合、あとに母音が続くとパッチムのㅅは脱落する。

〈例〉　☆ㅅ＋으→으：낫다-나으면, 잇다-이으면
☆ㅅ＋아/어→아/어：낫다-나아요, 잇다-이어요

〈動　詞〉　긋다(線を)引く)、낫다(治る)、붓다(注ぐ)、잇다(つなぐ)、짓다(作る)など。
〈形容詞〉　낫다(ましだ)。
※動詞の빼앗다(奪う)、벗다(脱ぐ)、솟다(抜き出る)、씻다(洗う)などは正則。

＊4　ㅎ変則：語幹末が「ㅎ」で終わる形容詞。좋다(よい)、싫다(いやだ)などを除く。動詞はない。
語幹末が「ㅎ」で終わる場合、母音「으」が続くとパッチム「ㅎ」も母音「으」も脱落する。なお、あとに母音「아/어」が続くと、「ㅎ」が脱落し、語幹末の母音がいずれも「ㅐ」になる。

〈例〉　☆ㅎ＋으→脱落：파랗다-파라면, 그렇다-그러면, 하얗다-하야면
☆ㅎ＋아/어→ㅐ：파랗다-파래요, 그렇다-그래요

ただし、「하얗다(白い)」、「부옇다(ぼやけている)」などのように、語幹末の母音が「ㅑ」か「ㅕ」の場合、「아／어」が続くと語幹末の母音はいずれも「ㅒ」に変わる。

☆ㅑ, ㅕ＋ㅎ＋아/어→애：하얗다-하얘요, 부옇다-부얘요

〈形容詞〉　그렇다(そうだ)、까맣다(黒い)、노랗다(黄色い)、빨갛다(赤い)、어떻다(どうだ)、이렇다(こうだ)、저렇다(ああだ)、파랗다(青い)、하얗다(白い)など。
※動詞の낳다(産む)、넣다(入れる)、놓다(置く)、닿다(着く)、쌓다(積む)、形容詞の괜찮다(大丈夫だ)、싫다(いやだ)、좋다(よい)などは正則。

＊5　르変則：語幹末が「르」で終わる動詞・形容詞の多く。
語幹末が「르」で終わる場合、あとに母音「아/어」が続くと、「르」のすぐ前の母音が陽母音の場合は「ㄹ라」、陰母音の場合は「ㄹ러」になる。

〈例〉　☆르＋어→ㄹ라/ㄹ러：모르다-몰라요、기르다-길러요

〈動　詞〉　가르다(分ける)、고르다(選ぶ)、기르다(育てる)、나르다(運ぶ)、누르다(押さえる)、두르다(巻く)、마르다(渇く・乾く)、머무르다(留まる)、모르다(知らない)、바르다(塗る)、부르다(呼ぶ・歌う)、서두르다(急ぐ)、오르다(上がる・登る)、자르다(切る)、조르다(ねだる)、흐르다(流れる)など。

〈形容詞〉　게으르다(怠けている)、다르다(違う)、바르다(正しい)、이르다(早い)など。
※다다르다(至る)、들르다(寄る)、따르다(従う)、치르다(支払う)は、으変則。

＊6　러変則：語幹末が「르」で終わる動詞・形容詞のごく一部。
動詞の語幹末が「르」で終わる「러変則」の場合、あとに母音「아／어」が続くと、「르」が「르러」に変わる。

〈例〉　☆르＋어→르러：이르다-이르러요、푸르다-푸르러요

〈動　詞〉 이르다(至る)。

〈形容詞〉 누르다(黄色い)、푸르다(青い)など。

＊7　여変則：「하다」で終わる全ての動詞や形容詞。

「하다」で終わる動詞や形容詞の場合、あとに母音「아／어」が続くと、「하다」は「하여」に変わる。一般的に「하여」の縮約形の「해」がよく使われる。

〈例〉 ☆하다＋아/어→하여>해：사랑하다-사랑해요、조용하다-조용해요

〈動　詞〉 결혼하다(結婚する)、공부하다(勉強する)、노래하다(歌う)、무리하다(無理する)、보고하다(報告する)、빨래하다(洗濯する)、사랑하다(愛する)、산책하다(散歩する)、생각하다(考える)、생활하다(生活する)、세수하다(顔を洗う)、소개하다(紹介する)、숙제하다(宿題する)、일하다(働く)、운동하다(運動する)、운전하다(運転する)、전화하다(電話する)、찬성하다(賛成する)、청소하다(掃除する)、칭찬하다(ほめる)など。

〈形容詞〉 강하다(強い)、따뜻하다(暖かい)、딱딱하다(固い)、똑똑하다(賢い)、불쌍하다(かわいそうだ)、불편하다(不便だ)、비슷하다(似ている)、산뜻하다(さっぱりしている)、수수하다(地味だ)、시원하다(涼しい)、심심하다(退屈だ)、용감하다(勇敢だ)、조용하다(静かだ)、중요하다(重要だ)、차분하다(落ち着いている)、축축하다(湿っぽい)、튼튼하다(丈夫だ)、편리하다(便利だ)、화려하다(華やかだ)など。

＊8　우変則：語幹末が「ㅜ」で終わる用言。푸다(汲む)のみ。

あとに母音「아/어」が続くと、「ㅜ」が脱落する。

〈例〉 ☆ㅜ＋어→ㅓ：푸다-퍼요

〈動　詞〉 푸다(汲む)。

＊9　으変則：語幹末母音が「ㅡ」で終わる動詞や形容詞。

語幹末が「ㅡ」で終わる場合、あとに母音「아/어」が続くと、「ㅡ」のすぐ前の母音が陽母音の場合は「ㅏ」、陰母音の場合は「ㅓ」に変わる。なお、語幹が1音節(쓰다, 끄다など)の場合は、「ㅡ」が落ちて「ㅓ」(써, 꺼)がつく。

〈例〉 ☆ㅡ＋아/어→ㅏ/ㅓ：바쁘다-바빠요、기쁘다-기뻐요

※なお、「으」は韓国の学校文法では変則扱いをしない。

〈動　詞〉 끄다(消す)、뜨다(浮かぶ)、쓰다(書く・使う)、따르다(従う)、모으다(集める)、들르다(立ち寄る)、치르다(支払う)など。

〈形容詞〉 고프다(お腹がすく)、나쁘다(悪い)、바쁘다(忙しい)、아프다(痛い)など。

著者紹介

チョ ヒチョル（曺喜澈）

▶「お、ハングル！」主宰、元東海大学教授。
2009～10年度ＮＨＫテレビ「テレビでハングル講座」講師。
著書に、『本気で学ぶ韓国語』『本気で学ぶ中級韓国語』『ヒチョル先生ののんきに学ぶ韓国語』『わかる！ 韓国語 基礎文法と練習』（ベレ出版）、『1時間でハングルが読めるようになる本』『1日でハングルが書けるようになる本』（学研）など。

音声タイム：1時間52分
ナレーション：李　春京

◉── カバーデザイン　竹内 雄二
◉── DTP　清水 康広
◉── 本文イラスト　淺井 麗子
◉── 校正　星 文子

［音声DL付］本気で学ぶ上級韓国語

2020年5月25日	初版発行
2023年3月31日	第2刷発行

著者	チョ ヒチョル
発行者	内田 真介
発行・発売	ベレ出版 〒162-0832　東京都新宿区岩戸町12 レベッカビル TEL.03-5225-4790 FAX.03-5225-4795 ホームページ　https://www.beret.co.jp/
印刷	モリモト印刷株式会社
製本	根本製本株式会社

ISBN 978-4-86064-617-2 C2087　　編集担当　脇山和美

[音声 DL 付] 使える韓国語単語 11800

田星姫 著

四六並製／本体価格 2400 円（税別） ■ 680 頁

ISBN978-4-86064-589-2 C2087

身のまわりの生活単語や経済・国際関係・政治・地理・コンピュータ、生活の変化に伴う現代用語をジャンル別に分類した単語集。初級者から中級者を対象に、「韓国語能力試験」Ⅰと Ⅱ 級、「ハングル検定能力試験」5 級～ 2 級の出題語彙をカバーしています。語学学習に、留学に、趣味や旅行、ビジネス等など様々に使える韓国語単語の決定版です。単語の他に日常会話でよく使う構文、頻出慣用表現を充実させています。日本語索引・韓国語索引の両方を掲載していますので辞書代わりにも十分使えます。

韓国語似ている形容詞・副詞使い分けブック

河村光雅／金京子 著

四六並製／本体価格 2000 円（税別） ■ 376 頁

ISBN978-4-86064-502-1 C2087

『韓国語似ている動詞使い分けブック』の姉妹編。中級レベルになると作文などで日本語の表現は一つなのに韓国語だと表現がたくさんある場合、どのように使い分けるのかわからない場合がたびたびあります。たとえば日本語の「あつい」。これに当たる韓国語の表現がいくつかあるのですが、それぞれの表現のニュアンスの違いや使い方をイラストと解説、使い方がわかる例文などを通して詳しく説明していきます。似ている形容詞 101、似ている副詞 45 が徹底的に使い分けができる、中・上級者待望の一冊。

韓国語似ている名詞使い分けブック

河村光雅／金京子 著

四六並製／本体価格 2000 円（税別） ■ 320 頁

ISBN978-4-86064-556-4 C2087

入門レベルでは韓国語と日本語の「似ているところ」に目が行きますが、中級レベルになると「違い」が気になってきます。「名詞」は動詞や形容詞・副詞に比べて数が多く、その中でも特に日常会話で使い、よく間違う名詞を118取り上げ解説しています。イラストと詳しい解説そして練習問題で理解の定着を図ります。生活の中でよく使う名詞「おかず」「つまみ」「車」「韓国の暖房」「韓国の住宅」などイラスト・写真をつけて説明します。